AF458049

F

manq la feuille 20.
la feuille 22 est double.

DE LA

JURISPRUDENCE

ANGLAISE

SUR LES CRIMES POLITIQUES.

IMPRIMERIE DE LACHEVARDIERE,

RUE DU COLOMBIER, N° 30, A PARIS.

DE LA

JURISPRUDENCE
ANGLAISE
SUR LES CRIMES POLITIQUES,

PAR

M. DE MONTVÉRAN,

AUTEUR DE L'HISTOIRE CRITIQUE ET RAISONNÉE DE LA SITUATION DE L'ANGLETERRE, ETC.

TOME DEUXIÈME.

Paris,

CHARLES GOSSELIN, LIBRAIRE

DE SON ALTESSE ROYALE MONSEIGNEUR LE DUC DE BORDEAUX,

Rue Saint-Germain-des-Prés, n° 9.

M DCCC XXIX.

SUITE

DE LA

SECONDE PARTIE.

PROCÈS POLITIQUES.

PREMIÈRE PÉRIODE, DE 1388 A 1688.

JURISPRUDENCE

ANGLAISE

SUR LES CRIMES POLITIQUES.

SECONDE PARTIE.

(SUITE.)

PROCÈS POLITIQUES.

DYNASTIE DES STUARTS.

L'autorité royale s'était déployée avec une grande énergie pendant les cent six années que comprennent les trois règnes les plus longs et les plus remarquables des Tudors, Henri VII, Henri VIII et Élisabeth. La paix continuelle, quoique souvent acquise par des voies honteuses, du premier, n'était pas sans quelques avantages pour la nation anglaise; Henri VIII faisait respecter son peuple; Élisabeth l'environnait de prospérité et de gloire. Sans doute les moyens d'action du gouvernement, sous les deux Henri, étaient vexatoires ou tortionnaires, violents, brutaux même : nous avons montré qu'ils avaient cependant une sorte de légalité. Élisabeth était condamnée à maintenir son pouvoir, et à veiller à la conservation de son sceptre, de sa liberté, de sa vie, par les mêmes moyens. Mais l'avancement de la civilisation, opéré par l'ébranlement que donna la réformation aux esprits, exigeait plus d'adresse dans leur usage. Élisabeth et les ministres qu'elle avait choisis ou formés et qu'elle ne changea jamais, déployèrent une grande habileté, beaucoup de modération et de talents, et une rare persévérance. Aujourd'hui, que l'histoire a mis à nu les ressorts les plus cachés de son gouvernement, Élisabeth est encore pour nous un grand roi. Quelle haute opinion devaient donc en avoir ses sujets et ses contemporains! Elisabeth eut certainement peu de besoins de subsides. Quand elle demandait de l'argent à son Parlement, elle l'obtenait donc avec facilité, parce-qu'on était assuré qu'il serait dépensé avec sagesse et avec économie.

Cette princesse eut bien, comme son père, des luttes plus ou moins vives avec les Communes; mais, comme lui, elle sut les arrêter à temps. L'un et l'autre avaient l'art de céder à propos; jamais ils ne contestèrent les droits essentiels et les priviléges de leurs parlements. Aussi obtinrent-ils le concours des Pairs et des Communes à toutes leurs propositions de gouvernement, et de législation domestique, intérieure et municipale, à ces lois de fer, à ces statuts de sang dont leur despotisme avait besoin, à ces tribunaux exceptionnels et tortionnaires qui en étaient le bras et l'instrument, enfin à cette faculté de donner aux proclamations royales la force et l'exécution d'un statut. Le Parlement ne leur contesta rien; tout fut sacrifié aux Tudors, et la religion changée quatre fois, et la détermination de l'ordre de succession à la couronne, abandonnée au libre arbitre de Henri VIII, ou sollicitée à diverses reprises des caprices et des irrésolutions d'Élisabeth, et la régence d'Édouard VI, livrée à son conseil privé et aux intrigues des régents. Les juges même soumettaient à Henri VIII leurs *Résolutions*, au lieu de ne faire parler que la loi, dont ils étaient les interprètes nécessaires. La liberté, la vie, les biens des Anglais furent la propriété des Tudors; tout fut mis à leurs pieds.

Élisabeth meurt; avec elle finit la dynastie des Tudors. Comment va s'opérer le passage du pouvoir à un nouveau souverain, chef sans doute d'une nouvelle dynastie?

Sans titres positifs à la couronne, ou contre ses titres mêmes, sur la foi d'une décision surprise à la reine, à son lit de mort (1), des montagnes d'Écosse, du milieu d'une nation ennemie, arrive une dynastie étrangère, pour porter le sceptre glorieux d'Élisabeth. La nation déteste l'Espagne; elle est liée avec elle d'intérêts et d'affection. On accuse les papistes de tous les maux du royaume,

(1) Cecil, secrétaire d'état, deuxième fils de lord Burleigh, était en correspondance très intime avec le roi d'Écosse, et ses amis firent parler Élisabeth en faveur du roi Jacques, et répandirent qu'elle avait ainsi répondu à la demande de désigner son successeur. « Et quel autre peut me succéder, si ce n'est un » roi, mon parent, le roi d'Écosse? » Le fait est que la reine était sans voix. Ne pouvant plus parler lorsqu'on lui demanda si elle voulait pour son successeur le roi d'Écosse, elle porta la main à sa tête, en signe d'approbation. C'est ainsi que l'annonce *Carry* dans les *Mémoires du comte de Monmouth*.

ils y sont en horreur ; et cette dynastie, long-temps catholique, veut les protéger. Elle porte en Écosse la couronne d'une monarchie très limitée; elle veut que le pouvoir qui lui est déféré en Angleterre soit absolu, et elle annonce qu'elle se dégagera des liens que lui imposent un Parlement et une constitution représentative. Si on a reproché aux Tudors leur despotisme farouche et sanguinaire, si on se flatte, si on a même droit d'espérer que cette dynastie nouvelle aura moins de cruauté, elle ne tarde pas à montrer dans le commencement de sa domination, sous Jacques Ier, que ces espérances seront vaines.

Dès les premiers parlements de Jacques Ier, une lutte s'établit entre la couronne et la Chambre des Communes. Des dangers communs, courus ensemble lors de la conspiration des poudres, les réunissent un moment; et au troisième parlement, en 1622, la lutte a pris le caractère d'une dissension interminable. Elle mènera au long Parlement de 1640, à la guerre civile et à la république. Après la mort de Cromwell, Monck surprendra aux presbytériens désunis et au peuple anglais *la Restauration* de Charles II, sans autres garanties que celles qu'ont obtenues le long Parlement, pendant ses premiers beaux jours, avec *l'Habeas corpus*, demandé par la *pétition des droits* de 1627, et le troisième Parlement de Charles Ier, et la suppression de la Chambre étoilée, et le Parlement de la restauration par *l'abolition des féodalités royales*, en 1660.

Le supplice des traîtres, appliqué dans toute sa

barbarie à trente régicides, étonne le peuple anglais et l'éloigne des fils de Charles Ier. Les divisions religieuses se continuent, sous un roi spirituel, aimable, mais voluptueux et affichant l'irréligion. Le parti national, les presbytériens, les puritains se fondent dans les *Whigs* modernes; les cavaliers, la Haute Église, les partisans des Stuarts leur sont encore opposés sous le nom de *Tories*. Mais ceux-ci perdent tous les jours de leur ascendant. Leurs restes se divisent en Tories de la Haute Église, et en Tories papistes et royaux, qui plus tard devinrent des Jacobites; les autres se retirent entièrement du roi Jacques.

Charles II avait déconsidéré l'autorité royale, et Jacques II, le dernier roi de cette dynastie, la rend odieuse. Son règne, quoique très court, ne l'est pas assez pour couvrir, des voiles du temps et de la nécessité, les cruautés qui punirent la rébellion de Monmouth, et les atrocités et la *campagne* dans l'ouest de Jefferies et des juges de ce prince. Le dernier des Stuarts finit dans le bigotisme et l'obstination de l'arbitraire. Un jésuite, le Père Petre, est son premier ministre. Alors disparaît cette dynastie. Jacques II est en fuite sur le continent; sa fuite est une abdication, et les trois États du royaume, formés en *Convention*, appellent à la couronne la fille aînée de Jacques II, Marie (II), princesse d'Orange, et Guillaume (III), son époux. La nation anglaise rentre dans tous ses droits, franchises et libertés, violés avec astuce, mais de son consentement, par les Tudors, et avec hauteur, arrogance, pédantisme et sottise, par les Stuarts.

Les recueils des procès politiques nous offrent, pendant les quatre-vingt-six années écoulées sous la dynastie des Stuarts, cent quatre-vingt-dix-neuf procès politiques, non compris vingt-huit procès de libelles, pratiques séditieuses, désobéissances et *Contempt*, jugés par la Chambre étoilée (de 1603 à 1640), non compris également le procès du comte de Suffolk, condamné par cette Chambre, sous Jacques Ier, pour dilapidations des fonds de l'État, à une amende de 30,000 liv. st. Nous ne donnerons qu'un nombre très restreint de ces procès, et autant que l'exigeront, et les doctrines de la jurisprudence anglaise dans ces sortes de procès, et l'avancement des théories constitutionnelles de l'Angleterre. Ces procès ont presque tous été poursuivis à la requête du procureur-général de la couronne. Le premier *Impeachment* des Communes, sous cette dynastie, eut lieu dans le procès du chancelier Bacon. Il fallût toutes les illusions de la vengeance et de la haine qu'on portait à George Villiers, duc de Buckingham, ennemi cependant de Bacon, pour que l'accusation fût poursuivie par les Communes.

RÈGNE DE JACQUES Ier.

Proclamé le 27 mars 1603 par le conseil privé.
Mort le 27 mars 1625. . . . . Vingt-deux ans.

Le conseil privé, aussitôt après la mort d'Élisabeth, s'assembla, déclara les volontés (présumées) de la reine mourante, et proclama Jacques (VI) roi d'Écosse, roi d'Angleterre et d'Irlande, en vertu de son droit héréditaire et du prétendu testament d'Élisabeth. Ces droits étaient contestables, et on tenta de les contester en faveur de celle des descendants de Henri VII, Arabella Stuart, cousine germaine du roi, qui n'y avait de titre qu'après lui, et en rejetant les siens et ceux de ses frères de la maison de Lennox, par le motif qu'ils n'étaient pas nés en Angleterre.

Nous avons vu quel était le droit parlementaire à la couronne d'Angleterre de la maison de Stuart (pag. 390 et suivantes, vol. Ier). Elle descendait d'Édouard III par Henri VII et Marguerite de Sommers et sa mère, arrière-petite-fille de Jean de Gand, duc de Lancastre, troisième fils d'Édouard. Il avait fallu vingt-cinq ans de guerres civiles des maisons d'York et de Lancastre, des morts prématurées, et l'assassinat ou la décapitation de onze rois ou princes de la nombreuse lignée d'Édouard III, pour que Henri VII parvînt à la couronne; et l'arbre généalogique des Stuarts d'Écosse, pour qu'il portât Jacques Ier avec les armes royales d'Angleterre et d'Irlande, avait été arrosé du sang de dix princes ou princesses, dont la dernière était sa propre mère (1).

Le roi Jacques n'était pas arrivé à York qu'il avait déjà perdu de sa popularité et de l'intérêt qu'avaient inspiré les malheurs de sa mère. Pendant sa route il avait fait pendre, de son autorité privée et sans jugement, un malheureux filou pris sur le fait. Sa conduite envers les réformés presbytériens, sa pédanterie dans la conférence d'Hamptoncourt et sa partialité pour les papistes, avaient déjà désaffectionné la majeure partie de la nation, au gouvernement de laquelle une sorte de nécessité et les

(1) *D'Édouard III à Henri VII :*

Richard II, tué à la Tour, par Henri (IV) de Lancastre, en 1399;

Henri VI, par Édouard IV, en 1472;

Édouard V, par Richard III, juin 1483;

Richard III, août 1485;

Thomas, duc de Glocester, étouffé à Calais, par ordre de Richard II, en 1397;

Richard, comte de Cambridge, décapité en 1415;

Roger, comte de Mortimer, *id.* en 1425;

Édouard, prince de Galles, fils de Henri VI, en 1472;

Georges duc de Clarence, étouffé en 1477;

Richard, duc d'York, frère d'Édouard V, en 1483;

Édouard, duc de Suffolk, en 1484.

De Henri VII jusques et compris le règne de Jacques Ier :

Henri, duc de Buckingham, décapité en 1485.

Edmond, comte de Warwick, *id.* en 1499;

Édouard, duc de Buckingham, fils de Henri, *id.* en 1521;

Richard de la Pole, *id.* en 1541;

Jeanne Gray, *id.* en 1553;

Lord d'Arnley, père de Jacques Ier, sauté en l'air, en 1566;

Catherine Gray, morte en prison, en 1570;

Marie Stuart, décapitée, en 1587;

Arabella Stuart, morte folle, à la Tour, par suite de mauvais traitements, vers 1610.

intrigues des ministres d'Élisabeth l'appelaient, bien plus que ses droits et de véritables titres.

Son amour du pouvoir le plus absolu, désigné sous le nom d'attachement à la prérogative royale, à laquelle il s'efforçait d'attacher une origine divine, ses prétentions, en étendant son pouvoir au-delà de ses limites constitutionnelles, de restreindre celui du Parlement; ses proclamations illégales pour la convocation de son premier Parlement, ses disputes avec la Chambre des communes pour une élection contestée dont il lui refusait la décision contre l'usage immémorial, et sur d'autres points de ses droits et priviléges; l'apologie de sa propre conduite, que la Chambre des communes se crut obligée de publier; enfin, la partialité et l'affection extrême qu'il témoignait pour l'Espagne; tout annonçait un règne agité et enlevait déjà au roi l'estime de la nation. Peut-être eût-il été possible que Jacques Ier regagnât l'affection de ses sujets. Il avait de l'esprit et du savoir, il ne manquait pas d'habileté dans la conduite des affaires et dans la connaissance des hommes; mais plein de lui-même et d'une fastidieuse pédanterie, et égaré par les flatteries de ses courtisans, son règne fut ce que les commencements de son administration avaient fait prévoir de lui.

Il gouverna mal, sans sagesse, sans dignité, et par des favoris, Carr, comte de Sommerset, et George Villiers, duc de Buckingham. Il se montra entièrement papiste: il persécuta les presbytériens, et dès lors le gros de la nation qui était plus pour eux que pour le haut clergé.

Prodigue avec des richesses considérables, Jacques Ier était toujours dans la gêne et aux expédients des *bénévolences*, de la vente des monopoles de commerce, et des faiseurs d'affaires connus sous le nom de *projeteurs*. Ses favoris, surtout Buckingham qui le recevait, épuisé des dons faits à Sommerset, vendaient les places, les dignités, les évêchés, les priviléges de toute sorte.

Dans sa politique extérieure, Jacques Ier fut constamment dupe, et du désir fastueusement annoncé d'être un roi de paix, et de son orgueil qui demandait à l'Espagne une de ses infantes pour le prince de Galles, et surtout de son avidité de recevoir, avec elle, une dot de deux millions. Ses vaines négociations durèrent sept années, firent entreprendre à son fils un voyage romanesque et indécent à Madrid, perdirent la cause de son gendre, l'électeur palatin roi de Bohême, enlevèrent à Jacques Ier le protectorat des princes protestants, et déshonorèrent la diplomatie anglaise, si respectée par toute l'Europe pendant la vie d'Élisabeth.

La mort de son fils aîné, Henri, prince de Galles, sa conduite envers Arabella Stuart et sir Walter Raleigh, le meurtre d'Overbury et le procès et le pardon de Sommerset, ont flétri sa mémoire.

Toutes ces causes réunies ont amené les malheurs du règne de son fils.

Des nombreux procès politiques de ce règne, nous n'offrirons à nos lecteurs que ceux des lords Cobham et Gray, de sir Griffin Markam, de sir Édouard Parham, et de leurs complices, et de sir Walter Raleigh, accusés d'avoir voulu mettre Arabella Stuart sur le trône, et les *Impeachments* des Communes du chancelier Bacon et du comte de Middlesex Grand-Trésorier.

Quelque réelle qu'ait été la conspiration des Poudres, nous croyons inutile d'en donner le procès. C'était un trop odieux forfait.

Le procès du comte de Sommerset et de sa femme, accusés du meurtre de sir Thomas Overbury, a presque le même caractère : et l'un et l'autre n'ont rien d'utile pour la jurisprudence criminelle anglaise sur les procès politiques.

PROCÈS

Sur accusation de haute trahison,

De lord baron COBHAM.	H. COUR DU G. SÉNÉCHAL.	Condamné,	pardonné.
De lord baron GRAY. .	*Idem*.	*Idem* . . .	*Idem*.
11 novembre 1603.			
De sir GRIFFIN MARCKAM	COUR D'OYER ET TERMINER.	*Idem* . . .	*Idem*.
De sir ÉDOUARD PARHAM.	*Idem*.	Non coupable.	
De sir GEORGE BROOKE .	*Idem*.	Condamné,	exécuté.
De BARTHÉLEMY BROOKESBY.	*Idem*.	*Idem* . . .	*Idem*.
D'ANTOINE COPLEY. . .	*Idem*.	*Idem* . . .	*Idem*.
De GUILLAUME WATSON, prêtre, cru jésuite. .	*Idem*	*Idem* . . .	*Idem*.
De GUILLAUME CLARKE, prêtre.	*Idem*.	*Idem* . . .	*Idem*.
15 novembre 1603.			
De sir WALTER RALEIGH.	*Idem*.	*Idem* . . .	Pardonné.
17 novembre 1603.	Première année de Jacques Ier.		

I. De la conspiration dite d'Arabella Stuart. — II. Procès des deux pairs. — III. Procès des sept conspirateurs actifs. — IV. Procès de sir Walter Raleigh. — V. Injustice de son exécution après quinze ans de pardon. — VI. Malheurs d'Arabella Stuart.

I. Lady Arabella Stuart était fille du comte de Lennox, deuxième frère de Henri Stuart, comte d'Arnley, roi d'Écosse, époux de Marie Stuart, et dès lors cousine germaine de Jacques Ier, roi de la Grande-Bretagne. Elle descendait, comme lui, de Marguerite Tudor, qui, par un second mariage avec le marquis de Douglas, avait été la souche de cette ligne des Stuarts. Les droits d'Arabella à la couronne d'Angleterre étaient les mêmes que ceux de Jacques Ier, mais ne pouvaient être ouverts qu'après lui et ses enfants ou à leur défaut. Comme elle était née Anglaise, le parti catholique prétendait qu'elle devait être préférée à la ligne écossaise, étrangère. Lors du procès du comte d'Essex, cette jeune héritière d'un beau nom et de grands droits devint l'objet de l'attention d'Élisabeth, c'est-à-dire de ses persécutions; elle fut mise à la Tour. A la mort de la reine, elle en sortit, et refusa avec beaucoup de dignité d'assister aux funérailles de celle qui avait été sa persécutrice.

Dès 1601, il avait été question de porter Arabella au trône, au lieu de Jacques Ier. On en trouvera des preuves dans les *Négociations du cardinal d'Ossat*, et dans les *Mémoires de Sully*. Quoiqu'elle fût protestante, les princes catholiques espéraient qu'elle serait facilement amenée à accorder aux catholiques une tolérance large ou au moins suffisante. Sa main et son titre élevaient plus d'une ambition royale ou papale.

Sir Walter Raleigh avait toujours été opposé au parti et aux prétentions des Écossais. Il avait été lié, avec les Cecils, contre le comte d'Essex. Les Cecils avaient fait leur paix, en supposant un testament en faveur de Jacques Ier. Sir Walter Raleigh avait été moins heureux. Capitaine des gardes d'Élisabeth et amiral des cinq ports, il avait été privé de ces deux offices aussitôt après l'arrivée du roi en Angleterre. Il était donc mécontent de la nouvelle cour, et il n'était pas le seul. Les chefs du parti catholique, le marquis de Northumberland, lord Gray, lord Cobham, ses frères, lord Carrew, furent amenés à former une conspiration dont Raleigh paraît avoir été l'âme. Lord Gray, qui était un général distingué, se serait emparé, à main armée, de la personne du roi et de celles de ses enfants; et on les aurait enfermés à la Tour. Pendant ce mouvement, Arabella Stuart aurait été proclamée reine d'Angleterre.

Le nom de Raleigh aurait donné à la conspiration du crédit et de la considération. Mais adroit, habile dans les intrigues, il avait évité de paraître; il n'avait eu de relation qu'avec lord Cobham, qu'il conseillait et dirigeait sans jouer un rôle plus actif. Il fallait d'abord de l'argent, Cobham devait le demander au comte d'Aremberg, ambassadeur des Pays-Bas, à l'archiduc Albert, qui les gouvernait, et même au roi d'Espagne. D'Aremberg en promettait, mais il fallait, pour l'obtenir, que lady Arabella parût dans cette conjuration, dont la couronne, pour elle, était le but et la récompense. Lord Cobham, après quelques tentatives de son frère, sir George Brooke, auprès d'Arabella, s'adressa directement à elle par écrit. Étrangère aux intrigues, punie, sous Élisabeth, par une détention assez longue à la Tour, de ce que son nom en avait été le prétexte; belle, vertueuse, aimable, pleine d'esprit et de sagesse, désirant surtout sa tranquillité, une condition moins élevée, obscure même, elle n'avait d'autre parti à prendre que celui d'envoyer au roi la lettre indiscrète de Cobham. Cette détermination était d'autant plus sage, qu'il y avait lieu de croire que des avis de ce qui se tramait pouvaient arriver au roi de plusieurs autres côtés. Il paraît que le comte d'Aremberg, servant les Espagnols, dont Raleigh était toujours l'effroi, avait averti le Conseil privé.

Les conspirateurs, soit les simples exécuteurs du plan, qui, s'en regardant comme les instruments, les bras, se désignaient sous le nom de *Bye*, soit les chefs, les directeurs, la tête de la conspiration, qu'on appelait les *Main*, furent arrêtés dans le mois de juillet. Lord Carew prit la fuite; ils furent enfermés dans le château de Winchester, la peste régnant encore à Londres.

II. Le procès des deux lords doit avoir eu lieu devant une Cour du Grand-Sénéchal, le 11 de novembre, dans le château de Winchester. Les deux lords furent déclarés coupables, et condamnés au supplice des traîtres.

Nous n'avons point les actes de ce procès. M. Hallam annonce que les deux lords ont été condamnés sans aucun procès. Nous nous croyons fondé à ne pas être de cette opinion. Il est certain que les actes de ce procès, ainsi que de celui des sept conspirateurs, ont été adirés. Nous avons un simple extrait des procédures des sept conspirateurs dans un manuscrit de la Bibliothèque *Bodléyenne*. Le procès de Walter Raleigh était en entier à la tête de son *Histoire du Monde;* on n'a pas dû penser à le supprimer.

Nous voyons, par les actes de ce procès, qu'une partie des juges de la commission, les lords, avaient été déjà juges de lord Cobham, probablement comme membres de la Cour du Grand-Sénéchal; que les juges y avaient assisté; que les déclarations de lord Cobham, qui ont été opposées à sir Walter Raleigh, ont été présentées comme des confessions judiciaires, et méritant plus de foi que de simples dépositions; que Raleigh, dans sa longue lutte avec le lord Chef-Justice d'Angleterre, pour obtenir la comparution de lord Cobham, ne contredit jamais, suppose toujours qu'il y a eu une procédure et une condamnation légales.

Dans le *Warrant* écrit de la propre main de Jacques, avec l'orthographie écossaise, qu'il adresse au shérif de Winchester, pour suspendre l'exécution des lords Gray et Cobham ainsi que celle de Raleigh, il dit que ces deux lords ont été condamnés légalement. On ne supposerait pas que Jacques Ier, au commencement d'un règne encore mal affermi, n'eût pas suivi les formes légales de la condamnation des pairs, et nommé un Grand-Sénéchal et une commission de Pairs pour former cette Cour.

Il est très probable que les actes de ce procès qui, en raison de la peste de Londres, n'a pas dû avoir son ordinaire solennité, ont été mis dans les archives du conseil privé, et qu'on a négligé d'abord de les rendre à celles du Parlement. Lorsqu'au bout de quinze ans, sir Walter Raleigh fut iniquement condamné à subir le jugement d'exécution de la sentence de mort du 17 novembre 1603, on dut craindre qu'il n'y eût un nouveau procès, et chercher à éteindre les preuves de l'iniquité du premier. Ces pièces peuvent également avoir été perdues ou brûlées, pendant la guerre civile de Charles Ier et du long Parlement.

III. Une commission d'*Oyer* et *Terminer* avait été nommée pour juger les autres conspirateurs et sir Walter Raleigh. Elle était composée :

De Henri Howard, comte de Suffolk, grand chambellan ;
De Ch. Blunt, comte de Devonshire ;
De Henri lord Howard, comte de Northampton ;
De lord Cecil, comte de Salisbury, secrétaire d'état ;
D'Edmond, lord Walton de Morley ;
De sir John Stanhope, vice-chambellan ;
Du lord Chef-Justice d'Angleterre, Popham ;
Du lord Chef-Justice des Plaids C., Anderson ;
De Gaudy, juge ;
De Walmesley, *idem* ;
De Warburton, *idem* ;
De sir William Wade, chevalier ;
Douze juges.

La commission tint ses séances, les 15 et 17 novembre.

Séance du 15 *novembre.*

L'*Indictment* fut présenté par le procureur-général de la couronne, et lu par le clerc de la couronne (procureur du roi de la Cour du Banc du roi.)

Il accusait sir Griffin Marckam, sir Édouard Parham et sir George Brooke, chevaliers ; et Barthélemy Brookesby, Antoine Copley, et Guillaume Watson, prêtre, cru jésuite, et Guillaume Clarke, prêtre, du crime de haute trahison :

1° Pour avoir voulu mettre lady Arabella Stuart

sur le trône de ce royaume d'Angleterre, s'emparer violemment et traîtreusement de la personne du roi et de celle de ses enfants, et, revêtus des habits de leurs gardes, les conduire à la Tour de Londres et les y tenir en réclusion;

2° Pour avoir voulu obtenir ainsi de force, dudit seigneur roi, la tolérance des papistes et des superstitions romaines;

3° Pour avoir négocié avec des princes étrangers à l'effet d'en obtenir des secours d'argent et d'hommes, aux fins de ladite trahison.

4° Pour avoir voulu changer violemment les membres du conseil, le chancelier et les juges, et s'emparer de leurs places et offices;

Toutes lesquelles charges constituent le crime de haute trahison, etc.

Sir Griffin Markam, es-tu coupable? etc.

Les accusés plaidèrent *non-coupable*. Le jury fut présenté, trié, et il prit séance. Les conseils de la couronne développèrent l'accusation.

Les défenses de sir George Broocke, frère de lord Cobham, roulèrent sur ce que les juges ne pouvaient pas les condamner, parcequ'ils ne pouvaient pas les absoudre, ni leur faire grâce. Le procureur général (sir Édouard Coke), avec raison, précision et plus d'aménité qu'il n'en montra dans le procès de Raleigh, lui dit: Que c'était aux jurés à les absoudre s'ils ne les trouvaient pas coupables; que le devoir de faire justice était une obligation du roi qu'il faisait exécuter par ses officiers, et le droit de faire grâce, un beau privilége de sa couronne, qu'il se réservait; qu'ainsi il était vrai de dire que celui qui faisait rendre le jugement pouvait exercer sa merci sur le coupable.

Sir Griffin Markam reconnut son crime, et dit qu'il avait été trompé par le jésuite Watson, qui lui avait dit que le roi n'était roi que du jour de son sacre; de ce moment il était roi actuel, avant il n'était que roi politique; qu'il demandait que les jurés voulussent bien remarquer par la lecture des pièces du procès qui le concernaient, avec quels soins, avec quelle persévérance il avait montré son opposition à toute effusion de sang dans cette entreprise.

Watson se défendit par des subterfuges, des mensonges ou des absurdités. Il développa sa distinction du roi actuel et du roi politique. Il avait voulu lier les conjurés par un serment qui, sans entrer dans le détail des moyens dont userait l'association, n'avait pour but que d'obtenir le libre exercice de la religion catholique. Watson appuyait sa défense sur ce point principal des charges de son accusation personnelle, de cette chimérique distinction. Il fut réfuté avec force par un des conseils de la couronne.

Copley et Brookesby étaient des hommes d'exécution que Watson avait engagés dans cette entreprise, à prix d'argent. Ils ne méritaient aucun intérêt, et n'en inspirèrent à personne.

L'autre prêtre, Clarke, jeune, d'une figure douce, montra de la candeur. Il avait été trompé par la distinction de Watson, s'était engagé par son serment et l'aurait tenu autant que le lui permettaient les devoirs de son état; et, dans toute cette entreprise, il n'avait pas été au-delà d'un simple consentement à une mesure qui lui paraissait légale et sans danger, le roi n'étant pas encore sacré.

Sir Édouard Parham avait d'abord prêté le serment de l'association catholique ; mais ayant appris de Watson que lord Gray devait attaquer les gardes du roi et mettre ce prince à la Tour, il lui avait dit qu'il s'unirait alors aux gardes et aux serviteurs du roi, pour le défendre, combattre lord Gray, et le mettre lui-même à la Tour ; que Watson, embarrassé de sa propre contenance, avait cherché des subterfuges, et avait fini par dire qu'il pouvait bien se tromper; qu'il verrait, qu'il réfléchirait, et reviendrait lui dire ce qui en était, sous trois jours ; qu'il lui devait la vérité : et il n'avait pas reparu.

Les jurés se retirèrent dans leur chambre ; sir Francis d'Arcy, chef du jury, en sortit un moment, et demanda aux juges la solution de deux ou trois questions relatives à sir Édouard Parham. Un instant après, il revint avec les autres jurés, et délivra leur verdict, qui les déclarait coupables, à l'exception de sir Édouard Parham.

Le clerc de la couronne requit de la commission de donner son jugement. Lord chef-justice Popham les condamna tous les six au supplice des traîtres. Ils furent exécutés, Copley et Brookesby à la fin de novembre, les deux prêtres le 29 du même mois, et sir George Broocke le 5 décembre. Le 9 décembre avait été assigné pour la décapitation de sir Griffin Marckam et des lords Gray et Cobham. Le 5, le roi choisit un de ses serviteurs les plus discrets et lui remit un *Warrant* adressé au shérif de Winchester, de suspendre leur exécution, mais sur l'échafaud, au moment même où ils auraient fini leurs prières. Le 9, le messager arriva; lorsque sir Griffin Marckam eut fini son discours de mort, le Messager remit au shérif les ordres du roi et ses directions. Le shérif renvoya le chevalier Marckam dans la grande salle du château, pour une confrontation avec lord Gray; on en usa de même avec lord Gray et avec lord Cobham; mais pour celui-ci, il ne retourna point au château. Les deux autres furent amenés sur l'échafaud, et le shérif, M. Tichbourn, leur lut le *Warrant* de sa gracieuse Majesté, qui ne leur avait pas épargné les angoisses du dernier moment. Lord Gray mourut en prison. Lord Cobham obtint sa délivrance.

IV. Sir Walter Raleigh fut amené, le 17 de novembre, devant la commission d'*Oyer* et *Terminer* nommée pour connaître de la conspiration. Le juge Walmesley s'était retiré.

Le clerc de la couronne lut l'*Indictment*. Il accuse sir Walter Raleigh du crime de haute trahison :

1° Pour avoir conspiré et agi avec les autres traîtres, à l'effet de priver traîtreusement le roi, notre gracieux souverain, de la couronne de ce royaume d'Angleterre, d'exciter des séditions, des tumultes et des guerres dans ce royaume, nous plonger de nouveau dans les superstitions romaines, et procurer à des ennemis étrangers l'invasion de ce royaume ;

2° Pour s'être réuni, à l'effet desdites traîtreuses

machinations, menées et pratiques séditieuses, le 9 juin dernier, à l'hôtel de Durham, paroisse de Saint-Martin-des-Champs, avec lord Cobham; et là, y avoir tenu une conférence avec lui, pour aviser aux moyens de porter au trône royal et à la couronne de ce royaume, Arabella Stuart. Qu'il aurait été convenu, dans ladite conférence, que le lord Cobham traiterait avec le comte d'Aremberg, ambassadeur de l'archiduc Albert d'Autriche, à l'effet d'en obtenir un secours, à titre de prêt, de 600,000 couronnes, pour être employées à faciliter l'exécution desdites trahisons; que lord Cobham se rendrait auprès de la personne même de l'archiduc Albert d'Autriche pour l'engager à soutenir l'entreprise et les prétendus titres et droits d'Arabella Stuart à la couronne de ce royaume; mais qu'ayant appris que l'archiduc Albert n'avait pas même de moyens suffisants pour soutenir l'armée espagnole dans les Pays-Bas, lesdits sir Walter Raleigh et lord Cobham auraient résolu que ledit lord Cobham irait directement en Espagne demander au roi de ce pays ses secours et ses bons offices pour soutenir les prétendus titres et droits d'Arabella Stuart à la couronne de ce royaume d'Angleterre;

3° Pour avoir arrêté, comploté et déterminé entre eux, que, pour effectuer ladite conspiration, il fallait obtenir, par tous leurs moyens, qu'Arabella Stuart écrivît trois lettres, l'une à l'archiduc Albert d'Autriche, l'autre au duc de Savoie, la troisième au roi d'Espagne, par lesquelles lettres elle s'engagerait à trois choses, à savoir :

1° Qu'il serait établi, dès qu'elle serait sur le trône, une paix solide entre l'Angleterre et l'Espagne;

2° Qu'elle tolèrerait, pendant son règne, le papisme et les autres superstitions romaines;

3° Qu'elle ne se marierait que d'après leurs avis.

Pour effectuer ces criminels desseins, Cobham devait s'embarquer pour l'Espagne, et, à son retour, relâcher à l'île de Jersey, dont Raleigh était capitaine; que là ils détermineraient ensemble la distribution des 600,000 couronnes, suivant que l'occasion et le besoin d'acquérir des partisans à leurs affreux desseins le conseilleraient;

4° De plus, que ledit lord Cobham communiquerait à son frère sir Charles Broocke, par le conseil dudit Raleigh, leurs affreux desseins, et les lui avait fait tellement agréer, que le jeudi suivant Cobham et Broocke, dans une assemblée desdits conspirateurs, avaient proféré ces infâmes paroles : « Qu'il n'y aurait jamais de tranquillité » en Angleterre, qu'on ne se fût défait du roi et de » sa couvée. »

5° De plus, que pour mieux priver le roi de sa couronne royale d'Angleterre, et confirmer ledit lord Cobham dans ses projets, sir Walter Raleigh s'était engagé à faire imprimer un livre dirigé et composé contre les titres et les droits du roi; que Cobham l'avait déjà reçu de Raleigh, l'avait lu, et devait le prêter à son frère, le 14 juin suivant (1);

---

(1) Il fut question de ce livre dans les débats. Il avait été

6° De plus, que, le 16 juin suivant, Cobham incita son frère Charles Broocke à solliciter d'Arabella Stuart d'écrire aux trois princes ci-dessus nommés, à l'effet entendu et aux conditions ci-dessus promises, et que Broocke s'est engagé à faire cette démarche, et a agréé lesdites propositions;

7° De plus, que Cobham, le 17 juin, écrivit par un certain Matthieu de Laurentie au comte d'Aremberg, pour en obtenir l'avance, à titre de prêt, des 600,000 couronnes; que cet ambassadeur, par sa lettre du lendemain 18, promit d'en effectuer le paiement;

8° De plus, que ledit Walter Raleigh avait demandé et obtenu dudit lord Cobham que sur cette somme de 600,000 couronnes, 80,000 couronnes lui seraient données, et que Cobham en remettrait 100,000 autres à son frère Charles Broocke.

En raison desquelles charges, etc.,

Le Clerc de la couronne fit les interpellations d'usage.

Sir Walter Raleigh plaida *non-coupable.*

La liste du jury fut présentée. Raleigh n'en récusa aucun.

« Il me suffit qu'ils soient chrétiens. »

Ils prêtèrent serment.

L'*Indictment* fut développé par un des conseils

---

fait dix-sept années avant; Raleigh l'avait trouvé dans le cabinet de lord Cecil père. Lord Cecil fils annonça qu'il n'était dans les mains de son père qu'en raison de ses fonctions de secrétaire d'état, et se plaignit de l'indiscrétion de Raleigh, qui se défendait de l'avoir lu et de l'avoir prêté.

de la couronne, presque littéralement. On voit très bien que cet avocat de l'accusation n'osait pas se mesurer avec un homme supérieur et d'une capacité aussi éminente que sir Walter Raleigh. Le procureur général, sir Édouard Coke, s'était réservé les débats, c'est-à-dire une espèce d'interrogatoire animé, résultat successif et multiple de la production des pièces. Ces pièces étaient les aveux judiciaires des condamnés dans les deux procès précédents. Les principales furent les interrogatoires, les aveux judiciaires et les déclarations extra-judiciaires de lord Cobham.

Sir Édouard Coke fit d'abord une distinction nécessaire entre l'exécution et la conception de la conspiration, entre les *Bye* et les *Main*, et déchargea sir Walter Raleigh de toute participation à l'exécution. Raleigh prit acte de son désaveu.

Le procès fut fort long. Le procureur général, scindant les aveux et les déclarations extra-judiciaires de lord Cobham, et procédant, dans son argumentation, des pièces les moins probantes à celles qui l'étaient davantage, et marchant également du simple au composé, établit que sir Walter Raleigh était l'âme de la conspiration, le génie du mal qui en avait fait la conception et produit le *complotement* et toutes ses combinaisons. Sir Walter l'interrompit souvent, releva les inductions fausses, pulvérisa tous les sophismes de l'accusation, analysa les pièces, et fit bien distinguer aux jurés les pièces judiciaires et les pièces extra-judiciaires : et il a paru dans les débats, partie si difficile de la procédure anglaise, avoir eu la supériorité sur son adversaire.

Sir Édouard Coke ne mit pas de décence dans l'accusation. Les lords Chefs-justice et les deux autres juges furent coupables de la même âpreté de poursuite du coupable; mais ils s'abstinrent de ces grossières injures, *vipère*, *tison d'enfer*, *démon incarné*, *fils de Bélial*, que s'étaient permises le procureur-général

Il constait cependant, tant bien que mal, de ces productions de pièces émanées de lord Cobham, que celui-ci accusait le chevalier Raleigh de l'avoir excité à prendre part à la conspiration, d'avoir médité, combiné la mort du roi, la privation violente de sa couronne; de lui avoir conseillé d'ouvrir des correspondances avec l'Espagne, de passer même à Madrid, pour obtenir des secours d'argent.

Si l'attaque avait été vive, la défense ne le fut pas moins. Dans son plaidoyer, le chevalier Raleigh dit que « d'après le statut de la vingt-cinquième année d'Édouard VI, il faut un acte patent (*Open act*). Or, les preuves, l'évidence qu'on m'objecte prouveraient au plus que j'ai donné des conseils, fourni des motifs pour combiner une trahison; que je n'en ai pas dissuadé; que, la connaissant, je ne l'ai pas révélée; que m'ayant été proposé de prendre part à la conspiration, j'ai refusé de le faire : c'est un crime, un délit grave, un *Misdemeanor*; c'est une hésitation dans ma fidélité, c'est un mépris de l'autorité royale, une *misprision* positive, un *Contempt*, une *Misprision of treason* (voir page 191 du 1er volume); mais ce n'est pas une félonie, et encore moins une haute trahison.

» La déclaration des juges de la première année

du règne d'Édouard VI et le statut 1er de Marie, chap. I, ont interprété le statut d'Édouard VI, et exigent, pour l'évidence de l'*Open act* requis pour constituer une haute trahison, deux témoignages légaux; ici j'en vois à peine un. On produit des déclarations d'un criminel qui espère sauver sa vie, en se donnant des complices, en accusant un innocent que l'on veut perdre. Mais où trouverez-vous le second témoignage? Comment y suppléerez-vous? »

Sir Édouard Coke n'entra pas tout de suite dans le développement de sa réplique; il se permit encore des invectives. Enfin il annonça qu'on suppléait au deuxième témoignage par les circonstances de la conspiration, et il fit lire les interrogatoires et aveux des conspirateurs actifs qui avaient été condamnés l'avant-veille, et qui, tous, annonçaient que sir Walter Raleigh devait être de la conspiration; qu'il n'était bruit que de sa participation à la conspiration.

Sir Walter Raleigh répliqua à son tour, que les pièces nombreuses et bien inutiles, dont la lecture avait occupé tant de moments, prouvaient que ces condamnés n'avaient pas eu la moindre communication avec lui, et ne savaient qu'il était dans la conspiration que par ce que leur avait dit lord Cobham. « Vous suppléez donc au défaut du second témoignage par des ouï-dire. »

Il y avait une singularité bien frappante dans toute cette procédure et dans ces nouvelles productions de l'accusation; c'était que lord Gray, chef actif de la conspiration, ne fut jamais cité. Aucun interrogatoire, aucune déclaration de lui n'étaient venus à l'appui de ce que sir Édouard Coke appelait les circonstances de la conspiration.

Sir Walter Raleigh demanda que lord Cobham lui fût confronté. Jamais il ne put l'obtenir des juges. Les lords Chefs-justice alléguèrent l'usage et des *précédents*, et aucunes raisons de leur usage ou de mauvaises raisons.

Lord Cecil, lord Howard, et en général les autres lords de la commission, se conduisirent avec plus de décence et parurent favoriser l'accusé.

Lady Arabella Stuart était à l'audience avec le comte de Nottingham. Elle le chargea de dire qu'elle protestait, sur sa salvation, qu'elle n'avait eu de connaissance de la conspiration que par la lettre que lui avait adressée lord Cobham, et qu'elle avait remise au roi.

Les débats de ce procès finirent par la production de la déclaration de mort de lord Cobham, que le procureur-général tira de sa poche et qu'il lut très haut. Lord Cobham affirmait, sur son honneur, aux juges et aux lords du conseil privé, que Raleigh était membre de la conspiration, qu'il était le seul auteur de sa perte. Il chargeait sir Walter Raleigh d'avoir demandé au roi d'Espagne une pension de 1,500 l. st. pour être à son service secret, etc.

Le procureur-général fit une très longue et très virulente péroraison sur la perfidie de Raleigh. Celui-ci ne l'interrompit pas. Quand elle fut terminée, il tira également un papier de sa poche, et dit: Voici ma réponse. C'était une déclaration de lord Cobham, dont il donna lecture dans les termes suivants :

« Me voyant proche de ma fin, pour la décharge » de ma conscience et pour me libérer de votre » sang, qui autrement crierait vengeance contre » moi, je proteste sur mon salut (*Upon my salvation*) » que je n'ai jamais eu de pratique avec l'Espagne » par votre conseil et par vos secours. Que Dieu » me soit en aide dans mes afflictions, comme vous » êtes un brave homme, sous quelque rapport que ce » puisse être. Je pourrai dire comme (le prophète) » Daniel : Je suis pur du sang de celui-ci. Ainsi Dieu » me pardonne et sauve mon âme comme je ne » connais en vous aucune trahison. »

Sir Walter Raleigh fit passer cette déclaration à lord Cecil et aux autres lords qui connaissaient l'écriture de Cobham. Le procureur-général n'en fit pas autant de la sienne; elle portait bien la signature de lord Cobham, mais non les caractères de son écriture.

La lettre de Cobham avait été remise à Raleigh, probablement dans une pomme jetée de la fenêtre de ce prisonnier dans la chambre de Raleigh, ou dans le préau du château. C'était le moyen dont ils s'étaient servis pour communiquer. La lettre de Cobham du procureur-général en parle; ce qui était assez peu adroit. Il paraît que cette lettre, ou plutôt la signature de lord Cobham sur un papier blanc, avait été exigée de lui pour obtenir sa grâce, ou du moins pour libeller sa requête à cet effet. Lord Cobham, depuis en liberté, a expliqué à ses amis ou à sa famille les circonstances de cette lettre et les mémoires du temps l'ont fait connaître. La lettre à sir Walter Raleigh était antérieure.

Raleigh fit valoir cette déclaration. Les juges dirent que les jurés en feraient le cas qui leur conviendrait.

Le lord Chef-justice d'Angleterre, qui présidait la commission, fit un résumé partial et assez virulent de la procédure. Les jurés se retirèrent dans leur chambre et en sortirent un quart d'heure après, et déclarèrent sir Walter Raleigh coupable.

Le Clerc de la couronne, suivant l'usage, requit le jugement. Le lord Chef-justice président interpella le coupable s'il avait quelque opposition à faire à ce qu'on procédât au jugement. Il répondit qu'il s'en rapportait à la merci du roi.

Alors le lord Chef-justice d'Angleterre, après une allocution assez longue et assez sévère à sir Walter Raleigh, le condamna à la peine des traîtres.

Sir Walter Raleigh demanda au comte de Devonshire et aux lords de la commission de réclamer de la bonté du roi une commutation de la peine des traîtres en celle de la décapitation.

V. Il n'y aura de plus inique que ce jugement, que son exécution, après seize années de pardon, dont quatorze et au-delà passées à la Tour; douze ou quinze mois en avaient été employés à la malheureuse expédition de la Guiane espagnole.

On avait fait sentir à Jacques Ier l'iniquité du jugement de la commission de Winchester. La vengeance qu'il avait tirée de sir Walter Raleigh ébranlait bien plus son trône que n'aurait pu le faire la conspiration de lord Cobham. Suspendant l'exécution du jugement de ce lord, de lord Gray et de sir Griffin Marckam, il ne pouvait refuser d'arracher le chevalier Raleigh à l'échafaud. Sa peine fut donc commuée en une prison à la Tour, dont la durée dépendrait du bon plaisir du roi.

L'essentiel de la vengeance royale était obtenu, la confiscation. Raleigh, privé de toutes ses places, fut dépouillé de ses biens. Une terre de 5,000 l. st. de revenu avait été donnée par lui à son fils aîné. Sa prévoyance devint inutile; on sut trouver dans l'acte une nullité : elle fut confisquée et donnée au nouveau favori du roi, Carr, depuis comte de Sommerset. Lady Raleigh obtint cependant, en espèce de compensation, ou comme aliments d'elle et de ses enfants, une somme de 12,000 liv. sterl.

Sorti de la Tour cependant sans lettres d'abolition, et dénué de toutes ressources, le chevalier Raleigh fit représenter au roi, par un des secrétaires d'état, par la reine et par le prince (Henri) de Galles que, dans sa première expédition dans l'Amérique méridionale, il avait eu connaissance d'une mine d'or, dont le capitaine Kemish, autrefois à son service, avait rapporté des morceaux d'un minerai très chargé de métal et que des essais avaient annoncé être d'une grande richesse; Raleigh avait laissé des indications pour la retrouver; que, s'il plaisait au roi de lui donner une commission particulière, il irait en prendre possession et en rapporterait une quantité d'or prodigieuse. On était en paix avec l'Espagne, et elle avait pris possession de la Guiane. La cupidité, les besoins toujours renaissants d'une cour prodigue déterminèrent cependant le roi à consentir à cette proposition, et à donner à Raleigh, le 26 août 1616, une commission du grand sceau. Elle était adressée *à notre aimé et féal le chevalier Walter Raleigh.* Des fonds, des aventuriers, des navires furent offerts par des particuliers. On équipa douze vaisseaux, et Raleigh partit dans le mois d'août 1617. Raleigh ne retrouva plus à la côte les indications qu'il avait laissées. Pendant qu'il les cherchait encore, il détacha cinq vaisseaux, sous le commandement de son fils et de Kemish, pour remonter l'Orénoque. Les Espagnols s'opposèrent à leur descente; ils furent battus; et à la suite du combat, où Raleigh fils fut tué, Kemish s'empara de la ville de Saint-Thomé, et y fit un butin considérable. Ils recherchèrent encore quelque temps, en remontant le fleuve, ce fameux *Eldorado*, que depuis on plaça plus à l'est, et ensuite au midi, et enfin dans les espaces imaginaires. Les matelots forcèrent l'amiral à revenir en Europe, dans le port de Kingsale en Irlande, puis à Plymouth où Raleigh fut arrêté et conduit à la Tour.

Jacques était alors dans les projets du mariage de son fils avec une infante d'Espagne. Le comte de Gondemar, ambassadeur d'Espagne, ami du roi, presque son favori, exigea la punition de Raleigh. Déjà il avait eu connaissance de la demande de Raleigh et s'y était opposé. Le roi, pour l'apaiser, avait exigé de Raleigh, sous la foi du serment, un état exact de ses vaisseaux, de ses matelots et de ses soldats. Le comte de Gondemar en avait eu la copie et l'avait envoyée au gouverneur de Saint-Thomé, chez lequel cet état fut trouvé. Raleigh aurait dû passer à une cour martiale, mais là il aurait exhibé sa commission. On préféra d'exécuter le jugement du 17 novembre 1603.

Arrivé à la Tour, Raleigh fut renvoyé aux arrêts chez lui; il prit la résolution de fuir en France; trahi par un faux ami, il fut reconduit à la Tour.

Le 28 d'octobre 1618, le procureur-général notifia au lieutenant de la Tour un *Writ d'Habeas Corpus*, pour conduire Raleigh devant la Cour du Banc du roi. Le procureur-général demanda que le prisonnier, amené devant la Cour, convaincu de haute trahison et condamné le 17 novembre 1603, reçût l'exécution de son jugement.

Le Clerc de la couronne lut les minutes du jugement, et le lord Chef-justice demanda au chevalier Raleigh ce qu'il avait à opposer. Celui-ci objecta sa commission d'amiral des flottes de S. M., à lui délivrée postérieurement au jugement, en 1616. Le lord Chef-justice lui répondit qu'elle n'était pas un pardon; et qu'il en fallait un pour la haute trahison; il prononça le jugement, ou plutôt, que le précédent serait exécuté. Cette fois le procureur-général et le lord Chef-justice mirent autant de décence, de modération, peut-être même d'affection et de commisération pour le sort d'un si grand homme, qu'on avait mis de haine et d'âcreté dans le premier procès.

Le chevalier Raleigh, revenu dans sa prison, y écrivit une lettre au roi pour lui recommander sa femme, et une à lady Raleigh.

Le 29, jour de son exécution, il fit un très beau et très pathétique discours de mort. Sa tête ne tomba qu'au second coup.

VI. Arabella Stuart, que des ambitieux avaient voulu porter au trône d'Angleterre, sans sa participation et malgré elle, devint victime enfin de ces intrigues.

Depuis la conspiration de lord Cobham, Arabella vivait tranquille, à l'aide d'une médiocre pension du roi. Elle avait contracté un mariage secret avec Guillaume Seymour, petit-fils d'Édouard comte d'Hertford et de l'infortunée Catherine Gray : on vit dans ce mariage l'union de deux grands titres, de deux grandes prétentions au trône, à meilleurs droits peut-être que le roi Jacques et ses enfants, d'un descendant de Henri VII par Marie Tudor, douairière de France, duchesse de Brandon, avec une arrière-petite-fille de Marguerite Tudor, reine d'Écosse, mais véritablement Anglaise; c'était plus qu'il ne fallait pour alarmer la cour. Jacques Ier, sous prétexte qu'un mariage d'une cousine germaine du roi ne pouvait pas être fait sans sa permission, fit mettre les deux époux à la Tour. Ils parvinrent à en sortir pour se retirer en France. Seymour s'échappa heureusement, mais Arabella fut reprise et resserrée plus étroitement. Elle était maltraitée dans sa prison. Elle s'adressa aux deux lords Chefs-justice pour obtenir un *Habeas corpus*. Ils ne pouvaient pas l'accorder. Arabella les suppliait de la faire condamner à la mort. Ses mauvais traitements en furent augmentés; sa raison y succomba d'abord, et bientôt elle mourut folle, le 17 septembre 1615.

PROCÈS

Sur accusation (*Impeachment*) de la Chambre des Communes,

POUR CRIMES ET MALVERSATIONS

(High crimes and Misdemeanors),

DE FRANÇOIS BACON,

LORD VÉRULAM, VICOMTE DE SAINT-ALBANS,

LORD CHANCELIER D'ANGLETERRE,

Par la Haute Cour du Parlement.

19 mars 1620 . . . . . . Dix-huitième année de Jacques Ier.

I. Gouvernement du roi. — II. Favoritisme. — III. Monopoles; affaires de sir Gilles Mompesson. — IV. Plaintes faites à la Chambre des communes, sur les exactions du chancelier; rapports de ses comités et conférences avec les Lords. — V. Articles de l'accusation. — VI. Soumissions du chancelier. — VII. Jugement de la Haute Cour et son exécution.

I. L'absence des talents politiques et des capacités royales de Jacques Ier devaient avoir d'amers résultats pour la nation anglaise et pour le roi et sa famille. Parvenu à la dix-huitième année de son règne, on reprochait à Jacques Ier, et presque tout à la fois, les persécutions d'Arabella Stuart et sa mort (1615), le jugement inique de Raleigh, et la hache du bourreau faisant tomber la tête d'un des meilleurs amiraux qu'ait eus l'Angleterre (1618), le meurtre de sir Thomas Overbury (1613), les procès de ses meurtriers (1615), et celui du comte et de la comtesse de Sommerset, qui l'avaient ordonné et lui avaient imprimé un caractère d'atrocité inconnue dans les mœurs du temps (1616); enfin l'indiscret pardon que le roi avait accordé à cet ancien favori et qui faisait suspecter ce prince d'une lâche connivence, si ce n'était pas de complicité avec eux (1). Le caractère du roi en recevait une flétrissure de cruauté, de vengeance ou de légèreté sanguinaire qu'aucune raison d'État ne pouvait détruire.

Le pédantisme de Jacques Ier était ridicule, mais on s'y faisait; on en riait. Les excès de cette pédanterie habituelle du monarque le livraient désarmé à la flatterie. À son exemple la cour était pédante, les agents de son gouvernement, ses juges farcissaient leurs allocutions d'un grand nombre de textes

(1) Sir Thomas Overbury avait été employé dans les ambassades. Par attachement pour le jeune Robert Carr, comte de Sommerset, il avait bien voulu diriger ses premiers pas à la cour et dans les affaires. Lady Françoise Howard, comtesse d'Essex, étant devenue éperdument amoureuse de Carr, se refusa à la consommation de son mariage avec Essex. Ils étaient âgés l'un et l'autre de dix-sept à dix-huit ans. Au bout de dix-huit mois, lady Françoise détermina Carr à lui obtenir du roi la permission de demander un divorce, pour cause d'*impuissance*. Overbury s'y opposa, et fit même sentir au roi l'indécence d'une pareille mesure. Elle fut suspendue. Lady Françoise exigea de son amant de se débarrasser de l'ennuyeuse prudence d'Overbury; Carr le fit nommer par le roi à l'ambassade de Moscovie. Le chevalier refusa cette mission; en raison de sa désobéissance, il fut mis à la Tour, et empoisonné à plusieurs reprises, avec une cruauté qui n'avait pas d'exemple; la dernière fois, par un lavement d'eau-forte. Aussitôt après la mort d'Overbury, Carr obtint du roi la permission de faire

où de faits de l'Écriture sainte. Il n'y aurait pas eu un grand inconvénient, si ces maximes, ces traits, ces allusions n'avaient pas été noyés dans un insipide bavardage qui, par l'ennui même des discours, leur ôtait tout leur effet. Mais bientôt le roi ne tarda pas à revêtir, d'une écorce de savoir et de bien-dire, ses prétentions au pouvoir absolu. On attaqua l'origine divine qu'il assignait à la prérogative royale; on en rit encore, et on fit, au bien de la paix, le sacrifice du mince avantage d'en démontrer l'absurdité. D'ailleurs, le roi avait une faiblesse de caractère et une versatilité qui rendaient ces prétentions au pouvoir absolu moins dangereuses.

Mais lorsqu'on vit que, du principe que le Parlement ne devait son existence qu'à la concession des rois, Jacques Ier en tirait la conséquence qu'il pouvait gouverner sans Parlement; que, du principe que

---

solliciter, en Cour d'Église, le divorce de lady Howard, en raison d'*impuissance relative;* Essex y avait consenti. Le *State Trials* nous a donné les minutes de ce procès (2 juin 1613). Il y eut un examen de matrones; lady Françoise Howard obtint de ne le subir qu'avec un voile sur la figure. On assurait qu'elle avait vécu avec Carr dans une grande familiarité, et à sa place qu'elle substitua une jeune vierge de son âge, de sa taille et de sa tournure. Le divorce fut prononcé. L'archevêque de Cantorbéry, l'évêque de Londres et quatre des juges ecclésiastiques y étaient opposés. Le 5 décembre, Carr épousa lady Françoise Howard.

Ce divorce, ce mariage si prompt, donnèrent une grande publicité aux causes du meurtre de sir Thomas Overbury. On prétendait qu'il y en avait d'autres; qu'il avait été dépositaire de secrets d'État d'une grande importance pour le roi, et Jacques Ier perdit encore de sa considération et de l'estime publique.

le roi était au-dessus des lois, ses favoris et ses flatteurs dérivaient la conviction qu'il n'était dû au sujet aucune sécurité de l'exercice de ses droits; que son honneur, ses biens, sa liberté étaient à la merci du roi et surtout à la leur; que, du principe que le Parlement n'avait aucun droit de se mêler des affaires sur lesquelles le roi ne le consultait pas, on en pouvait conclure qu'il fallait laisser faire au roi et à ses favoris tout ce qu'ils voulaient, alors commencèrent les alarmes. Mais si c'était pour le Parlement manquer de respect à la personne du roi, de se plaindre de son gouvernement, de rechercher le but, d'assigner les limites de cette prérogative royale divine, de présenter au monarque les griefs du pays, d'en demander le redressement, de l'indiquer et de le poursuivre, quelles garanties restaient à l'état qu'il ne serait pas ruiné de fond en comble? La constitution anglaise serait donc détruite.

Le Parlement, dont le roi contestait les droits et les priviléges, tint avec fermeté au seul qu'on n'osait pas encore lui ravir, celui d'accorder ou de refuser des subsides. C'était sa seule planche de salut, avant d'en venir aux armes, comme il le fit en 1642. Il l'employa souvent contre Jacques Ier, et plus souvent encore contre Charles Ier. Il en obtint dès lors des redressements de griefs, bien plus illusoires, sous ce dernier, que réels.

Ces deux monarques manquèrent souvent à leurs promesses, leurs Parlements n'en auraient pas exigé avec rigueur l'accomplissement. On tolère quelquefois la duplicité politique; mais Jacques Ier fit plus : au milieu de ses nombreuses déductions politiques, dans le sein même de son Parlement, il fut pris en flagrant mensonge. Le procès, entre autres, du comte de Bristol (1) fournit les démonstrations les plus claires, et par lettres, que Buckingham avait menti ; rien d'étonnant : mais que le roi et le prince de Galles (Charles Ier) avaient trahi la vérité, et avec une grande impudeur, en plein Parlement.

L'autorité royale était donc tombée, à la fin du règne de Jacques Ier, dans une complète déconsidération ; et le chancelier Bacon en ressentit les effets dans le procès que lui intentèrent, avec une sorte de regrets, les Communes d'Angleterre.

II. L'orgueil et la pédanterie font les favoris ; l'habitude et la faiblesse les soutiennent. Ceux de Jacques Ier, de ses disciples devinrent ses maîtres et ses tyrans. Peu avant sa mort, ce monarque voulait secouer le joug de Buckingham ; mais celui-ci avait contracté avec le prince de Galles, pendant son voyage d'Espagne, une intimité dont le malheureux Jacques Ier redoutait la force moins encore que l'audace du favori. Nous ne voulons pas faire ici l'histoire des favoris de Jacques Ier, nous nous bornons à faire remarquer que leur rapacité combinée avec la prodigalité du roi et son total abandon à eux a été cause des embarras de finances de son règne, de ses disputes

(1) Voir le procès du comte de Bristol dans Rapin Thoyras, *Histoire d'Angleterre*, tom. VII, in-4°, édition de La Haye, de 1726.

avec le Parlement, et de ces brusques dissolutions, mesures capitales et multipliées avec imprudence, qui ont amené les malheurs de sa famille. Nous nous taisons sur quelques uns des résultats les plus habituels du favoritisme de Jacques Ier, cette cupidité des courtisans éveillée par ces soudaines et énormes fortunes, ces intrigues plus compliquées et plus nombreuses à la cour de Jacques qu'à celles de ses prédécesseurs, cette lutte de petites factions pour ou contre le favori, et une corruption de mœurs beaucoup plus générale.

Les embarras de finances du roi le jetaient dans les voies arbitraires des bénévolences, des dons extorqués, des emprunts forcés et de ce qu'on appelait alors, en finance, des affaires. Buckingham vendit d'abord tous les offices. Il fallut aussi en donner. Il en vint à vendre des monopoles de commerce et de toutes les industries.

III. Vers 1617, toutes les industries à peu près étaient grevées de monopoles vendus par le duc de Buckingham. Rien de plus odieux, pour le peuple anglais et pour les citoyens de Londres en particulier, que ces lettres patentes du roi accordant la permission exclusive de vendre, importer ou fabriquer, des denrées ou des objets de commerce et de consommation, à des individus qui en avaient acquis les patentes à prix d'argent. La haine publique aurait dû sans doute se porter sur le gouvernement qui autorisait ces exactions; mais elle était plus énergiquement manifestée contre les monopoleurs eux-mêmes. Celui de tous qui élevait le plus de plaintes et de ressentiments, était un chevalier Gilles Mompesson, auquel Buckingham avait accordé, à un prix très haut, le monopole des dentelles d'or et d'argent; il en vendait de fausses; il poursuivait en justice ceux qui en importaient et en débitaient de vraies. Un juge de paix, Mitchell, instruisait ces sortes de procès, était injuste, était inexorable.

Des plaintes furent faites à la Chambre des communes contre Mitchell et contre Mompesson. Après quelques informations, elle fit mettre Mitchell à la Tour, et le déclara incapable de remplir à l'avenir aucun office de juge de paix. Mompesson avait fui sur le continent.

Avant de procéder contre Mompesson, la Chambre nomma un comité pour rechercher les *précédents*, et déterminer le mode des poursuites. Le rapport, quelques jours après, conclut que la Chambre devait se joindre à la Chambre des pairs, pour punir sir Gilles Mompesson, attendu qu'il ne s'était pas rendu coupable envers la chambre, et qu'il n'y avait pas, dans cette affaire, violation de priviléges, mais que c'était un grief, un dommage fait au public.

Il y eut donc des conférences des Communes et des Lords, dans la Chambre peinte. Les Communes déduisirent leurs griefs. Ce n'était pas le cas de commencer un procès, par voie d'*Impeachment:* depuis celui du comte de Suffolk, elle était tombée en désuétude. Le procès était sans intérêt, puisqu'en raison de l'absence de Mompesson, l'instruction ne pourrait pas être rattachée ou remonter à Buckingham, que le Parlement voulait poursuivre. Les Communes ne se livrèrent donc point à une accusation régulière; elles établirent leurs griefs contre Mompesson et un nommé Bennet, autre monopoleur. La Chambre des pairs se chargea de l'enquête, et quand elle fut finie, les Lords envoyèrent un message aux Communes pour les aviser qu'ils étaient prêts à rendre un jugement si elles le demandaient. L'orateur de la Chambre, avec la majeure partie de ses membres, se présenta à la barre de la Chambre des pairs, pour requérir jugement. Les Pairs le donnèrent; l'orateur de la Chambre des lords, formée en Haute Cour du Parlement, prononça la condamnation de sir Gilles Mompesson, par laquelle tous ses biens furent confisqués au profit de l'État. Le roi, charmé que Buckingham n'eût pas été nommé dans la condamnation, y ajouta, en bannissant à perpétuité, quoique illégalement, le malheureux Mompesson. Il avait été, suivant l'usage, abandonné par le favori, qui s'était engraissé de l'iniquité du monopoleur.

Mais, par ce procès, la voie était ouverte pour condamner, à l'aide de l'*Impeachment* des Communes, les grands coupables d'exactions et de péculat. Le chancelier Bacon va être atteint par un d'eux. Il était mal avec Buckingham; il avait quelque pouvoir sur l'esprit du roi, et avait souvent fait suspendre ou rejeter des mesures illégales et tortionnaires du favori.

IV. Le procès de lord Bacon de Verulam, vicomte de Saint-Albans, occupa, dans l'hiver de 1620, l'attention de la Chambre des communes;

des plaintes de ses concussions et de la vente de la justice et des décrets de la chancellerie avaient été adressées à la Chambre.

De quelque réputation que jouît lord Bacon, quel que fût son génie, tels beaux que fussent ses ouvrages philosophiques, il partageait comme membre du ministère de Jacques Ier, l'animadversion publique contre la cour. Il avait des ennemis acharnés dans son corps. Sir Édouard Coke lui était opposé pour les talents, quoique le mérite de ce savant jurisconsulte ne fût pas comparable au sien et que ses connaissances ne fussent que spéciales et n'eussent pas cette généralité, cette étendue de savoir qui distinguaient lord Bacon. Sir Édouard Coke s'était vu enlever par le chancelier, ou plutôt par le roi, l'office de lord Chef-justice de la Cour du Banc du roi. Il ne l'attribua pas à sa propre imprudence d'avoir, dans le procès de Monson, accusé de complicité avec les meurtriers d'Overbury, fait une allusion à la mort du fils aîné du roi, le prince Henri (de Galles), qu'on soupçonnait d'avoir été empoisonné par lui ; c'était reconnaître le bruit public, qui long-temps avait obtenu de la vraisemblance, que c'était par ordre du roi ; qu'Overbury avait été dépositaire de cet affreux secret, et qu'il lui devait sa mort. La haine de sir Édouard Coke était vive, et lui-même avait une grande violence de caractère. Le lord Chef-justice qui avait remplacé sir Édouard Coke tenait son office du duc de Buckingham, et n'était pas ami de lord Bacon.

En même temps, la faveur du duc de Buckingham s'était retirée du chancelier. Il paraît qu'il venait de résister à ses volontés.

Lord Bacon était et devait être partisan de la prérogative royale, à origine divine, de Jacques Ier. Ses ouvrages, ses discours en offrent des démonstrations multipliées. Mais si sa plume était dévouée, ses avis et sa conscience étaient francs et pleins de loyauté au conseil d'état; il n'a jamais, de lui-même et comme chancelier, persécuté personne. C'est une remarque qu'on a pu faire, longtemps après sa mort, lors des publications successives des mémoires des contemporains et des pièces de diverses archives.

La Chambre des communes nomma d'abord un comité d'enquête sur ces plaintes, et sur les abus qui ont lieu dans les cours de justice. Il fit un premier rapport, le 15 mars 1620. Sir Robert Philips annonça que le travail du comité avait eu trois objets : 1° les abus qui se commettent dans la distribution de la justice, la nature des plaintes et les personnes qui se plaignent; 2° ceux contre qui elles sont faites; 3° l'opinion qu'en doit prendre la Chambre, et les mesures qu'elle peut adopter.

Le premier objet sera développé dans les articles de doléance ou d'accusation des Communes. « La personne contre laquelle les plaintes sont » faites n'est rien moins que le lord chancelier, » un homme riche des dons de la nature et de » l'art, et duquel je ne parlerai pas davantage, de » crainte de n'en pas dire assez. » L'évêque de Landaff et deux membres de la Chambre paraissaient compromis dans les pratiques de corruption employées auprès du lord chancelier. Les membres de la Chambre s'expliquèrent devant ce comité et devant une seconde commission plus nombreuse dans laquelle entrèrent les membres du premier comité. Ces deux membres des Communes n'avaient eu pour but que de solliciter la correction des injustices du chancelier. L'évêque était moins innocent.

L'opinion que devait prendre la Chambre de son autorité et des mesures à adopter était plus difficile à déterminer; la Chambre n'ayant pas le droit de recevoir ou au moins d'exiger des dépositions sous serment.

Il y eut une discussion ouverte sur ce débat. La Chambre nomma ensuite un deuxième comité plus nombreux, qui eut ordre de s'entendre avec les Lords, auxquels les Communes adressèrent un message, gracieusement répondu, pour une conférence dans la chambre peinte.

Les conférences dans la chambre peinte eurent lieu le même jour. Les plaintes affluèrent en même temps, et furent déposées sur le bureau de la Chambre. Quelques unes furent adressées directement à la Chambre des lords. Trois dépositions furent faites au lord Chef-justice de la Cour du Banc du roi, qui les fit remettre à la Chambre des communes.

Le 20 mars, sir Robert Philips rendit un nouveau compte des travaux du comité. Il annonça que les conférences avec les Lords avaient lieu tous les soirs, que les commissaires de la Chambre des pairs s'y portaient avec zèle et affection; qu'ils désiraient que les deux membres de la Chambre qui avaient eu connaissance des abus de la chancellerie voulussent bien se rendre, comme personnes privées, aux conférences, et fissent leur déclaration sous serment; la Chambre les y autorisa.

Le même jour, le secrétaire d'État Calvert apporta aux Communes un message du roi: 1° ce prince les prévenait que, sous quelques jours, il ajournerait la Chambre (jusque là, le roi s'était maintenu dans l'usage d'ordonner les ajournements), et qu'il priait les Communes d'expédier les affaires courantes, celles des subsides;

2° Le roi leur mandait qu'il apprenait avec douleur les plaintes faites contre le chancelier; qu'il avait cru choisir le meilleur, en le nommant; qu'il espérait qu'il rétablirait son honneur attaqué et prouverait son innocence;

Mais que, pour expédier davantage les affaires, il proposait que les Lords nommassent six des leurs, et les Communes douze membres de leur Chambre, qui formeraient une commission; pendant les fêtes, ils entendraient le chancelier et débattraient la matière, afin qu'elle fût arrangée et ne retardât pas l'expédition des affaires courantes.

La Chambre vit assez clairement le but de cette commission, remercia le roi de la grâce qu'il lui faisait de la prévenir de l'ajournement, et demanda que la proposition de cette commission fût transmise par l'ordre de sa majesté aux

Pairs, avec lesquels ils étaient en conférences et en relations suivies pour le même objet.

Le même jour, lord Bacon adressait une lettre aux Pairs, par l'amiral duc de Nottingham, excusant son absence pour cause de maladie. Il demandait à la Chambre des délais pour examiner les charges portées contre lui, consulter ses conseils et répondre; il promettait de rétablir son honneur, et il avait l'espoir que la Chambre observerait, dans cette cause, les mêmes formes, les mêmes règles de procédure qu'il obtiendrait dans les Cours de Westminster, pour produire ses témoins, et examiner et contredire ceux qui lui seraient opposés.

Lord Bacon priait la Chambre de ne pas s'étonner du grand nombre des plaintes, ou si des dénonciations semblables lui arrivaient encore. La chancellerie jugeait deux mille procès dans l'année : elle offrait ainsi une abondante matière à la corruption et aux dénonciations fausses.

Cette lettre ne fut point agréable aux Pairs. Ils avaient déjà connaissance du message du roi aux Communes. Ils répondirent à lord Bacon, par un accusé de réception, l'annonce qu'il serait jugé comme dans les Cours de loi, et l'assurance de la satisfaction qu'éprouverait la Chambre de lui voir rétablir son honneur.

V. La Chambre des communes ne nomma point de directeurs de l'accusation de lord Bacon. Ils devenaient inutiles ; on était d'accord. Les conférences et ses diverses discussions avaient éclairci toute la matière de ce procès dégoûtant et pénible pour elle. Ses membres s'étaient refusés long-temps à croire à la corruption de lord Bacon. Peut-être avait-on cherché à arriver, dans ce procès, à la source de toutes les corruptions du temps, le duc de Buckingham. Malheureusement le fait de la vente crue et honteuse de la justice, et souvent aux deux parties, ne ramenait qu'au chancelier, à ses bureaux, à ses domestiques.

La Chambre adressa donc, par un message à la Chambre des pairs, l'acte suivant :

ACCUSATION

(IMPEACHMENT)

DE FRANÇOIS BACON,

LORD VÉRULAM, VICOMTE DE SAINT-ALBANS,

LORD CHANCELIER D'ANGLETERRE,

De (*High crimes and Misdemeanors, Bribery and Corruption*), du crime de concussion et vente de la justice,

Par les chevaliers, citoyens et bourgeois des Communes d'Angleterre, assemblés en Parlement, en leur nom et en celui des communes du royaume.

ART. 1er. Dans le procès en chancellerie de lady Wharton contre Wood, le chancelier a rendu un décret qui mettait l'un et l'autre hors de la Cour. Mais ayant reçu de lady Wharton, de sa main, 100 liv. sterl., en une bourse travaillée par elle, et plus tard, 200 liv. sterl., et 10 liv. sterl. par un intermédiaire, il avait signé un autre décret par lequel il retenait la cause, admettait la plainte de lady Wharton ; et après instruction et plaidoiries des parties, adjugeait à lady Wharton les conclusions de sa plainte. Mais ayant appris depuis que Wood et autres se plaignaient à cette Chambre, de l'injustice de ce décret, il était de nouveau revenu sur son dernier jugement, faisait appeler lady Wharton, et lui disait qu'il fallait attendre et qu'elle se tînt tranquille, qu'il arriverait un moment où il rendrait un décret favorable à sa demande.

2. Dans une autre cause, entre Hall et Hollman, en matière de lettres de change, Hollman ayant fait défaut, il adjugeait le profit de la demande à Hall, et délivrait un *Warrant* pour faire écrouer Hollman à la prison de la Flotte. Celui-ci, après y avoir passé cinq mois, voulant en sortir, souscrivit une obligation de 2,000 liv. sterl.[s] à l'ordre du lord chancelier, qui la refusa. Il avait donc été obligé de fournir, en argent comptant, 1,000 liv. sterl., en différentes fois, pour obtenir sa liberté. Hall, qui voyait son débiteur s'échapper, s'en plaignit au lord chancelier, le menaça d'une dénonciation à la Chambre des communes. Le lord chancelier apaisait Hall, en lui promettant qu'il retrouverait Hollman, et lui fournirait les moyens d'être payé de son débiteur.

3. Dans un procès entre Smith Wick et Welsh, l'objet de la contestation avait été soumis à un arbitrage de négociants. Leur décision avait un double objet et était en faveur de Smith Wick; mais il fallait qu'elle fût approuvée et homologuée en chancellerie. Smith Wick avait été engagé à déposer, dans un des bureaux du chancelier, une somme de 100 liv. sterl. Un commis de ce bureau

promettait que la décision serait approuvée et homologuée; il avait enfin le décret du chancelier; il n'était relatif qu'à la première partie de la décision arbitrale; on lui demandait encore 100 liv. sterl. pour obtenir l'approbation de la seconde, il les donnait; mais le chancelier ordonnait un autre arbitrage. Les négociants ne furent pas favorables à Smith Wick dans leurs rapports; il perdit sa cause. Il revint sur le commis qui restitua au bout d'un an environ 180 liv. sterl.

4. Les extorsions du lord chancelier s'élèvent à une somme considérable, et les chevaliers, etc., de la Chambre des communes, accusent lord Bacon, etc., d'avoir extorqué pour rendre la justice, des personnes ci-après désignées, les sommes suivantes:

» 1° Dans la cause entre Édouard et Roland Égerton, d'Édouard Égerton	300 l. st.
2° De Roland	400
3° Dans la cause de Hodie. — Une douzaine de boutons de la valeur de	50
4° De lady Wharton	310
5° De sir Thomas Monck	110
6° De sir John Trevor	100
7° De Young	100
8° De Fischer	160
9° Dans la cause de Kendal contre Valore; de Kendal. — Un cabinet de laque et argenterie, estimé	800
10° De Valore. — Emprunté en deux fois	2,000
11° Dans l'affaire de Scot contre Lenthal. — De Scot	100
12° De Lenthal	100
13° De lord Montaigue	600
A reporter. . . l. st.	5,130

Report. . . .	5,150 l. st.
14° De Parker	700
15° De Peacok, un diamant de 600 liv., et en argent, en deux fois	900
16° Dans un procès entre les merciers et les apothicaires, — des merciers	200
17° Des apothicaires, outre un gros morceau d'ambre gris, et beaucoup de minerai d'or, en espèces	450
18° Des marchands de vins français pour forcer ceux de Londres à leur prendre 1,500 tonneaux de vin de Bordeaux	1,000
l. st.	8,380

» Lequel état des sommes a été reconnu véritable par un teneur de livres, ou registrateur de la chancellerie.

» Sur tous lesquels faits, qui chargent ledit lord chancelier, d'une grosse et criminelle corruption, les chevaliers, citoyens et bourgeois des Communes d'Angleterre, etc., tant en leur nom, que etc., vous requièrent d'informer et de faire justice.»

Les Pairs annoncèrent qu'ils avaient reçu l'*Impeachment* des communes et ses articles, et qu'ils en informeraient et feraient justice.

Ils donnèrent communication des charges des Communes à lord Bacon, en ajoutant à ces charges celles d'avoir pris de Compton. 400 liv. sterl.

D'Aubrey	100	»	»
De Roswel	300	»	»
l. st.	800	»	»

VI. Le 22 avril, le prince de Galles remit à la Chambre des pairs une lettre de soumission du chancelier, pleine, suivant l'usage du temps, de citations de l'Écriture sainte et d'allusions à sa position. Il avouait en masse les charges de l'*Impeachment* des communes, réclamait la merci des Pairs plus encore que leur compassion, demandait qu'on se contentât de la démission de son office, et disait que, par cette condamnation, on punirait plutôt *vitia temporis*, que *vitia hominis*.

Les Pairs ne furent pas satisfaits de cette lettre, parceque la confession n'était pas complète et entière, et qu'il cherchait à en atténuer l'effet et le mérite. On lui envoya le juge Denman, baron de l'Échiquier, et sir John Coventry, procureur-général. Il y eut deux ou trois messages de ces messieurs à lord Bacon et à la Chambre des pairs qui finit par lui donner jusqu'au 30 avril, à 10 heures du matin, pour confesser chaque article des charges ou y défendre.

Le 30 avril, lord Bacon adressa une nouvelle lettre de soumission aux Pairs, en s'excusant sur son état de maladie, s'il ne comparaissait pas. Il avouait toutes et chacunes des charges de l'*Impeachment*, accusait sa pauvreté de ses corruptions, et invoquait le pardon de la Chambre et sa merci pour la modération des peines qu'elle jugerait bon de décerner.

Les Pairs, après lecture de cette confession détaillée, députèrent le comte de Pembrocke, grand-officier de la couronne, comme grand-chambellan, et deux autres comtes, trois évêques et six barons, au chancelier, pour lui représenter sa confession, lui demander s'il l'avouait, si la signature qui y est apposée était la sienne. Il leur répondit :

» Oui, Milords, c'est bien ma confession, ma con» fession entière, mon nom, ma signature, ma » main, mon cœur ouvert devant vous. Je ne de» mande à vos seigneuries que d'avoir pitié d'une » âme brisée de douleur. »

Le 1er mai, la Chambre des pairs envoya au roi la même députation pour lui demander de retirer les sceaux de l'État à lord Bacon. Le prince de Galles promit d'y engager le roi.

Le 2 mai, les Pairs résolurent de donner leur jugement le lendemain. Ils envoyèrent l'huissier de la Chambre avec sa masse, sommer lord Bacon d'y être présent; il était malade, et hors d'état d'être transporté.

Nonobstant son absence, le 3 mai, les Lords envoyèrent un message à la Chambre des communes pour lui annoncer que la Haute Cour du Parlement était prête à rendre jugement sur François, lord Bacon de Vérulam, vicomte de Saint-Albans, si la Chambre des communes vient le demander à sa barre, par M. son orateur.

Les Communes ayant paru à la barre de la Haute Cour, l'orateur dit :

« Les chevaliers, citoyens et bourgeois des Com» munes d'Angleterre, assemblés en Parlement, » vous ont adressé leurs doléances, et diverses char» ges de crimes exorbitants, d'extorsions, ventes de » la justice et corruptions commises par François, » lord Bacon de Vérulam, vicomte de Saint-Albans, » lord chancelier d'Angleterre. Ils savent que vous » êtes prêts à donner jugement sur lui. Moi, l'ora» teur, en leur nom et en celui de toutes les com-

» munes d'Angleterre, je demande humblement » et je sollicite jugement contre ledit lord chance- » lier, comme la nature de ses crimes et malversa- » tions le requiert. »

Le lord Chef-justice de la Cour du Banc du roi, orateur de la Chambre des pairs, et, en cette seule qualité, président de la Haute Cour du Parlement, répondit :

« Monsieur l'orateur, sur les plaintes des Com- » munes contre lord Bacon de Vérulam, vicomte » de Saint-Albans, lord chancelier d'Angleterre, en » conséquence et par sa propre confession il a été » trouvé coupable des crimes et de la corruption » dont les Communes ont fait le sujet de leurs do- » léances, et d'autres crimes et corruptions de la » même nature.

» C'est pourquoi, cette Haute Cour l'ayant d'a- » bord fait sommer de comparaître, et admis ses » excuses en raison de ses infirmités et de sa mala- » die actuelle, qu'il a protesté n'être pas feinte.... » va, nonobstant, procéder au jugement.

» Et, en conséquence, cette Haute Cour juge:

» 1° Que François, lord Bacon de Vérulam, vi- » comte de Saint-Albans, paiera une amende et » rançon de 40,000 liv. st. ;

» 2° Qu'il sera emprisonné à la Tour, tant qu'il » plaira au roi ;

» 3° Qu'il est pour jamais incapable d'aucun of- » fice, place ou emploi dans l'État ;

» 4° Qu'il ne siégera plus au Parlement et ne » pourra pas paraître dans son enceinte. »

La Chambre des communes se retira dans sa salle, et la Haute Cour se sépara.

Le roi fit grâce à lord Bacon de l'emprisonnement et d'une partie de l'amende. Il n'avait pas été dans l'aisance, et il se trouva dans la misère, confiné dans sa chambre, dans une école de droit (*Gray's inn*) dont il était boursier, et vivant d'une médiocre pension que lui faisait le roi, à la charge d'écrire l'histoire de Henri VII. La pension n'était pas exactement payée; la pitance et la bière de l'école n'étaient ni copieuses ni bonnes pour lui; on lui fournissait donc, chaque jour, un pot de bière de la cave de lord Brooke, qu'on finit par lui refuser.

Ses infirmités devenant plus graves, le comte d'Arundel le retira dans sa maison, où il mourut d'un catarrhe, le 9 avril 1626, âgé de soixante-six ans.

Ainsi périt un des plus grands génies de l'Angleterre, victime des vices du temps, et expiant bien plus les crimes des autres que les siens.

PROCÈS

Sur *Impeachment and Complaints* (Accusation et doléances) de la Chambre des Communes, de crimes et malversations (*High crimes and Misdemeanors*),

CONTRE LIONNEL,

COMTE DE MIDDLESEX,

GRAND-TRÉSORIER D'ANGLETERRE (1), MAÎTRE DE LA COUR DES GARDES, ET MAÎTRE DE LA GARDE-ROBE DU ROI.

Haute Cour du Parlement (2).

Du 5 avril au 13 mai 1624 . . . . Vingt-deuxième année du règne de Jacques Ier.

I. Causes de ce procès. — II. Accusation des Communes. — III. Procédures et jugement.

I. « Prenez-y garde; vous y serez pris le premier, vous ne connaissez pas la force d'une volonté » du Parlement, » disait le malheureux lord Bacon

(1) Ministre des finances d'Angleterre; le chancelier de l'Échiquier, ministre du trésor, est toujours sous-trésorier.

(2) La chambre des Communes exerçait son droit d'accuser les ministres prévaricateurs, dont elle avait déjà usé, sous Richard II, en 1387, envers le comte de Suffolk. Ce procès offrait un assez grand intérêt dans l'ordre des procédures judiciaires, et on le consulte toujours dans les causes de prévarica-

au comte de Middlesex, qui lui faisait des railleries sur son procès.

Le roi Jacques Ier aimait beaucoup le comte de Middlesex. Il l'avait fait grand-trésorier et maître de la Cour des Gardes; et, pendant l'absence du duc de Buckingham, il l'avait nommé maître de la garde-robe, dignité de cour qui l'approchait davantage de sa personne, et lui valait annuellement 20,000 liv. sterl. Le roi paraissait compter sur Lionnel, pour l'opposer à Buckingham, dont il commençait à être las. Cette confiance d'un roi faible devait perdre le comte de Middlesex. Ce grand-trésorier refusa au duc de Buckingham et au prince de Galles des sommes très fortes. Il s'en fit des ennemis, que le roi chercha en vain à modérer et à réconcilier avec lui.

Dans le mois de mars 1624, avant d'accorder les subsides que le roi demandait pour se préparer à une rupture avec l'Espagne, la Chambre des communes institua un comité des approvisionnements, pour constater quelles seraient les sommes nécessaires et comment avaient été dépensées celles qui avaient été accordées pour achat de munitions de guerre. On reconnut du désordre dans cette partie et de grands abus dans l'administration des finances; c'était la faute du grand-

tions ministérielles. La Chambre des communes n'avait pas encore adopté l'usage de soutenir l'accusation à la barre de la Chambre des pairs, comme dans les procès pour crime de haute trahison; elle a commencé à le faire dans le procès du comte de Clarendon, accusé de haute trahison en même temps que de *Misdemeanors*.

trésorier. Les plaintes arrivèrent aussitôt; la Chambre les accueillit et les renvoya à un comité spécial; il instruisit sur ces plaintes, ces malversations et contre les malversateurs.

Le 5 avril, le grand-trésorier, informé qu'on procédait contre lui, dit assez étourdiment, dans la Chambre des pairs, « qu'il ne désirait aucune » grâce, mais de la promptitude dans l'accusation; » et que, lorsqu'il en serait temps, il découvrirait » à la Chambre les causes et les excitateurs des dé» nonciations qu'on réunissait contre lui, et les per» sonnes qui conspiraient sa perte. »

Le 9 avril, des explications lui furent demandées; il se vit forcé de dire qu'il n'avait voulu désigner aucun membre de la Chambre des lords. C'étaient cependant Buckingham et le prince de Galles qu'il avait en vue.

La Chambre des communes avançait, ainsi que ses comités, dans son enquête; il était déjà question d'une conférence dans la chambre peinte. Le comte de Middlesex demanda aux Lords d'être autorisé à paraître à la Chambre des communes; il éprouva un refus. « La Chambre des communes » est pleine d'égards pour les Pairs; il sera donné » une copie au lord grand-trésorier des charges » qui seront portées contre lui, aussitôt qu'elles » paraîtront. »

Le roi vint aux Pairs, et leur fit une allocution en faveur du grand-trésorier.

Le 15, la Chambre des communes adressa aux Pairs un message pour que ses commissaires se réunissent aux siens dans la chambre peinte. Ils furent nommés; et la conférence eut lieu le soir de ce même jour.

Le 16 avril fut fait le rapport de la conférence. La Chambre des communes avait été unanime (*nemine dissentiente*) à porter l'accusation suivante, dont une partie fut développée par sir Édouard Coke, l'autre par sir Edwin Sandys.

II. « Accusation et Doléances des Communes.

» Les chevaliers, citoyens et bourgeois représentant les communes d'Angleterre, etc., accusent, en leur nom, et en celui de toutes les communes d'Angleterre, devant la Haute Cour du Parlement, lord Lionnel, comte de Middlesex, grand-trésorier d'Angleterre, maître de la cour des gardes, et maître de la garde-robe du roi, de *High crimes and Misdemeanors*.

» Les énormités dont est coupable le lord » grand-trésorier, ont eu pour but :

» De décevoir le roi ;

» D'opprimer les sujets de S. M.,

» Et d'enrichir ses propres domestiques et lui-même.

» 1er ART. Comme grand-trésorier, le comte de Middlesex est coupable de grosses et sordides exactions.

» Les grandes et petites douanes étaient données en ferme à certains individus, par des traités signés de la propre main du roi, et contractés avec ledit lord grand-trésorier; en 1621, les fermiers de la grande douane des vins firent des représentations au roi sur ce que S. M. venant d'augmenter de 3 liv. sterl. par tonneau de vin, les droits de douane à l'importation, bien loin que cet accroissement de droit parût leur être utile, il avait graduellement diminué l'importation, et ils éprouvaient de grosses pertes. Leurs représentations furent longuement débattues dans le conseil privé, S. M. y étant; et il fut convenu qu'il n'était pas bon de retirer la taxe, pour le moment; que lesdits fermiers avaient droit à une indemnité, et que, pendant les neuf années qui restaient à courir de leur traité, la somme de 140,000 liv. sterl., prix annuel de leur ferme, serait réduite, chaque année, de 9,500 liv. st.

» Cette indemnité avait été allouée par S. M. elle-même, sur les représentations du grand-trésorier. Pendant dix-huit mois, le comte de Middlesex a refusé de la régulariser, et il a fait exiger des fermiers, pour donner sa signature. . 500 liv. sterl.

» A cette sordide exaction, il avait joint, en proposant à S. M. d'ordonner cette augmentation du droit de douane, une haute malversation et une violation directe de son serment comme lord trésorier et comme conseiller privé, en ce qu'il n'avait pas rendu l'ordonnance de S. M. exécutoire aussitôt après la proclamation. Il y avait dans la Tamise trente gros bâtiments et cent vingt dans les ports du royaume, tous chargés de vins de Gascogne, qui entrèrent en payant l'ancien droit et excédèrent les besoins de la consommation du royaume pendant trois années. Les domestiques du lord grand-trésorier étaient intéressés dans ces chargements pour leur presque totalité.

» 2e Les fermiers des grosses douanes sont tenus de fournir une caution de 48,000 liv. sterl. de rente en biens-fonds. Il a dispensé de cette garantie ceux qui ne pouvaient pas la donner, à raison de 500 l. st. de cadeau, pour chaque 3,000 liv. sterl. de rente qu'ils ne pouvaient pas fournir.

» 3e Les fermiers des petites douanes ont eu la même exemption, au même prix de 500 liv. sterl. pour chaque 3,000 liv. sterl. de rente; plus, un tonneau du meilleur crû de Bordeaux; plus, ensuite, une bourse contenant 100 liv. sterl. en pièces de France neuves.

» 4e Les négociants de Londres avaient fait, avec S. M. et le grand-trésorier son prédécesseur, un abonnement avantageux à l'État, pour toutes les pièces de merceries qui étaient importées par la Tamise. En peu de jours, une grande quantité d'objets de merceries fut enlevée par les domestiques du comte de Middlesex dans les magasins des marchands de Londres, et il en fut fait de nombreux amas. Des chargements d'objets de mercerie arrivèrent à la consignation de ces mêmes serviteurs. Alors le grand-trésorier, de son autorité personnelle, et sans la participation du Conseil privé, mit un impôt très élevé sur tous les objets de mercerie à l'importation. Les négociants de la cité, et les lord-maire et aldermans de Londres firent des représentations à S. M., qui les trouva très raisonnables et ordonna qu'il y fût fait droit. Mais le lord grand-trésorier n'exécuta pas ces ordres, sous prétexte qu'en revenant sur cette mesure on blesserait les droits des nouveaux acquéreurs, et que l'abonnement avec les marchands de Londres n'offrait aucun moyen d'asseoir une indemnité. Tous les objets de grosse et petite mercerie furent portés à un prix très élevé, dont profitèrent les accapareurs, tous serviteurs ou commissionnaires du lord grand-trésorier.

» 5e La douane sur les sucres était en ferme. L'adjudicataire en payait au trésor 10,000 marcs (environ 5,000 l. st.). Par diverses pratiques, sur lesquelles des témoins seront produits par les Communes devant la Haute Cour du Parlement, George Herriot, adjudicataire, fut contraint de demander la résiliation de son traité, moyennant une indemnité qui fut réglée à 14,865 liv. sterl.; elles ont été fournies des deniers de l'Échiquier ; et le lord grand-trésorier passa un nouveau bail à longs termes à un de ses serviteurs, au prix de 2,000 l. st. Mais il fut assuré, sur de bonnes et solides garanties, au lord grand-trésorier, une somme annuelle de 2,000 l. st. pendant la durée du bail.

» 6e Le lord grand-trésorier, dans son administration des domaines de S. M., 1° a fait divers baux à des prix très inférieurs aux précédents, à de nouveaux tenanciers, ce qui a été très onéreux aux revenus du roi.

» 2° Il a consenti à des échanges de domaines, très désavantageux à S. M.

» 3° Il s'est fait donner par S. M. la permission d'acquérir des domaines de la couronne, dont il avait considérablement diminué la valeur. Un domaine, entre autres, de 10,000 liv. sterl. de revenu annuel, n'avait été estimé, pour la vente, que d'un produit de 2,000 liv. sterl.

» Tous lesquels faits seront développés par les

dépositions des témoins que produit la Chambre des communes.

» 7e Comme Maître des Gardes de mineurs et de *Gardiennerie* féodale, le lord Grand-Trésorier a usé des mêmes et aussi onéreuses pratiques pour les biens des mineurs que pour les domaines de S. M., par des baux à longues échéances à très vil prix, et par des échanges d'une grosse perte pour les mineurs. Les Communes se réservent de faire entendre les témoins de tous ces faits de malversations et de concussions.

» 8e Comme Maître de la garde-robe du roi, le lord Grand-Trésorier n'est pas moins coupable de grosses vilenies et énormités de crimes : 1° en ordonnant des ouvrages de toute nature, bâtiments même, inutiles à la garde-robe de S. M., et qui paraissent n'avoir eu d'autre but que d'augmenter les dépenses de cette partie du service de S. M., sur lesquelles il se faisait allouer par les entrepreneurs une provision de 20 p. °/o ; 2° en refusant de délivrer des mandats de paiement aux fournisseurs et aux entrepreneurs, à moins qu'ils ne payassent, pour les obtenir, des sommes proportionnelles assez fortes. Tous lesquels faits seront prouvés par des témoins.

» C'est pourquoi les chevaliers, bourgeois, etc., vous demandent, milords, qu'il soit fait une enquête exacte de tous ces crimes et justice. »

III. Le 24 avril, après l'ajournement de Pâques, la Chambre des pairs fit sommer, par l'huissier à la baguette noire, le lord Grand-Trésorier de comparaître, le 27, à la barre de la Chambre.

Le 27, le lord Grand-Trésorier adressa une pétition aux lords, pour qu'il lui fût permis de paraître, par ses conseils au nombre de trois.

Elle fut renvoyée au comité des priviléges, pour consulter les précédents et donner son avis. Deux juges et un sergent ès lois sont nommés, le même jour, pour faire prêter serment aux témoins; et le comité des priviléges revint dans la chambre, et conclut à ce que le Grand-Trésorier paraisse en personne.

Le 28, les témoins de l'accusation étant comparus, le comte de Middlesex demande un délai pour préparer ses défenses et produire ses témoins. Le prince de Galles invite la Chambre à l'accorder. Le comte a ordre de paraître, le 1er mai.

Il est en effet à la barre, le 1er mai; il requiert que la Chambre lui fasse délivrer une copie des charges de l'accusation. Le comte de Worcester, garde du sceau privé, président de la Chambre des pairs, lui répond, au nom de la Chambre, qu'elle lui sera délivrée après l'audition des témoins qui seront examinés par ses conseils. Les témoins de la Chambre des communes sont au nombre de plus de trente. Il n'en produit que six.

L'audition des témoins et les débats ont lieu du 3 au 10 mai. Il est ordonné au comte de Middlesex de comparaître à la barre, à l'audience de relevée de la Haute Cour. Le président lui demande s'il a quelque chose à ajouter à sa défense et à celles de ses conseils. Il sollicite la clémence de la Haute Cour, mais il cherche à atténuer les charges de l'accusation.

Les Pairs, du 10 au 13 mai, délibèrent dans leur Chambre sur l'accusation des Communes.

Le 13, le comte de Worcester, garde du sceau privé, orateur de la Chambre des Pairs, établit une question. La Chambre des Pairs, avant de se constituer en Haute Cour du Parlement, procédera-t-elle à un vote de censure du lord Grand-Trésorier?

La question fut résolue à l'affirmative, et le vote, en entier semblable au jugement, passa à l'unanimité de la Haute Cour, formée du prince de Galles, de treize lords spirituels, et de quarante-neuf lords temporels; soixante-trois juges.

Le même 13 mai, un message de la Chambre des pairs est porté par deux maîtres en chancellerie à la Chambre des communes, annonçant que la Haute Cour du Parlement est prête à rendre son jugement sur le lord Grand-Trésorier, si les Communes, M. l'orateur à leur tête, viennent à la barre le demander.

Les Lords prennent leurs robes de cérémonie. Les Communes sont à la barre, le lord Grand-Trésorier y est également, à genoux.

L'orateur des Communes dit: « Moi, orateur, je » demande et sollicite humblement, au nom des » chevaliers, citoyens, etc., et à celui de toutes les » Communes d'Angleterre, qu'il soit fait jugement » sur Lionnel comte de Middlesex, lord Grand-» Trésorier, etc., accusé par les chevaliers, etc., en » leur nom et à celui des, etc., de toutes les grosses » vilenies, énormités, concussions et autres *Misde-» meanors* de son *Impeachment.* »

Le comte de Worcester, garde du sceau privé,

présidant la Haute Cour, prononça le jugement qui suit :

» La Haute Cour du Parlement adjuge,

» 1° Que Lionnel comte de Middlesex, lord » Grand-Trésorier, maître des gardes, maître de la » garde-robe du roi, perdra tous les offices qu'il a » dans le royaume, et est pour jamais incapable » d'en posséder aucun ;

» 2° Qu'il sera emprisonné à la Tour, tant qu'il » plaira à S. M. ;

» 3° Qu'il paiera au roi une amende de cinquante » mille livres sterling ;

» 4° Qu'il ne pourra siéger au Parlement, ni pa» raître dans son enceinte. »

Les Communes retournèrent dans leur Chambre ; les Pairs se séparèrent, et la Haute Cour fut dissoute.

Ainsi dans trois affaires différentes, les jalousies du favoritisme et les rivalités des factions ont appelé le Parlement à exercer son droit de juger et de punir les prévaricateurs et les concussionnaires.

RÈGNE DE CHARLES Ier.

Proclamé roi le 27 mars 1625 .... Décapité le 30 janvier 1649.
Vingt-trois ans dix mois et trois jours.

A la mort de Jacques Ier, une nouvelle ère de quarante ans de calamités nationales allait s'ouvrir pour l'Angleterre. Ainsi l'avait préparée le roi qu'on descendait dans la tombe.

Quel était l'état de la monarchie anglaise à l'avènement de Charles Ier à la couronne ?

Le roi était encore suzerain féodal, seigneur *Paramount* des fiefs et baronnies de l'Angleterre. La grande charte n'avait pas détruit les droits féodaux, perçus au joyeux avènement, au mariage de la fille aînée du roi, et à la réception de son fils aîné à la dignité de chevalier, ni les droits de garde et *gardiennerie* des mineurs, ni l'obligation des chevaliers et barons, de suivre le roi à la guerre, pendant quarante jours, ni enfin la prestation de foi et hommage à chaque mutation du fief.

Ces droits, lucratifs et considérables, mais difficiles à percevoir, étaient l'objet de compositions journalières avec l'Échiquier et le conseil privé. La Cour de l'Échiquier, celle d'York ou du Nord, et la Chambre étoilée (1) étaient les tribunaux à l'aide

(1) Nous donnerons plus bas le procès de sir David Fowlis, par-devant la *Chambre étoilée*. On jugera mieux, par sa lecture, des vexations féodales et des procédures de cette Cour.

desquels pouvaient être étendues ou devaient être réprimées les vexations de ces féodalistes, que Jacques Ier et son fils, dans leurs besoins d'argent, et ce dernier, lorsqu'il en appela aux armes, multiplièrent avec beaucoup de témérité.

Le roi était toujours le chef suprême des deux armées, et dirigeait, seul et sans contrôle, les relations de l'Angleterre avec les princes étrangers.

Le roi était partie constituante du Parlement, et l'un des trois pouvoirs publics de la constitution; il était investi, comme eux et avec eux, de la faculté de faire des statuts, toujours cependant en exécution et en développement de la loi fondamentale, la Loi Commune, mais jamais en opposition avec elle.

Le Parlement de la trente-unième année de Henri VIII avait accordé à ce prince la faculté de rendre des proclamations, non pour la simple exécution des lois, mais pour en faire de nouvelles, et leur imprimer la force coactive d'un statut.

Les trois Cours de loi n'avaient pas reconnu d'abord cette faculté; elle était opposée à la Loi Commune. Les deux premières ne l'accueillirent jamais; celle de l'Échiquier jugea, d'après le statut 31e de Henri VIII, des causes fiscales et féodales. Les Cours du Banc du roi et des Plaids communs déclarèrent, à diverses fois et dans des causes d'*Habeas corpus*, que la force de loi, accordée aux proclamations royales, ne pouvait être exercée que pour l'exécution des statuts, et non pour législater à nouveau, et qu'au surplus cette faculté étant exceptionnelle n'avait pu être concédée qu'à temps, au seul roi Henri VIII et pendant sa vie ; autrement, le Parlement aurait anéanti la constitution, en vertu de laquelle les trois États du royaume lui ont reconnu et concédé son existence politique.

Mais ces proclamations royales avaient un tribunal, un bras d'exécution légal, la *Chambre étoilée*. Cette Cour exerçait son action par des amendes contre les réfractaires et les mépris de ce statut, et par la prison à long terme qu'elle rendait facultativement ou nécessairement perpétuelle, en la faisant dépendre du bon plaisir du roi, ou du paiement d'une amende exorbitante impayable (1).

Il y avait sans doute des demandes d'*Habeas corpus*, lors de ces condamnations à la prison. Mais les Cours de lois ne pouvaient, le plus souvent, accorder la liberté que sous caution ; et la caution devant être proportionnelle avec l'amende, ce remède de la loi était illusoire pour les libertés du sujet.

De là naissait un ordre de griefs et de plaintes, soumis par des pétitions au Parlement, dont il ne pouvait obtenir de redressement certain que de l'exercice de son droit de refuser des subsides.

La couronne avait toujours le précieux droit de pardonner ; mais, sous un prince livré à des favoris, et dans une cour aussi corrompue que celle de Jacques Ier, ce droit devenait presque toujours abusif. Source de nouveaux excès, il assurait l'im-

---

(1) Nous donnons un exemple des procédures de cette Cour dans *le procès*, qui va suivre, *de Richard Chambers*.

punité à toutes les corruptions, à tous les crimes.

La couronne avait également le droit plus délicat de dispenser de l'exécution des lois. Objet de l'intrigue ou des exactions des favoris, cette faculté ne pouvait être réglée, limitée, réprimée même, que par une loi fondamentale, une espèce de contrat synallagmatique entre le prince et la nation, tel que l'a été le *Bill des droits*, à la révolution de 1689.

Les statuts de la quatrième année (ch. 14) et de la trente-sixième année d'Édouard III (ch. 10), avaient déterminé que le Parlement s'assemblerait tous les ans. Sous les Lancastres, il était régulièrement assemblé. Pendant les guerres civiles des deux Roses et le règne de Henri VII, nous ne trouvons plus la même régularité dans la convocation. De Henri VIII à Jacques Ier, en quatre-vingt-treize ans, il y avait eu vingt-six parlements, qui eurent quarante et une années de durée, et qui donneraient à peine deux cent quarante mois de session. Sous Jacques Ier, il y en a eu quatre, en vingt-deux ans. Le premier dura près de huit ans, le second deux mois et vingt-sept jours; le troisième un an, et le quatrième, qui était entièrement dévoué à Buckingham, deux ans et trente-cinq jours. Des quatre Parlements assemblés par Charles Ier jusqu'en novembre 1640, le plus long ne dura qu'onze mois, et le dernier ne siégea que vingt-trois jours.

Ainsi était frustré et devenait vain et illusoire le droit du Parlement d'intervenir dans les affaires de l'État, et d'être le contrôle simple, naturel, mais puissant de l'administration, droit reconnu par les Plantagenets et les Lancastres, droit que les Pairs, appelés cependant par leurs lettres de sommation, *ad consulendum et tractandum nobiscum de majoribus negotiis*, avaient laissé voiler, pendant les guerres civiles des deux Roses, dans leurs jalousies des Communes et de l'ascendant qu'elles obtinrent sous les Lancastres, et que le despotisme des Tudors leur permit rarement ou difficilement de reprendre.

Depuis Jacques Ier, les Communes avaient fait reconnaître leur droit par l'octroi ou le refus des subsides. Dès le règne d'Élisabeth, quelquefois même sous Henri VIII, elles n'avaient pas voulu s'occuper des demandes d'argent de la cour, qu'il n'eût été fait droit à leurs pétitions. Élisabeth, malgré sa parcimonie, qui la mettait dans la possibilité de recourir moins souvent à des subsides, avait su faire droit à ces plaintes : et d'ailleurs les circonstances de la guerre d'Espagne, et de l'invasion qu'elle méditait de l'Angleterre, en 1687, étaient trop impérieuses pour que la reine et le Parlement, comme la nation, ne fussent pas disposés à tous les sacrifices qu'une heureuse harmonie entre les pouvoirs publics de l'État, à l'aspect d'un grand danger national, ordonne au sujet de faire avec zèle et dévouement.

Aucune de ces causes n'existait sous Jacques Ier; *Roi de la paix*, il n'avait pas besoin de subsides. Son revenu, bien administré, était suffisant (1). Ses prodigalités, les déprédations de ses

(1) Le revenu de Jacques Ier était de 600,000 liv. st.; celui

favoris le forçaient seules à des demandes dont il n'aurait pas pu justifier les motifs. Les Parlements avaient donc plus de droits à exercer leur contrôle sur les dépenses, et à faire écouter avec quelques égards leurs pétitions en redressement de griefs. C'était presque toujours en vain. Le dernier Parlement, que Buckingham avait su se rendre favorable par beaucoup d'artifices et une grande corruption, et qu'il avait associé à ses projets de vengeance du comte d'Olivarès et à la guerre contre l'Espagne, obtint de ce favori le redressement de quelques griefs. Les deux Chambres sévirent contre les *bénévolences* et les monopoles, contre Bennet et Mompesson. Les prévarications furent punies, dans le chancelier Bacon, et les concussions et les vols des fonds du public, dans le Grand Trésorier Middlesex.

Ces condamnations assurèrent les droits du Parlement et ses priviléges et quelques unes des libertés du sujet, et rendirent plus ridicules les prétentions de Jacques Ier au pouvoir absolu. Vaines et constitutionnellement absurdes dans ce monarque faible et grand discoureur, elles allaient recevoir quelque force sous un nouveau règne, et sous le prince son fils.

Sous quelque aspect qu'aient été envisagées ces doctrines du despotisme, pendant le règne de Jacques Ier, elles avaient cependant divisé la

---

d'Élisabeth n'avait été que de 500,000 liv. st., avec des charges bien plus grandes. Les prix du blé et du marc d'argent étaient les mêmes.

nation en deux partis bien prononcés, le parti royal et le parti national. La Haute Église et même les catholiques s'étaient jetés dans le premier; les réformés presbytériens, grossis tous les jours de nouvelles victimes de l'arbitraire royal, formaient le second. Jacques Ier désignait déjà sous le nom de Puritains tous ceux qui s'opposaient au parti de la cour et au pouvoir absolu, et qui réclamaient les libertés anglaises et le respect des institutions du pays.

C'est en cet état et avec deux partis déjà aigris dans leur opposition mutuelle, déjà animés dans leurs affections pour un arbitraire monarchique sans frein, ou pour les lois constitutionnelles de l'Angleterre et l'exercice d'une surveillance active du Parlement sur l'administration de l'État, que va s'ouvrir le règne de Charles Ier.

Les circonstances au milieu desquelles il a reçu ou exercé le pouvoir souverain paraissent favorables au système du pouvoir absolu. En Allemagne, la puissance de l'empereur s'accroît de toute celle dont s'affaiblit la diète de l'empire. L'électeur palatin, beau-frère de Charles Ier, est chassé de ses États. Le roi a vu, en Espagne, le comte d'Olivarès écraser les grands et détruire toute idée du retour périodique des *Cortès* de la monarchie. En France, les États-généraux, en 1614, n'ont été d'aucune utilité, et de long-temps ne seront rassemblés. Au travers des intrigues de cette cour, le roi le plus faible de sa race est investi d'une grande force monarchique. Richelieu maîtrise les factions; déjà il soumet les protestants, humilie les grands et les force à l'obéissance. La Hollande, république si protégée par Élisabeth, si lâchement abandonnée par Jacques Ier, paraît abattue de la lutte de sa liberté; elle se rétablit lentement par son industrie et la navigation, et prélude à de plus hautes destinées.

Mais il fallait, pour que les principes de Jacques Ier sur le pouvoir royal et son projet de gouverner sans Parlement eussent toutes leurs conséquences, qu'ils eussent été sucés avec le lait par le prince son successeur. Il fallait encore que ces principes, rencontrassent dans Charles Ier un monarque dont le caractère et les vertus, pliés et moulés à ce système de despotisme, fussent également appropriés au peuple dont il recevait le sceptre. Charles Ier était grave, sérieux, de mœurs pures et sévères. Bon père, bon époux, bon maître, il était juste et plein d'équité dans les relations de la vie privée. Il avait de la persistance dans ses principes, de l'obstination même, mais une grande indécision dans le commandement et bien plus encore dans ses actes politiques.

Imbu des préjugés de son père sur le pouvoir des rois, rien ne réglait plus ses actes en matière de gouvernement. Persuadé que le Parlement ne jouissait que d'une autorité usurpée dans des temps de troubles et de faiblesse sur l'autorité royale, et que la force, en politique, était tout le droit, il ne se croyait lié par aucun engagement, et ne se faisait aucun scrupule de manquer de foi, de conscience politique et d'honneur. On lui a reproché avec raison une grande duplicité, des subterfuges, des manques de foi vis-à-vis du Parlement, de grossières déceptions, le mensonge : tout était couvert du voile mystérieux de la prérogative; tout lui paraissait permis pour défendre un pouvoir qui lui appartenait de droit primordial et divin, et pour le défendre contre ceux qui l'avaient usurpé sur lui.

Plein de ces convictions, Charles Ier aimera ceux qui les partagent : ainsi seront expliqués son long attachement pour Buckingham, et sa confiance dans la reine Henriette, élevée dans les principes des Médicis, des cours d'Italie, et des factions de la cour de France, dans Strafford et dans le Primat Laud. Ainsi se dérouleront et les actes de son règne jusqu'au Parlement de 1640, et ses fautes et ses malheurs.

Charles a voulu associer deux projets qui étaient inconciliables en politique, celui de se passer de Parlement, et celui de faire la guerre à l'Espagne et à la France. Ces deux projets entravent son gouvernement jusqu'au second parlement de 1640. Nous nous bornons à en indiquer les actes, pendant cette période de quinze ans.

Il assemble son premier Parlement, qui est moins favorable à Buckingham que le précédent. Il réclame des subsides pour la guerre d'Espagne. Les Communes demandent qu'on fasse droit à leurs plaintes; elles l'obtiennent, mais elles n'accordent leur argent qu'avec parcimonie. Le Parlement est renvoyé, et les subsides sont bientôt dépensés. Sa session n'a été que de trois mois. Charles est forcé de convoquer son second Parlement. Les Communes lui sont moins favorables. Elles promettent des subsides; mais elles en retardent le vote délibératif, et examinent la conduite de Buckingham. La Chambre des pairs cesse de lui être dévouée. Buckingham attaque le comte de Bristol, sur les négociations d'Espagne. Lord Bristol se justifie, et accuse lui-même le duc. Bientôt les Communes vont porter contre le duc un *Impeachment* pour malversations. Le Parlement est dissous après quatre mois de durée.

L'état des finances force le roi à convoquer un troisième Parlement pour le 27 mars 1628; les griefs des Communes sont bien plus nombreux. Les promesses de redressement qui leur avaient été faites ont été vaines et sans exécution. De nouveaux abus, de nouvelles extensions de la prérogative, les *bénévolences*, les emprunts forcés, le logement des gens de guerre chez ceux qui se refusent à prêter, les sermons de Mainwaring et de Silbersthorp sur l'obéissance passive, les persécutions atroces contre les non-conformistes, la tolérance des catholiques offrent tout autant de chapitres de plaintes et de griefs. Les droits de tonnage et de poundage, qui sont ordinairement accordés au roi, au commencement de chaque règne, ne l'ont point été; leur perception est illégale. Les Communes sans doute ne refuseront pas d'abondants subsides, mais avant, elles veulent assurer leurs droits et leurs priviléges et les libertés du pays. Elles présentent au roi une pétition des droits qui devient, après beaucoup de subterfuges et de difficultés, un statut déclaratif. On examine de nouveau la conduite de

Buckingham. A ce moment même le Parlement est dissous.

Douze années se passent sans qu'il soit convoqué de Parlement. Le roi a usé des moyens qu'il avait déjà employés pour lever de l'argent. Il y a joint l'exaction du *Ship-Money*. Le célèbre procès d'Hambden agite l'opinion publique : quoique cet homme courageux ait été condamné, la levée d'un semblable impôt ne donne aucun produit.

Les dissensions des Écossais avec le roi commencent ; on signe le *Covenant ;* il forme une confédération contre le gouvernement du roi. Les Écossais prennent les armes. L'armée du roi n'a pas de succès prononcé.

Quelles qu'aient été les exactions du gouvernement du roi, il est sans argent. Charles convoque un Parlement à Londres. Les plaintes, les pétitions contre le *Ship-Money* et les autres vexations financières affluent de toutes parts. On demande la suppression de la Chambre étoilée, de la Cour d'York, de la haute commission ecclésiastique. Le vingtième jour de la session, la conduite de l'orateur est examinée. Il avoue qu'il a reçu un ordre de la cour de ne rien mettre en délibération ; c'est une violation des priviléges de la Chambre. Une remontrance au roi se prépare. On la discutait, le vingt-unième jour de la session, lorsqu'arrive l'annonce de la dissolution du Parlement.

Nous donnerons au procès du comte de Strafford, un aperçu des premiers actes réguliers et constitutionnels du second Parlement de 1640. Après l'*Attainder* du comte, une défiance motivée de Charles Ier entraîne ce Parlement à sortir des bornes légales de la constitution anglaise; tout est en confusion; et la guerre civile finit par le supplice du roi et la domination de Cromwell.

PROCÈS

DE RICHARD CHAMBERS,

NÉGOCIANT,

Pour *Contempt*, paroles séditieuses, proférées devant le conseil privé.

CHAMBRE ÉTOILÉE.

Mai 1629. . . . . Cinquième année de Charles Ier.

La Chambre étoilée était présidée par le lord grand-trésorier, en l'absence du président du conseil privé, et composée de

	Ils ont condamné respectivement à une amende de :
Lord Weston, grand-trésorier	3,000 l. st.
Sir Francis Cottington, chancelier de l'Échiquier.	500
Sir Thomas Richardson, lord chef-justice des Plaids communs	500
Sir Nicolas Hide..... *Idem*..... du Banc du roi.	500
Sir John Coock, secrétaire d'État	1,000
Sir Humphrey May, lord chancelier	1,500
Sir Thomas Edmunds	2,000
Sir Édouard Barret	2,000
Docteur Néal, évêque de Winchester	3,000
Docteur Laud, évêque de Londres	3,000
Lord Carleton, principal secrétaire d'État	3,000
Lord chancelier d'Écosse	3,000
Lord comte d'Holland	1,500
Le comte de Duncaster	1,500
Le comte de Salisbury	1,500

Le comte de Dorset	3,000
Le comte de Suffolk	3,000
Le comte de Montgommery, grand-chambellan	1,500
Le comte d'Arundel, grand-maréchal	3,000
Lord Montague, garde du sceau privé	3,000
Lord Conway	2,000
Lord Coventry, garde du grand-sceau	1,500
Vingt-deux juges.	

Richard Chambers, négociant de Londres, avait fait venir, par la voie de terre, du port de Bristol, des soieries d'une valeur de 400 liv. sterl. Elles furent saisies à leur arrivée à Londres, comme entrées en contrebande et en fraude des droits de tonnage. Il produisit la preuve qu'elles les avaient acquittés, à leur débarquement à Bristol. Une proclamation royale les soumettait, disaient les fermiers de l'octroi, à un semblable droit de douane à leur introduction à Londres. Richard Chambers, après avoir discouru avec assez de véhémence sur l'illégalité de ce double droit, et dit que *les marchands anglais étaient plus maltraités chez eux qu'en Turquie*, avait eu une vive dispute avec les fermiers des douanes, et s'était pourvu par-devant le Conseil privé, avec offres de déposer le montant du droit, de l'amende, s'il en avait encouru, et avec garantie.

Il fut arrêté par les douaniers, et mis à la prison de la Flotte. Amené devant le conseil, il défendit ses droits avec chaleur. La saisie fut déclarée bonne. Il répéta devant le conseil, « que *Les marchands » anglais étaient moins protégés, plus tourmentés à » Londres qu'ils ne l'étaient en Turquie.* » Il revint chez lui.

Au lieu de lui accorder quelques moments pour maudire ses juges, on ne tarda pas à le faire arrêter par ordre du Conseil privé, et il fut traduit, quelques jours après, devant la Cour de la Chambre étoilée, sur une information *ex officio* du procureur-général qui l'accusait d'avoir outragé le Conseil privé et proféré des paroles séditieuses, et requérait qu'il fût procédé contre lui.

Chambers demanda qu'il lui fût permis d'avoir un conseil. On le lui refusa.

La procédure se borna à faire comparaître deux secrétaires du Conseil privé, qui déposèrent, sans être obligé de prêter serment, que Richard Chambers, dans la séance du Conseil privé du tel jour, avait dit que *Les marchands anglais*, etc.

Le procureur-général reprit alors son réquisitoire, commenta ces paroles vives, et qui pouvaient être interprétées comme les excès d'une légitime défense, et que le Conseil privé aurait pu punir de quelques heures ou jours de prison. Il dit que le prévenu n'était point coupable d'une simple injure verbale à la dignité du Conseil, mais d'un outrage à la majesté royale, qu'il comparait à la barbare et despotique autorité du Grand-Turc; il termina par demander la condamnation de Richard Chambers à une amende et à la prison.

Richard Chambers expliqua ses paroles, convint qu'elles étaient injurieuses, mais qu'elles s'adressaient aux commis des douanes qui l'avaient outragé de paroles, et ensuite excédé de mauvais traitements, battu et mis en prison. « Ces paroles ne » pouvaient donc pas être appliquées à la majesté

» de notre gracieux souverain, à son gouvernement » paternel et plein de douceur et de clémence. D'ailleurs, pour que des paroles soient séditieuses, » il faut qu'elles aient été proférées dans un lieu » public, pour ameuter le peuple, et le porter » au désordre et à la sédition. Elles ne l'ont » été que dans le sein du Conseil, dans les excès » d'une légitime défense. Il faut aussi qu'il y ait eu » de ma part intention de provoquer à la sédition. » Je ne l'ai pas eue, et l'occasion, dans laquelle je » les ai proférées, établit que mon intention n'était » pas telle. »

On alla aux opinions devant lui, et il fut condamné à une amende de 2,000 liv. sterl. et à garder prison jusqu'à son parfait paiement. On ne régla point l'amende, d'après les opinions des juges des cours de loi, qui étaient plus favorables à l'accusé; on prit le terme moyen résultant du montant des amendes de chaque juge, qui donnait un total de 43,500 liv. sterl., dont le vingt-deuxième était un peu moins de 2,000 liv. sterl.

Richard Chambers fut ramené à la prison de la Flotte, et pour sûreté de l'amende de 2,000 liv. st., on lui saisit environ 8,000 liv. sterl. de marchandises.

En juillet 1629, il se pourvut devant la Cour de l'Échiquier, invoquant, dans son appel, la grande charte et les six statuts constitutionnels de l'Angleterre; et rappelant que, par les *Stat.* 3, *Henri VII*, *ch.* 1, et *Stat.* 21, *Henri VIII*, *ch.* 2, qui instituent la Cour de la Chambre étoilée, ou la modifient, il lui est interdit de connaître des paroles injurieuses ou séditieuses et des outrages ; il demandait donc son *Habeas corpus* et sa liberté sous caution.

Sa requête fut communiquée au procureur-général, qui n'y répondit qu'en l'émargeant de ces mots : *frivole et injurieuse à la majesté du roi.*

La cause de Chambers ne fut jugée qu'au terme d'octobre. Il y eut plaidoiries des conseils de la couronne et des avocats de Richard Chambers. Il fut condamné, sur le motif produit par le procureur-général, que la Cour de la Chambre étoilée existait de tout temps et que des statuts n'avaient pu ni l'instituer ni la modifier, et sur ce qu'il n'était pas permis à une cour inférieure d'instruire et d'annuler le jugement d'une cour supérieure comme celle de la Chambre étoilée ou du Conseil du roi.

Chambers fut ramené à la prison de la Flotte, où il resta six ans, sans vouloir payer. Il paraît qu'on s'était cru payé du montant de l'amende, par la vente de ses marchandises; on le laissa sortir.

En 1640, il se plaignit au Parlement, et plus tard ses droits à une indemnité, comme victime de l'arbitraire du Conseil privé et de la Chambre étoilée, furent réglés à la somme de 13,680 liv. sterl., qui ne lui fut jamais payée.

Nota. Les registres de la Cour de la Chambre étoilée furent apportés souvent à la Chambre des communes, et ont pu être adirés. Le procès est tiré de Rushworth, *Historical Collections.*

PROCÈS

DU DOCTEUR ALEXANDRE LEIGHTON,

MINISTRE PRESBYTÉRIEN,

Pour crime de libelle (1).

CHAMBRE ÉTOILÉE.

4 juin 1630. . . . . 6e année de Charles Ier.

Le docteur Alexandre Leighton était un ministre presbytérien. Il avait présenté au Parlement de 1628 une pétition sous le titre de : *Appel au Parlement*, ou *Plaidoyer contre les prélats*. Il l'avait fait imprimer à cinq ou six cents exemplaires, et publié.

Deux ans après, le procureur-général dressa une

(1) Le 29 mai, cinq jours auparavant, les comtes de Bedford, de Clare et de Sommerset, sir Robert Cotton, et John Selden et Olivier de Saint-John, écuyers, avaient été traduits devant la Chambre étoilée, comme coupables de libelles, pour s'être prêté et avoir lu un mémoire manuscrit de lord Robert Dudley, adressé de Florence, par lui, à Jacques Ier, ayant pour titre : *Des moyens de brider le Parlement*, ouvrage entièrement favorable au système du pouvoir absolu, et consonnant à toutes les opinions de Charles Ier. Ils allaient être condamnés, lorsque l'on fit sentir au roi l'iniquité, aussi bien que l'inconvenance d'un pareil procès. Il saisit l'occasion de la naissance de son fils aîné, pour abolir entièrement une semblable procédure, pendant la séance même de la Cour, à l'arrivée de lord Coventry, garde du sceau privé.

information *ex officio* contre ce pamphlet, et un réquisitoire dans lequel il analysait l'ouvrage et accusait le docteur Leighton, par-devant la Chambre étoilée, pour avoir dit et publié par la voie de la presse :

1° Que jamais il n'y avait eu plus de persécutions des véritables chrétiens que depuis le règne de la reine Élisabeth ;

2° Que, par le terme de *prélats*, on devait entendre des *hommes de sang*, des *ennemis du roi et de l'État ;*

3° Que la prélature de l'église d'Angleterre est anti-chrétienne et satanique ;

4° Qu'il désapprouve et rejette les canons de la convocation du clergé de 1603 ;

5° Que la cérémonie de se mettre à genoux pour recevoir le sacrement de la Cène, est une invention diabolique de la prélature ; et que ceux qui s'agenouillent à la communion, sont aussitôt marqués du sceau de la bête ;

6° Pour avoir affirmé que les prélats ont corrompu le roi, et pour avoir appelé notre gracieuse reine, la fille de Heth ;

7° Pour avoir approuvé l'assassinat du duc de Buckingham.

Dans les articles suivants, moins précis, le procureur-général relève, de diverses remarques, que le docteur Leighton blâme, attaque le gouvernement de S. M. et le roi lui-même, pour n'avoir pas envoyé des secours à nos frères de la Rochelle ; qu'il tente d'affaiblir la prérogative royale de S. M., en lui refusant le droit de faire des canons et d'être le chef suprême de l'église d'Angleterre.

Enfin, dans l'article 10 de l'accusation, le procureur-général cite une phrase du docteur Leighton, où, après avoir fait un éloge de S. M., il dit :

« Quelle pitié ne serait-ce pas, quel éternel déshon-» neur ne retomberait pas sur vous, États représen-» tatifs de ce royaume, si un monarque aussi doux, » aussi bon que notre souverain, était si monstrueu-» sement abusé, au grand malheur de lui-même et » de ses sujets! »

Le procureur-général conclut à une punition correctionnelle très sévère.

Le docteur Leighton avoua qu'il était l'auteur de cet ouvrage et l'avait publié. Il se défendit sur l'intention. Il avait usé de son droit de pétition au Parlement ; il l'avait fait imprimer pour éviter de faire des copies plus longues et plus coûteuses; il ne l'avait point fait vendre et n'en avait donné qu'à quelques amis. Enfin, il plaida la prescription de l'action en libelle de l'accusation.

Les deux lords chefs-justice lui dirent qu'il avait commis une haute trahison, d'après le statut de la vingt-sixième année de Henri VIII, ch. 13 ; qu'il y avait eu une grande bonté, de la part du roi, de ne le faire poursuivre que pour crimes de libelles et écrits séditieux.

Les juges, au nombre de dix-sept, allèrent aux opinions.

Le docteur Alexandre Leighton fut condamné :

1° A être dégradé du sacerdoce; il serait envoyé à cet effet à la cour métropolitaine de Cantorbéry, et ensuite ramené dans la prison de la Flotte pour y subir son jugement;

2° A être fouetté pendant un certain temps, à

la discrétion des shérifs, un jour de séance de la Chambre étoilée, devant le pilori de Westminster; à y être ensuite attaché et exposé; à avoir, là, une oreille coupée, une narine fendue, et à être marqué sur une des joues, avec un fer rouge, des lettres *S. S.*, excitateur et *Semeur de Séditions;*

3° A être fouetté la semaine suivante, un jour de marché, devant le pilori de Cheap-Side; à y être attaché, exposé, et y avoir l'autre oreille coupée, l'autre narine fendue, et l'autre joue marquée *S. S.;*

4° A garder prison tant qu'il plaira à S. M.

Ce jugement remplit les habitants de Londres d'horreur. On facilita au malheureux ministre les moyens de sortir de prison; il prit la fuite. Des proclamations des shérifs (*à hue et à cry*) furent publiées contre lui. Il fut repris dans le comté de Bedford; et le 16 novembre, la première partie de sa condamnation fut exécutée sur la place de Westminster; et le 25, la seconde, en Cheap-Side.

Deux personnes qui l'avaient aidé à sortir de prison et lui avaient prêté des déguisements, furent arrêtées, emprisonnées et condamnées à 500 liv. st. d'amende.

Le Parlement de 1640 déclara que la punition et les amendes encourues par le docteur Leighton, Levington et Anderson étaient illégales, et qu'ils avaient droit à des indemnités pécuniaires qui furent réglées et probablement non payées.

Nota. Ce procès, révoltant par la barbarie de la punition, est tiré de la *Collection historique de Rushworth.*

PROCÈS

DE SIR DAVID FOWLIS,

DE HENRI FOWLIS, ÉCUYER,

ET DE SIR THOMAS LAYTON,

Sur accusation de calomnies contre les officiers du roi exécutant leurs fonctions, et d'empêchements malicieux, mis à l'exercice de leur charge et au service de Sa Majesté (*Words*, *Misprision et Contempt*),

CHAMBRE ÉTOILÉE.

23 janvier 1633. . . . . . Neuvième année de Charles Ier.

Il avait été établi sous le règne de Henri VIII, en 1537, une cour supérieure, sous le nom de *Conseil du nord* ou de *Conseil* provincial d'*York*. Elle siégeait dans cette ville. Commission *d'Oyer et Terminer*, on lui avait donné les pouvoirs des cours et des juges de *nisi prius*, tant en matière civile qu'en matière criminelle. Les comtés de Northumberland, Cumberland, Westmoreland, Durham et York formaient son ressort depuis la rivière d'Humber jusqu'aux frontières d'Écosse. La légalité de cette cour n'en était pas moins contestée. Elle paraissait instituée sous le prétexte de rapprocher la justice du justiciable pauvre; elle avait, dans le fait, la mission secrète de surveiller la conduite des barons et des chevaliers et autres grands propriétaires du nord, catholiques assez ardents, et qui venaient de remuer la province par des mouvements et des séditions que Henri VIII avait très difficilement réprimés. En général, cette cour était plutôt une cour d'équité qu'une cour de loi; elle jugeait sommairement, d'après sa discrétion, et de tout; elle était, pour le nord du royaume, un appendice de la Chambre étoilée. Son président était une espèce de vice-roi des cinq comtés du nord.

Cette cour était devenue, sous les Stuarts, également cour féodale. Elle pressait la rentrée des droits féodaux de la couronne. Elle forçait les propriétaires de fiefs de prêter foi et hommage à chaque mutation, et d'en payer les reliefs et autres droits. En 1630, sous la présidence de lord vicomte Wentworth, depuis comte de Strafford, cette cour, qui avait aussi l'administration du revenu, avait supposé plutôt qu'elle n'avait reconnu, dans les propriétaires de baronnies et de fiefs, et même de *Free holds* d'une grande étendue, l'obligation d'assister au couronnement du roi. Beaucoup l'avaient ignoré et n'y avaient pas paru. Ils avaient dès lors encouru des amendes féodales, pour lesquelles on composait assez facilement avec le domaine. C'était ainsi que lord Wentworth remplissait les coffres vides du fisc royal.

En général, la province d'York et celle de Durham avaient montré de l'opposition à ces compositions. On n'osait pas condamner les refusants à la Cour d'York; on les traduisait à celle de la Chambre étoilée, bien plus redoutable, et éloignée du domicile des chevaliers désobéissants et de leurs moyens de résister à l'injustice.

Sur une information *ex officio* du procureur-général, sir David Fowlis et Henry Fowlis, son neveu, et sir Thomas Layton, haut shérif du comté d'York, furent cités à la Chambre étoilée.

Sir David Fowlis avait de vieilles inimitiés avec la famille des Wentworth, qui était du même comté. Layton n'était pas humblement soumis au lord président.

L'accusation contre les Fowlis portait :

1° Que sir David Fowlis faisait tous ses efforts pour décourager ceux des chevaliers de sa province qui se soumettaient aux jugements de la Cour d'York. Elle citait en preuve que sir David avait dit dans des réunions des grands propriétaires du comté : «Que les gentilshommes du York-»shire ont été long-temps reconnus par toute l'An-»gleterre pour des hommes fermes, d'une trempe »vigoureuse, et qu'on ne fait pas plier aisément, et »pour les propriétaires les plus respectables du »royaume; que les autres comtés de l'Angleterre »demandaient toujours comment s'est-on conduit »dans l'York-shire? que fera-t-on dans cette pro-»vince? pour suivre son exemple. Aujourd'hui les »gentilshommes ont dégénéré, et tout en vantant »leur ancien courage, ils sont plus lâches que »dans aucun autre comté.»

L'accusation relatait qu'un M. James Malvert s'était refusé à payer l'amende à laquelle il avait été condamné. Fowlis en avait fait l'éloge. « C'est un »homme hardi, un esprit ferme, un digne Yorkois.

» Personne n'est plus dévoué que lui à l'honneur et » à la réputation de la province. Il mérite l'estime » publique, par sa résistance à payer l'amende à la- » quelle il a été condamné par la Cour d'York ; il » l'a forcée à venir elle-même composer avec lui, » et le montant de sa condamnation de 156 liv. » sterl. 13 sh. a été réduit à 39 liv. sterl. »

Sir David Fowlis avait annoncé, disait l'accusation, que dans plusieurs comtés, notamment dans ceux de Buckingham et d'Oxford, les chevaliers avaient refusé de composer, et qu'on n'avait pas osé les y contraindre, parceque jamais les chevaliers, et encore moins les *Free Holders*, n'avaient été obligés d'assister au couronnement du roi; que c'était une exaction féodale. Sir David Fowlis était donc coupable, en engageant ses amis à ne pas composer.

Le procureur-général l'accusait également de répandre des calomnies sur le lord président, le vicomte Wentworth, sur son crédit à la cour, sur sa probité dans l'affaire des compositions. Il reprochait à sir David d'avoir annoncé dans la province que ceux des chevaliers qui auraient composé avec lui, se trouveraient bien embarrassés; que dès que le président serait passé en Irlande, dont il venait d'être nommé vice-roi, on leur demanderait de composer une seconde fois; lord Wentworth n'ayant point rendu de compte du produit des amendes et des compositions, et les attribuant à son office de président de la Cour d'York.

Le jeune Fowlis était accusé de coopération et de complicité avec son oncle.

Sir Thomas Layton était accusé par le procureur-général de relâchement dans l'exécution de son office, par une connivence coupable avec les Fowlis, et d'avoir fait saisir les biens de chevaliers qui avaient composé avec lord Wentworth. On citait en preuve qu'il avait exigé, par toutes les voies rigoureuses de la loi, 32 liv. sterl. d'un sieur Wivel, qui avait payé cette somme, dans les mains du vicomte Wentworth, et en avait une quittance.

Les deux Fowlis désavouèrent les propos qu'on leur faisait tenir : ce n'était qu'une action en calomnie (*Action upon Words*), qui n'était pas de la compétence de la Cour. Ils n'étaient traduits à la Chambre étoilée que par la haine et la vengeance de lord Wentworth; ils n'avaient d'autres délits que de n'être pas de ses amis.

Sir Thomas Layton prouva qu'il ne mettait pas de négligence dans l'exécution de ses devoirs. Toutes les condamnations dont les Cours de Westminster lui avaient ordonné la poursuite avaient été exécutées, à l'exception de deux qu'il avait remboursées, les diligences de ses baillis et constables n'ayant pas été suffisamment actives. Pour la poursuite de Wivel, il en avait reçu l'ordre de la Cour de l'Échiquier, et il le produisit avec quelques autres probablement de la même nature : l'ordre portait d'actionner Wivel pour une composition de 30 liv. sterl. ou environ, faite avec la Cour d'York; et son bailli l'avait saisi pour 32 liv., la quittance qu'il lui avait exhibée n'étant pas régulière.

Le procureur-général n'insista pas sur l'accusation de sir Thomas Layton, ce magistrat et la Chambre étoilée n'aimant pas à se commettre avec la Cour des barons de l'Échiquier.

La Chambre étoilée rendit le jugement suivant :

» La Cour déclare :

» Comme il est constant que sir David Fowlis a, » en différentes fois et de diverses manières, tenté » et cherché de s'opposer au service de S. M., et » a grandement et scandaleusement offensé et af- » fronté Sadite Majesté dont il avait reçu tant de » faveurs ; qu'il a calomnié les commissaires et » grands-officiers de l'État, et témoigné une grande » malice envers le lord président, le vicomte Went- » worth ; et que ledit sieur David, en outrageant et » calomniant les officiers du roi, avait pour but d'é- » loigner les sujets de S. M. de payer leurs amendes » à ses receveurs domaniaux, ou de composer avec » lesdits commissaires ;

» Et la Cour, ayant considéré le caractère cri- » minel de ces tentatives et offenses,

» Condamne, 1° ledit David Fowlis, principal cri- » minel, à payer 5,000 liv. sterl. d'amende au roi, » et le déclare incapable d'occuper aucune charge » à l'avenir ;

» 2° A payer à lord Thomas, vicomte Wentworth, » qu'il a si grièvement offensé, 3,000 liv. sterl. de » dommages et intérêts ;

» 3° A garder prison jusqu'au parfait paiement » de ces deux sommes ;

» 4° La Cour condamne Henri Fowlis à payer » 500 liv. sterl. d'amende, à l'usage dudit seigneur » roi.

» 5° La Cour renvoie purement et simplement de » toute accusation sir Thomas Layton. »

Nous n'avons donné que ces trois jugements de la Chambre étoilée, en trois matières séparées, purement fiscale, féodale et libelles.

Tribunal de fer et de barbarie, la Chambre étoilée a dépassé en iniquité toutes les commissions et toutes les Cours publiques et secrètes, connues jusqu'à nos jours. La Cour d'York était son égale en fait d'exactions et d'iniquités judiciaires. C'était pour lui donner plus d'activité que le vicomte Wentworth en avait été nommé le président. Un terme devait être imposé à tant de cruautés administratives et judiciaires. Ce sera le second Parlement de 1640 qui le mettra. Les inventeurs, les acteurs, les instruments de tant de crimes doivent être enfin punis. Nous verrons le plus fameux porter sa tête sur un échafaud, dans le procès qui suit, de lord Wentworth, comte de Strafford.

PROCÈS
DE THOMAS WENTWORTH (1),
COMTE DE STRAFFORD,
POUR CRIME DE HAUTE TRAHISON,
Sur un *Impeachment* des Communes.

HAUTE COUR DU PARLEMENT.

Du 25 mars au 13 mai 1641..... Seizième année de Charles Ier.

I. Caractère du comte de Strafford. — II. Parlement de 1640. — III. Articles de l'accusation des Communes et articles additionnels; réponses du comte de Strafford et débats. — IV. Plaidoyers du comte, sur le point de fait, et de ses conseils, sur le point de droit. — V. Discours du roi au Parlement; son mauvais effet, et bill d'*Attainder*. — VI. Lettre du comte de Strafford au roi. — VII. Limitation de l'*Attainder* au supplice du comte, et son abolition.

I. Les temps où on faisait du comte de Strafford un miracle de fidélité, une victime du plus noble attachement à une cause sacrée, celle de son roi,

(1) Nous avons cru devoir donner le procès du comte de Strafford avec quelque étendue. C'est un de ceux où les formes de la procédure ont été le plus rigidement observées. C'était les communes qui attaquaient, et au nom du peuple. Le changement

sont passés. Les mémoires du temps, les vies, les collections de pièces historiques, les lettres et la correspondance de Strafford lui-même, prouvent que, dans une lutte célèbre et malheureuse de deux grands partis, Strafford a péri dans la victoire d'un de ces partis sur son rival. Mais le parti vainqueur, qui l'immolait à sa sûreté, était le parti national, et celui qu'il servait, le parti des sectaires du pouvoir absolu. Il a été condamné, par les lois de son pays, pour avoir tenté de les renverser; et si le Parlement de 1640 les a fait exécuter avec sévérité, le pouvoir arbitraire, dont il avait été le plus énergique soutien, abusait, depuis quarante ans, de l'autorité qu'il avait usurpée; et, depuis douze ans, avait commis une multitude de cruautés sur les personnes, d'exactions et de vols sur les propriétés, et de violations des droits et des libertés du pays, dont il n'y aura jamais sans doute d'imitateurs.

Sir Thomas Wentworth était d'une famille distinguée de l'York-shire. Il avait, dans ce comté, une place à nomination royale, celle de garde des rôles

---

de l'accusation de haute trahison en bill d'*Attainder* a permis de développer davantage les questions qui sont relatives à ces sortes de bills.

Nous avons tiré les actes de ce procès de l'*Historical Collection* de Rushworth, d'une relation écrite, sur le temps et aux séances de la Haute Cour, par une personne dévouée au comte de Strafford, dont les savants jurisconsultes, éditeurs des *State Trials*, ont fait usage (tom. Ier, pag. 723), du journal de la Chambre des Pairs, de Rapin de Thoyras, t. VIII, et de M. Hallam, t. II, de *The constitutionnal history of England*, édit. de Paris, 1827.

et archives. Il lui devait d'être membre du deuxième Parlement de Charles Ier. Les rivalités de l'ambition le jetèrent dans le parti national. Il montra des talents, et chercha, tout en négociant avec Buckingham et lord Weston, à se faire craindre de la cour. Il fut exilé, par ordre du conseil privé, pour avoir refusé de souscrire à l'emprunt, dit volontaire, de 1627. Pour l'éloigner de la représentation de sa province, au troisième Parlement (de mars 1627), la Cour le fit nommer haut shérif du comté d'York. Il renonça à cette place, fut député à ce Parlement, et soutint avec véhémence la pétition des droits; peu de temps après, il se réconcilia avec la cour; et, en juillet 1628, fut fait pair, sous le nom de vicomte Wentworth, et président du conseil du Nord. En 1633, on lui donna la vice-royauté d'Irlande, qu'il conserva avec la présidence de la Cour d'York ou conseil du Nord; et il devint, avec le Primat Laud, l'âme du conseil secret de Charles Ier; de ce qu'on appelait la *Junte*, de trois ou quatre personnes.

Lord Wentworth était doué de la plus rare intelligence des affaires. Il l'avait développée et mûrie au sein du parti qui défendait les libertés publiques. Éloquent, plein de sagacité et d'inventions; homme à expédients heureux, immuable dans ses desseins, audacieux, intrépide, il avait la prééminence des talents qui forment l'homme d'état, et qui peuvent servir à l'exaltation ou à l'abaissement d'une nation. Aucun préjugé d'éducation ou de vertu ne l'arrêta jamais: sa conduite barbare envers lord Mountnorris, celle qu'il tint envers lord

Loftus, qu'il priva de sa charge de chancelier d'Irlande et qu'il emprisonna, parceque, sur un ordre du conseil privé, qu'il avait sollicité, il refusait de faire des avantages dotaux à sa belle-fille, avec laquelle Strafford avait des intimités.

Homme sans préjugés, lord Wentworth était également un homme sans principes. Il était devenu l'ennemi des droits du peuple, après les avoir soutenus. Ses lettres à l'archevêque Laud en font foi. Son opinion pour la condamnation de Hampden dans le procès du *Ship Money*, était atroce; il voulait le faire périr sous les coups de fouet. Ses reproches aux juges d'Irlande de ce qu'ils ne jugeaient pas suivant les volontés de la cour avaient quelque chose d'inique. Il disait que c'était la cour seule qui devait les diriger. Son propos au roi que, « les dettes de la cour une fois payées, » vous gouvernerez comme il vous plaira : et quel» que résolu que je sois, je n'y aurai pas grand' » peine, » prouve qu'il n'avait pas de principes de justice. Lord Wentworth était donc un ennemi du peuple et du Parlement, très dangereux.

Le vicomte Wentworth a servi la cour, depuis 1628, avec un zèle et un dévouement rares : il a succombé le premier, dans la lutte avec le Parlement. Il est à croire que, plus tard, il aurait abandonné la cause royale, si la cause populaire avait été victorieuse.

II. La cour s'aperçut, lorsque l'insurrection d'Écosse fut dans toute sa force, qu'elle ne pouvait pas se dispenser d'assembler un Parlement. Les pairs, dans leur grande assemblée ou conseil tenu à York, en émirent l'opinion. Le passage de la

Tyne et la prise de New-Castle rendirent enfin la convocation indispensable.

Le Parlement s'assembla le 3 novembre; le discours d'ouverture annonçait la situation des affaires, la nécessité de faire des fonds pour le paiement de l'armée du roi, et la résolution du monarque de concourir au redressement des griefs, *avec..... candeur et..... affection.....* Il réclamait la bonne intelligence et l'harmonie entre lui et le Parlement : *que nous éloignions tous soupçons réciproques! je vous le demande avec effusion de cœur.*

C'était annoncer au Parlement qu'il exerçait librement et sans entraves de la part du roi, tous ses droits, toute sa puissance; et il ne tarda pas à le faire.

Le 7 novembre, M. Pym, qui joua un grand rôle dans ce Parlement, fit un exposé des griefs du pays. Il les classa en griefs, 1° contre le Parlement, violation de ses priviléges; 2° contre la religion, inexécution des lois contre les papistes, et convocation du clergé de cette année; 3° contre les libertés du peuple. Il proposa ensuite le redressement de ces griefs, leurs remèdes et les moyens à prendre pour en éloigner le retour.

Les griefs des particuliers furent d'abord réparés. En moins d'un an, et à mesure que le rapport des pétitions était fait, des résolutions d'indemnités pécuniaires, d'annulation de procédures, de restitutions de biens confisqués, étaient prises par le Parlement.

Les griefs du public le furent également, par les actes du Parlement :

1° Pour que les Parlements, à l'avenir, fussent triennaux. Si, au bout de trois ans, le roi n'en convoquait pas un, il s'assemblerait de lui-même;

2° Pour abolir la Chambre étoilée, la Cour ou conseil du Nord, la Cour de Cantorbéry et la Haute Commission ecclésiastique;

3° Pour réduire les forêts au même état où elles étaient sous le règne d'Édouard III;

4° Pour révoquer les statuts faits sous Édouard II, relatifs à la chevalerie, dont il avait été fait usage pour commettre tant de vexations;

5° pour abolir le *Ship-Money*.

Sur les points de lois si scandaleusement interprétés par les juges, au profit de la prérogative royale, ou bien outrageusement violés, la Chambre des communes proposa, ce qu'adoptèrent les Lords, qu'il y fût pourvu par des bills déclaratifs. On dut s'apercevoir, sous les deux règnes suivants, que de tels bills, sans pénalités, étaient négligés et méprisés par les juges.

Les auteurs des malheurs de l'État, et des griefs causés aux particuliers, devaient aussi être punis.

Le 11 novembre, M. Pym ayant obtenu des Communes que tous les étrangers évacuassent la Chambre, que les portes en fussent fermées et les clefs apportées à M. l'orateur (Lenthal), fit la motion que lord Thomas Wentworth, comte de Strafford, fût accusé par les Communes du crime de haute trahison. La chambre nomma aussitôt un comité de sept membres, qui, peu de temps après, fit son rapport conforme à la proposition. La chambre vota l'accusation, et que M. Pym irait à la Chambre des pairs accuser lord Strafford. M. Pym parut à la barre de la Chambre des lords, lut l'*Impeachment* des Communes pour crime de haute trahison, en la forme ordinaire : « Les chevaliers, citoyens, etc., » et demanda que le comte de Strafford fût mis à la Tour. La Chambre des pairs le confia à la garde de l'huissier à la baguette noire, et, quelque temps après, l'envoya à la Tour.

On accusa également le secrétaire d'état Windebanke, catholique et grand protecteur des papistes. Il s'enfuit bien vite en France. Lord Finch, garde du sceau privé, fut également accusé, et se retira à temps sur le continent.

Les Communes demandèrent aux Lords de condamner les juges qui avaient été d'opinion de la légalité du *Ship Moncy*, à fournir une caution de 10,000 liv. sterl. chacun, de se représenter lorsque leur conduite serait examinée ; ce que les Lords accordèrent.

Aussitôt que la Chambre des communes eut cassé les canons et les délibérations de la dernière convocation du clergé, elle décréta d'accusation Laud, archevêque de Cantorbéry, Primat d'Angleterre. Les Pairs le confièrent à la garde de leur huissier, puis l'envoyèrent à la Tour.

Jusque là, le Parlement de 1640 avait déployé un grand caractère, et s'est tenu dans les limites de son pouvoir. Plus tard, à la fin du procès de Strafford, il en sortit. Livrée à l'acharnement des partis, d'après les craintes fausses ou du moins exagérées d'une conspiration de l'armée en faveur du roi, et de la dissolution du Parlement, et au milieu de l'insurrection de la populace de Londres, des 3 et 4 mai, la Chambre des communes passa un bill illégal, en vertu duquel le Parlement ne pouvait être prorogé ou dissous que de son consentement. La Chambre des pairs, réduite à environ un tiers de ses membres, l'adopta, et le roi, dans sa douleur d'être forcé d'approuver le bill d'*Attainder* de Strafford, le sanctionna également et au même instant.

III. Le système de poursuite des grands coupables (*les délinquants*) exigeait beaucoup de célérité, et qu'ils fussent mis à l'improviste hors d'état de nuire, et d'agir en faveur du roi et de son parti. La Chambre des communes ne pouvait donc attaquer d'une manière prompte et sûre lord Strafford, qu'en l'accusant d'un crime de haute trahison ; les Pairs étaient obligés de l'envoyer à la Tour ; il n'en était pas de même d'une félonie, encore moins d'un *Misdemeanor*.

Dans le cas d'un bill d'*Attainder* commencé dans la Chambre des communes, les grands coupables auraient été avertis. Il aurait fallu des conférences des deux Chambres pour déterminer la Chambre-Haute à ordonner un emprisonnement. Toute la procédure contre lord Strafford sans doute aurait dû être, dès le commencement, ce à quoi elle se réduisit à la fin, un *Attainder*. Mais on se privait ainsi des moyens de paralyser ses mauvais desseins et de l'éloigner des Conseils du roi.

La Chambre des Communes nomma MM. Pym, Glyn, Meynard, Witeloke, lord Digby, Saint-John, Palmers, sir Valter Éarle, Stroud, Selden et Hampden, et un autre, pour soutenir l'accusation et *ménager ses intérêts* dans cette procédure.

Le 25 ou le 26 janvier, ils se présentèrent à la barre de la Chambre des lords, et M. Pym dit :

« Les chevaliers, citoyens et bourgeois représen- » tants les Communes de l'Angleterre, assemblés en » Parlement, en leur nom et en celui de toutes les » Communes du royaume, accusent du crime de » haute trahison Thomas Wentworth, comte de » Strafford, lord député d'Irlande et lord président » du conseil du Nord. »

Articles d'accusation.

« 1° Pour s'être traîtreusement efforcé, et avoir tenté de renverser les lois et le gouvernement de ce royaume, et au lieu d'elles et de notre sage gouvernement, introduire un gouvernement arbitraire et tyrannique, et contre les lois; intention qu'il a manifestée et déclarée par ses paroles, dans ses conseils et par ses actions, et en donnant à S. M. l'avis de contraindre, par la force des armes, ses fidèles sujets à s'y soumettre; »

« 2° Pour s'être arrogé un pouvoir royal sur les vies, libertés et personnes des sujets de S. M., soit en Angleterre, soit en Irlande; et pour avoir exercé ledit pouvoir d'une manière tyrannique, et à la la destruction, ruine et grands malheurs de plusieurs personnes, soit pairs, soit simples sujets de sadite Majesté; »

» 3° Que, pour s'enrichir et faciliter l'exécution de ses projets, il a traîtreusement retenu pour son usage personnel une grande partie des revenus de

S. M., sans en fournir de compte légal; et qu'il a pris de grandes sommes dans l'Échiquier, pour son propre usage, lorsque Sadite Majesté en avait le plus grand besoin pour payer son armée; »

« 4° Qu'il a abusé desdits pouvoirs royaux, qu'il s'était fait donner, pour protéger et encourager les papistes, afin de les attirer à lui, se les attacher, et, par leurs secours, poursuivre l'exécution de ses traîtreux desseins, et les accomplir; »

« 5° Qu'il a, dans des intentions perverses et dans des buts de trahison, usé de tous ses moyens et travaillé à créer des inimitiés et hostilités entre les Anglais et les Écossais; »

« 6° Que, lieutenant-général de l'armée rassemblée sur les frontières d'Écosse, il ne s'est point opposé, avec les troupes qu'il commandait, et ainsi qu'il en avait le pouvoir et qu'il le devait, à ce que les Écossais passassent la Tyne; qu'il leur a abandonné New-Born et laissé prendre New-Castle, afin qu'après un si grand déshonneur pour les armes de S. M., et une si grande perte, le roi et le royaume d'Angleterre fussent engagés dans une grande et inconciliable querelle avec les Écossais, utile à l'exécution de ses traîtreux (1) desseins; »

« 7° Que, pour se préserver des poursuites et condamnations de cesdits crimes et pernicieux des-

(1) Les accusations de haute trahison qualifient chaque parole, chaque acte du prévenu, de l'épithète ou de l'imputation de *traîtreux*. Nous les avons épargnés dans cet acte de l'accusation de Strafford.

seins, il s'est efforcé de détruire et renverser les droits du Parlement, et, par de fausses et malicieuses préventions et machinations, animer Sadite Majesté contre son Parlement, par lesquelles paroles, conseils et actions, il a travaillé à aliéner de S. M. les cœurs des sujets de ses royaumes, et a réussi à établir une division intestine, et à ruiner et détruire les royaumes de S. M. »

« Pour lesquelles causes, les chevaliers, ci» toyens, etc., l'accusent de haute trahison contre » notre seigneur le Roi, sa couronne et sa dignité. »

« 8° Et lesdits crimes, menées, machinations, etc., ont été commis par ledit Thomas Wentworth, comte de Strafford, pendant qu'il était lord député d'Irlande et lieutenant-général des armées en Angleterre et en Irlande, lord président du conseil du Nord, et enfin lieutenant-général commandant l'armée des frontières d'Écosse; »

« 9° Lesdits chevaliers, etc., déclarent qu'ils fe» ront bons et valables les articles de leur accusa» tion, quand le lieu et le temps leur en seront » assignés; demandent que les articles de leur » accusation soient communiqués audit Thomas » Wentworth, comte de Strafford, et se réservent » d'y ajouter, ou de les abandonner, etc., ainsi » qu'ils en ont le droit. »

La Chambre des pairs donna aux membres des Communes, directeurs de l'accusation, acte de la présentation des articles, et ordonna qu'ils fussent aussitôt communiqués au comte de Strafford.

Le 30 janvier, M. Pym présenta à la barre de la Chambre des lords une série de vingt-huit articles additionnels, explicatifs, qui développaient les neuf articles principaux.

Ils sont extrêmement longs, et nous nous bornons à en donner la substance.

Articles additionnels et explicatifs.

L'article 1er est relatif à la présidence du conseil d'York ou du Nord, et établit que le comte de Strafford s'était fait donner, par S. M., une commission directement contraire aux lois du royaume. Elle lui concédait le pouvoir de juger discrétionnairement, et comme Cour d'équité à l'instar de la Chambre étoilée, et d'autres également arbitraires, et qu'il a usé et abusé très souvent desdits pouvoirs.

Les 2e et 3e articles rapportent des discours tenus par lord Wentworth, aux assises d'York, à des sessions de juges de paix, et en Irlande, dans lesquels il déclarait que le pouvoir du roi était supérieur à celui de la loi, et ne devait pas être limité et contenu, par elle, dans de certaines bornes; que les chartes des villes, telles que celle de la cité de Dublin, n'étaient pas immuables et à perpétuité, et que le roi, qui les avait données, pouvait les modifier, les révoquer et les abolir; qu'il ne souffrirait jamais, pendant son gouvernement, que ses ordres fussent contestés, protestés et opposés en vertu de la loi, et qu'il prouverait, tant qu'il serait en Irlande, que les ordres du conseil privé avaient autant de force qu'une loi du Parlement, et, en cas d'opposition, lui devaient être préférées.

L'article 4e montre une manifestation de cette

volonté impérieuse, illégale et arbitraire, dans l'affaire du comte de Corck, pair d'Irlande, auquel il avait enlevé une terre assez considérable, pour s'investir lui-même de la propriété de ladite terre (1).

Les 5e et 6e articles appuient l'accusation du 25 janvier, par le fait de lord Mountnorris, pair, lord vice-trésorier d'Irlande, qu'il avait fait condamner à mort, par une Cour martiale, pour un délit qui ne méritait pas cette punition, et n'était pas de la compétence d'une Cour martiale. Il avait également enlevé une terre à lord Mountnorris.

Les 7e et 8e articles sont relatifs à de semblables usurpations de terres sur les lords Dillon, le vicomte Loftus, le comte de Kildare et la dame Herbott.

Par l'article 9e, il est accusé d'avoir accordé à l'évêque de Down un pouvoir vexatoire et contraire à la loi.

Les 10e, 11e, 12e, 13e et 14e articles sont tous relatifs à des dilapidations commises, à son profit, dans les revenus du roi, en se les faisant affermer à vil prix, en s'attribuant les monopoles de la navigation à l'entrée et à la sortie des ports de l'Irlande, du chanvre et du lin, du tabac, de l'empois et des

(1) Les terres avaient été concédées en Irlande, pour la majeure partie, à titre de confiscation. Sous Jacques Ier, un statut avait rendu ces concessions difficiles, et les environnait de formalités et de nullités qui rendaient très précaire leur possession. Lord Wentworth faisait examiner les titres de ces concessions, et les faisait déclarer vaines et caduques, par son conseil d'État d'Irlande, pour en disposer en sa faveur.

gruaux, des pots de fer, des verres, des pipes, etc.

L'article 15e veut être cité textuellement : « que, » sans être autorisé par aucune loi, il avait em-» ployé la force des armes, pour subjuguer les su-» jets du roi, et les réduire à sa volonté, par des » logements de gens de guerre, jusqu'à ce qu'ils » eussent obéi à ses ordres; ce qu'il avait fait, en » divers temps et en divers lieux, et que, par là, il » avait levé la guerre contre le roi et ses fidèles » sujets. »

Les 16e, 17e, 18e et 19e articles établissent des abus d'autorité excessifs commis en Irlande, et la protection qu'à ce moyen et à prix d'argent il accordait aux papistes récusants, soit en Irlande, soit dans les onze comtés d'Angleterre qui étaient du ressort de la présidence du Nord

Par les 20e et 21e articles, il devient constant qu'il est l'auteur des divisions qui ont éclaté entre le roi et les Écossais.

Par le 22e article, on voit que, depuis la dissolution du premier Parlement de 1640, il était retourné en Irlande, pour en augmenter l'armée, de 9,000 hommes de nouvelles levées destinés à faire la guerre en Écosse et en Angleterre.

Les 23e, 24e, 25e et 26e articles fournissent les preuves que, réuni avec Laud et avec Finch, il a conseillé au roi le renvoi du premier Parlement de 1640, sa proclamation injurieuse pour le Parlement qu'il avait dissous, la continuation de la perception du *Ship-Money*, la demande d'un emprunt de 100,000 liv. sterl. à la ville de Londres, avec menaces de faire pendre les membres du corps municipal s'ils s'y refusaient, la saisie des fonds des étrangers déposés à la Tour (130,000 liv. st.), et l'altération de la monnaie.

Les 27ᵉ et 28ᵉ articles développent la conduite de lord Strafford à l'armée des frontières d'Écosse, et l'établissement d'un impôt illégal mis par lui, et exécuté par des soldats envoyés en garnison chez les habitants.

La Chambre donna également acte de cette présentation des nouveaux articles des Communes, et ordre de les communiquer au comte de Strafford.

Le comte de Strafford ne tarda pas à remettre sa réponse aux vingt-huit articles additionnels des Communes, développement des neuf premiers, à la Chambre des pairs. Les Lords se constituèrent en Haute Cour du Parlement; un Grand-Sénéchal fut nommé par le roi, le comte d'Arundel; une vaste salle fut préparée à Westminster. A côté du trône étaient deux loges grillées pour le roi et pour la reine et ses enfants; au pied et sur un des gradins, le fauteuil du Grand-Sénéchal; autour du trône, et derrière le Grand-Sénéchal, des sacs de laine, pour les juges, et les siéges des pairs à droite et à gauche du trône; en avant et en dedans de la barre, on avait placé des banquettes pour toute la Chambre des Communes avec ses officiers; et en dehors de la barre, à ses deux bouts, dressé deux loges pour l'accusé et ses conseils, et pour les directeurs de l'accusation. Les séances commencèrent le 22 mars 1641, et eurent lieu sans interruption, sauf trois jours de repos accordés au comte de Strafford, jusqu'au 10 avril. Le roi assista à toutes.

Nous avons préféré de joindre, par extraits et d'une manière sommaire, les réponses du comte aux vingt-huit articles additionnels, avec les débats et les résultats qu'ils présentent à un esprit impartial, surtout quand on les analyse après deux siècles écoulés depuis ce mémorable procès, et avec la connaissance des faits que la presse a révélés et qui ont dû influer d'une manière plus ou moins vive, plus ou moins directe, sur les décisions des juges et du public.

Le comte de Strafford a développé dans sa défense de grands talents, une éloquence extemporanée, vive et lucide, mais peut-être beaucoup trop d'adresse. Plus de candeur aurait attiré la confiance. Il a trop parlé de lui, des services qu'il avait rendus à l'État ; il l'a fait avec trop de fierté ; et avant la fin des débats, sa hauteur est devenue arrogance. Il a enfin trop oublié qu'il était un déserteur de la cause populaire ; et il a perdu, dans les Communes accusatrices, d'abord les insouciants, puis les gens impartiaux, enfin les consciencieux. On a pu le reconnaître dans les délibérations de cette Chambre, pour changer l'acte d'accusation en bill d'*Attainder*. La majorité, qui était faible dans le mois de novembre, en mars même, à l'ouverture du procès, est devenue, à la fin, une presque unanimité.

Le comte de Strafford avait, comme tous les favoris, des ennemis très ardents à la cour et dans la Chambre des Pairs ; ils étaient devenus ses juges ; les débats en ont accru le nombre. On l'a vu, dans les discussions des 11 et 12 avril. Le 10, dans deux questions préparatoires, la justice évidente des décisions que prirent les lords, n'obtint pas la majorité des votes qu'elle méritait.

Lors de l'accusation de Pym, en novembre, les Pairs avaient accordé beaucoup trop légèrement l'arrestation du comte de Strafford, et ensuite son envoi à la Tour. L'opinion publique ne releva pas l'espèce d'illégalité ou d'excès de cette décision, non motivée par des preuves de prévention de haute trahison. La fuite de Windebanke et celle de Finch en étaient la cause. L'opinion publique était d'ailleurs très animée contre Strafford. Ses menaces de faire couper les oreilles ou pendre les aldermans qui s'opposaient à l'emprunt, les vexations nombreuses qu'avaient éprouvées les habitants de Londres par ses conseils, la présence dans la métropole de toutes les victimes de l'arbitraire du gouvernement et des vexations et extorsions de Strafford lui-même, enfin la nécessité de punir de si grands coupables devaient augmenter l'animadversion du public et tous les ressentiments. On chercha à travailler l'opinion pendant l'hiver, et on y réussit. La noblesse et ses partisans disaient qu'on n'en voulait qu'à elle; que c'était à sa destruction que travaillaient les Communes et l'accusation.

Les amis du roi nuisirent également au procès. Ils s'occupèrent de faire déclarer l'armée contre le Parlement. Leurs intrigues se croisèrent et furent plus vite dévoilées. Sans doute les meneurs des Communes y répondirent par de pareilles manœuvres; et on eut les tumultes, du 3 et du 4 mai, de la populace de Londres, criant autour de Westminster : *Justice! justice!* et les protestations et remontrance des Communes.

Nous allons actuellement développer les réponses du comte de Strafford aux vingt-huit articles additionnels, ainsi que les débats de la Haute Cour.

Sur le premier article, lord Strafford convenait, dans sa réponse, que les pouvoirs que le roi lui avait donnés étaient plus étendus qu'il n'était d'usage, mais qu'ils avaient été rédigés par les conseils de la couronne et le procureur-général. Il avait l'air de croire que c'était une affaire de forme, de secrétariat et de greffe, et non la sienne. Il ajoutait que les juges d'Irlande avaient demandé, pour ce royaume, que les pouvoirs du lord député fussent très étendus ;

Que, comme conseiller privé, il avait fait le serment d'obéir aux ordres du roi, ponctuellement, sans lenteur et sans aucune résistance ; à ses instructions, sans les raisonner ; et aux pouvoirs qu'il lui donnait, sans en contester le droit et l'étendue ;

Qu'il avait agi à York et à Dublin, là, avec les assesseurs qui lui avaient été nommés ; ici, d'après les avis motivés du Conseil d'État d'Irlande et des juges, et qui tous connaissaient bien ses pouvoirs et leur étendue.

S'il avait agi d'une manière illégale, sa responsabilité était donc dégagée par sa fidélité à exécuter les ordres du roi.

La grande question de la responsabilité des ministres était là tout entière, quoique la Chambre des communes eût déjà l'opinion formée que les agents du gouvernement répondent seuls des actes du gouvernement qu'ils exécutent : cette question ne fut pas débattue à fond. Elle était tenue par les Communes comme principe constitutionnel inébranlable, ce que déniaient les sectaires du pouvoir absolu de la couronne.

Aux deuxième et troisième articles, relevant les discours tenus par lui, contre le pouvoir des lois et en faveur d'une autorité royale illimitée, le comte désavoua ces discours ou les expliqua, mais d'une manière peu satisfaisante. Il soutenait, dans sa réponse, que l'Irlande étant un pays conquis par les armes de l'Angleterre, n'était pas régie par les mêmes lois. On lui prouva aux débats qu'elle l'était par la Loi Commune anglaise et par les statuts déclaratifs qu'en fait le Parlement d'Irlande. Il resta donc démontré qu'il avait menacé la ville de Dublin de lui retirer sa charte, disant qu'elle était une concession royale, et non immuable, et que le roi pouvait la reprendre. Il fut également prouvé qu'il avait annoncé au comte de Corck, pair d'Irlande, qu'il ne souffrirait pas que les ordres donnés par lui fussent contestés, opposés et inexécutés, en raison de ce qu'ils étaient contre la loi; et qu'il démontrerait, pendant son gouvernement, que les ordres du Conseil privé avaient autant de force et plus même qu'un statut du Parlement.

A l'égard de la terre que, par l'article quatrième, il était accusé d'avoir tortionnairement enlevée à ce même comte de Corck, il prouva que c'était la majorité des conseillers privés d'Irlande qui avait rendu la sentence d'éviction. Il avait raison, aux débats, en apportant la sentence signée de la majorité; mais ce n'était qu'une copie; et la sentence n'était pas légale, parcequ'elle était rendue par un tribunal incompétent.

Sur le cinquième article, relatif à la condamnation à mort, par une cour martiale, de lord Mountnorris, pair et vice-trésorier d'Irlande, et capitaine dans l'armée irlandaise, pour un propos tenu en société privée sur son général, et qui établissait que ce jugement n'avait été rendu par lui (article 6 additionnel de l'accusation) que pour le dépouiller d'une terre qu'il avait fait donner à un de ses prête-noms, lord Strafford répondit et soutint aux débats que dans toute armée il fallait une discipline; que lord Mountnorris y avait manqué; que la cour martiale l'avait condamné; que lui-même n'y assistait que comme lord député, et le chapeau à la main; qu'il ne la présidait pas; que c'était le président et les juges de cette cour martiale qui avaient refusé d'entendre les témoins produits par ce lord, et non pas lui; que jamais lord Mountnorris n'avait été dans la crainte que le jugement fût exécuté; qu'il avait été suspendu; et que c'était sur sa demande qu'il avait obtenu sa grâce du roi; qu'enfin sa condamnation à mort avait entraîné la forfaiture de sa terre, et que le roi avait pu la donner à sir Robert Méréditb, qui n'était pas son prête-nom (1).

(1) Le fait n'était pas vrai; Strafford s'était toujours opposé à la grâce, mais lady Mountnorris l'avait achetée du roi 6,000 liv. sterl., employées à l'achat d'un domaine en Écosse pour S. M.; et Méréditb agissait pour lui.

Aux articles 7 et 8 de l'accusation, il répondit aux charges d'avoir usurpé des terres considérables sur les lords Dillon, le vicomte Loftus, le comte de Kildare, la dame Hirbott, en énonçant qu'il avait eu ordre du roi d'examiner avec scrupule les titres de possession de quelques concessionnaires de terres de la couronne d'Irlande; que le tribunal du Conseil privé avait trouvé que ces quatre individus n'avaient pas de titres réguliers; qu'ils avaient donc été dépossédés.

Quant à l'article 9, il prouva que les pouvoirs dits vexatoires qu'il avait accordés à l'évêque de Down et Connor, lui avaient été demandés par le clergé d'Irlande; et que c'était l'usage du pays que les évêques pussent envoyer en prison les personnes qui n'obéissaient pas à leurs sommations de se présenter. Les députés du Parlement d'Irlande affirmaient le contraire; mais leur témoignage fut écarté, en raison de quelque irrégularité.

Les articles 10, 11, 12, 13 et 14 accusaient le comte de Strafford de dilapidation des finances de l'État. Il répondit qu'il n'avait rien eu à ordonner en cette matière, l'Irlande ayant son Échiquier, et le Parlement d'Irlande en ayant la suprême disposition; qu'il n'avait jamais pensé et qu'il était étonné que l'Échiquier fût si riche; que, par ordre du roi, il y avait puisé une fois 30,000 liv. sterl., une autre fois 40,000 liv. sterl., pour la subsistance des troupes; que des comptes en seraient produits, mais qu'ils étaient, comme tous ceux de ce genre, longs à établir.

On lui objecta, aux débats, que cet ordre du

roi ne pouvait être qu'un prétexte pour enlever ces sommes et les destiner à son usage personnel, les troupes étant entretenues par le Parlement d'Irlande. Il répondit que c'était pour les nouvelles levées qu'il avait eu l'ordre du roi de faire en Irlande. C'était assez téméraire. Son aveu aurait donné beaucoup de force à l'article 22 additionnel sur lequel devaient s'élever de grands débats, et qui ne fut pas discuté.

Relativement aux divers monopoles qui lui étaient reprochés, il dit que le Parlement d'Irlande voyant que l'impôt sur le tabac ne rendait rien, avait pris le sage parti de le mettre en ferme, et que S. M. lui avait permis de s'en rendre adjudicataire. Il en était de même du chanvre et du lin et du reste des droits, dont la perception avait été remise à des fermiers. Une nuée de témoins prouvèrent aux débats, que, sous le titre des fermes de ces divers droits, il s'était créé le monopole de la denrée sur laquelle ils avaient été imposés. Les cultivateurs du chanvre et du lin, les fabricants d'empois et de gruaux, quelques usines de fer, de glaces et de verre, ne travaillaient plus que pour lui. Cependant ces monopoles n'avaient pas été ruineux pour la culture et pour l'industrie. Pour les chanvres et les lins, il leur avait fait venir de la semence des Pays-Bas, et il avait fait croître des chanvres de six pieds de tige, là où ils n'en avaient que un ou deux. Le monopole en grand des autres objets avait été moins onéreux pour le consommateur que des monopoles partiels.

Quant au monopole de la navigation qui lui

était reproché, il dit que S. M. ayant été informée que les seigneurs particuliers des ports les ouvraient et les fermaient à leur gré, ce qui était fort dangereux pour le commerce de ses sujets, et pour la sûreté du pays, elle avait déterminé que la navigation de l'Irlande, à l'entrée et à la sortie, ne serait faite que par des navires ayant patente royale et licence du conseil privé d'Irlande. Ces navires prenaient donc une patente à Dublin, pour le navire, et une licence pour chaque cargaison. On démontrait, aux débats, que ce droit était énorme, qu'il n'en était point compté à l'Échiquier d'Irlande, et que c'était une extorsion très lucrative pour le lord député. Les directeurs de l'accusation laissèrent à la Haute Cour à apprécier le mérite de ces explications; ils engagèrent les lords à prendre en grande considération, sur ces points débattus, les remontrances au roi et les protestations du Parlement d'Irlande.

L'article 15 de l'accusation, que nous avons donné textuellement, était une des charges les plus fortes contre le comte de Strafford; c'est la même charge que celle de l'article 27, relative à sa conduite dans la guerre contre les Écossais. Il avait imposé 8 deniers par jour à chaque feu, à percevoir par les soldats de l'armée, envoyés en garnisaires chez l'habitant anglais des frontières.

Le comte de Strafford, qui se pénétrait bien de l'importance de cette charge, répondit qu'il avait été précédemment convenu qu'une imposition par chaque feu serait établie en Irlande, et que le produit en serait destiné à la subsistance de l'armée; que les chefs de corps avaient demandé qu'on leur assignât un district à chacun, qu'ils distribuaient ensuite à leurs capitaines, lesquels envoyaient leurs soldats en recette chez le paysan, et quelquefois en subsistance, chez les retardataires: que, pour sa part, il y était étranger, à l'exception du consentement qu'il avait donné à une mesure établie avant lui, à la satisfaction générale.

Les débats sur cet article furent longs et très animés.

Le comte de Strafford avait contre lui les remontrances, les protestations et la présence des députés du Parlement d'Irlande, qui dirent que cet ordre de mettre le soldat en garnison chez l'habitant qui ne voulait pas payer une taxe si arbitraire, émanait du lord député; que des représentations lui avaient été faites par le comité du revenu de l'Irlande, s'appuyant sur ce que les fonds pour la subsistance des troupes avaient été faits et se percevaient régulièrement et facilement; que le comte de Strafford avait répondu que cette imposition était mise, par ordre du roi, pour la dépense des nouvelles levées; que cette imposition, quoique illégale, d'après le bon esprit du Parlement et des sujets de S. M., avait été levée avec facilité et régularité; que l'envoi des soldats avait été continué chez ceux mêmes des habitants qui payaient, mais que le vice-roi avait des motifs secrets de persécuter.

Les directeurs de l'accusation firent entendre un lieutenant Sackvil, qui avait été mis en garnison, avec trente soldats, chez un habitant, d'après un ordre du lord député, très décisif pour la question. Cet ordre était produit en copie dûment régularisée. Le comte de Strafford s'opposa à ce que cette copie fût lue, le statut de la vingt-cinquième année d'Édouard III exigeant pour les preuves des pièces originales. Les directeurs de l'accusation objectèrent que le comte de Strafford avait été admis à présenter des copies. Les débats devinrent très vifs; le Grand-Sénéchal fut obligé de les modérer. Les lords se retirèrent dans leur chambre, et délibérèrent sur la question pendant deux heures; ils rentrèrent en séance, et le Grand-Sénéchal prononça que la Haute Cour ordonnait que la pièce ne serait point lue, et qu'on procéderait à l'audition des témoins sur cet article 15e.

La preuve orale fut décisive; les témoins étaient nombreux; le comte de Strafford voulut récuser un jeune Clare et des Dillon; sa récusation ne fut point admise; ils furent entendus, et il fut constant que le lord député avait contraint, par l'envoi des soldats chez le paisible habitant, à l'exécution de ses ordres illégaux, et à la levée d'un impôt non consenti par le Parlement d'Irlande.

Les directeurs de l'accusation prouvèrent alors, d'après les statuts 6e d'Édouard III, et 7e de Henri VI, que mettre des soldats en subsistance chez l'habitant, est trahison. Le comte de Strafford voulut analyser ces statuts, mais ne réussit pas à convaincre les juges impartiaux, et cet article 15e, comme ceux des monopoles et leurs charges contre lui parurent démontrés au procès.

Il en fut de même des abus d'autorité et de la

protection accordée aux papistes des 16e, 17e, 18e et 19e articles. Les témoins en furent nombreux, unanimes et non reprochables.

On accusait, par les 20e et 21e articles, le comte de Strafford d'être l'auteur des divisions entre le roi et les Écossais. Beaucoup de témoins furent entendus; ils chargèrent uniformément l'accusé, qui ne répondit pas, ni ne se défendit, aux débats, de manière à opérer des convictions. C'était un cas de haute trahison, en Écosse comme en Angleterre; il avait cherché à priver le roi de ses royaumes et possessions.

L'article 22e fut réservé par les Communes, leurs témoins n'étant pas encore arrivés; elles arguèrent cependant de la commission du roi, qui lui donnait le pouvoir de débarquer des troupes de l'armée d'Irlande, dans la principauté de Galles, que les nouvelles levées qu'il formait en Irlande étaient destinées pour l'Angleterre, et non pour l'Écosse.

Il fut prouvé, relativement aux articles 23e, 24e, 25e et 26e, que le comte de Strafford avait conseillé au roi de renvoyer le dernier Parlement (de mars 1640), et de publier sa proclamation; qu'il en était de même de la continuation de la perception du *Ship-Money*; mais l'évêque de Londres, Juxon, lord grand-trésorier, dit que lui, comme tout le conseil, avaient été du même avis; c'était une mesure d'urgence qu'exigeait la nécessité. Il fut démontré que lord Strafford avait conseillé l'emprunt forcé de 100,000 liv. sterl. sur la ville de Londres; qu'il avait menacé le maire et les aldermans de les pendre ou de leur couper les oreilles s'ils s'y opposaient; qu'enfin il avait été d'avis de s'emparer des 130,000 liv. sterl. appartenant à des étrangers, déposées à la Tour de Londres, et qu'il s'était mêlé, seul, de l'altération de la monnaie.

La culpabilité du 27e article rentrait dans celle du 15e, si vivement débattue, et plus que celle-ci, elle frappait le comte du crime de lever, à l'aide de la force armée, un impôt illégal et non consenti.

Quant au 28e article, le comte dit qu'il n'était que le lieutenant du comte de Northumberland, général en chef de l'armée des frontières du Nord; qu'il n'avait agi que par ses ordres. On ne pressa pas la discussion de cet article, qui aurait montré peut-être deux coupables; c'était bien assez d'un.

Le 10, les débats paraissant terminés, sauf l'article 22e réservé, le comte de Strafford demanda que, si les Communes, qui devaient avoir la parole les dernières, produisaient, dans leurs répliques, des charges et des témoins nouveaux, il lui fût permis d'y répondre.

Cette demande paraissait de toute justice, mais elle fut vivement contestée, et les débats furent plus animés qu'ils n'avaient encore été.

Lord Newarck demanda l'ajournement des Lords à leur chambre. Il n'y eut pas moins de vivacité dans ce délibéré qu'à la Haute Cour. Rentrés en séance, le lord Grand-Sénéchal prononça :

« 1° Il est accordé que les Communes pourront » faire la preuve de leur 22e article des charges, » mais le comte de Strafford pourra y répondre.

» 2° Si les Communes ne représentent pas de » nouveaux articles de charge, l'accusé ne pourra

» pas revenir sur les articles déjà débattus; mais si » elles le font, il pourra revenir sur ceux des articles qu'il voudra. »

Cet arrêt préparatoire et régulateur de la Haute Cour (*Rule*) éleva encore des contestations, et il y eut un nouveau délibéré des lords dans leur Chambre. Revenus sur leurs siéges, le lord Grand-Sénéchal prononça :

« Les directeurs de l'accusation et le comte de » Strafford déclareront, sans désemparer, à la barre, » les articles sur lesquels ils veulent faire entendre » de nouveaux témoins. »

Il y eut encore des débats à qui ne commencerait pas à indiquer ses nouveaux témoins. Enfin, le comte de Strafford déclara qu'il en ferait entendre sur le 2ᵉ, le 5ᵉ, le 13ᵉ et le 15ᵉ articles. Les directeurs de l'accusation dirent que la Haute Cour, limitant leur faculté de faire entendre leurs témoins à l'article 22ᵉ, ils devaient consulter leur chambre. On les regarda donc comme déchus de ce droit, et le Haut Sénéchal le prononça. Le 11 et le 12 avril furent accordés au comte de Strafford pour préparer son plaidoyer; la Haute Cour s'ajourna au 13 avril. Les deux Chambres s'assemblèrent à l'ordinaire, et il y eut des conférences dans la chambre peinte, qui ne furent point sans aigreur.

IV. La sortie des Communes de la séance de la Haute Cour avait été précédée et suivie de beaucoup de tumultes. Les séances de leur Chambre et celles des Pairs ne furent pas moins agitées. On en vint à de grosses injures, dans les conférences à la chambre peinte, dès le soir de ce jour, 10 avril.

A la séance des Communes du lendemain 11, les directeurs de l'accusation établirent les résultats de cette longue procédure et des débats. MM. Pym, Glyn, Palmers et Saint-John eurent la parole fort long-temps. Nous nous bornons à un extrait raisonné de leurs discours.

« *Le roi ne peut faire de tort;* ses officiers sont donc seuls responsables des ordres qu'il donne, et qu'eux seuls exécutent. Les débats ont montré le comte de Strafford coupable de diverses offenses. Il a agi, a-t-il constamment affirmé, par ordre du roi; le roi aurait donc commis ces offenses; il serait l'auteur des maux que les crimes dont nous avons accusé lord Strafford auraient causés; *le roi aurait fait le tort.* Nous ne l'admettrons jamais. Que le lord député d'Irlande ait agi par ses ordres ou non, il est responsable. Nous estimons, dans le for de notre conscience, qu'il a souvent agi sans ordres; et cependant, si nous lui avions demandé de les produire, on les lui aurait peut-être donnés avec autant d'imprudence que d'illégalité. Vous nous approuverez donc de ne les avoir jamais exigés.

» Les communes ont accusé le comte de Strafford, dans l'introduction du procès, du crime de haute trahison, et, dans la présentation des articles de charge, d'avoir travaillé, de s'être efforcé de renverser les lois fondamentales du royaume. Tel est le but des articles 1, 2 et 7; dans les articles 3, 4, 5 et 6, les Communes ont indiqué les moyens criminels dont il s'est servi, et dans le 8e, la qualité d'officier du roi, en laquelle il a agi, de lord président du conseil du Nord, de lord député d'Irlande, et de lieutenant-général de l'armée sur les frontières de l'Écosse.

» Dans les vingt-huit articles additionnels de l'accusation, et explicatifs de ses diverses charges, vous avez donné le développement des crimes commis par lord Strafford, pour renverser les lois du royaumé, en présentant en détails ses actes, ses paroles, et les conseils que, dans ce but, il a donnés au roi. Par l'ensemble de ces vingt-huit articles, il constait, s'ils sont prouvés, qu'il avait agi *malo animo et maliciose* contre le pays; qu'il avait agi pour renverser les lois de ce royaume, et qu'il aurait détruit l'heureux équilibre des pouvoirs de notre constitution, en transférant toute l'autorité à un des pouvoirs qu'elle a établis, ayant pour but la destruction et l'oppression des deux autres, et celle des sujets de ce royaume, dans leur vie, leurs libertés et leurs propriétés.

» Les charges que vous avez portées aux articles 15, 21, 22 et 27 additionnels, sont bien des charges du crime de haute trahison, d'après le statut de la vingt-cinquième année d'Édouard III, et elles sont également de cette même force et qualification, d'après la Loi Commune. Le statut de la vingt-cinquième d'Édouard n'a fait que le déclarer; un statut du même prince, mais de la vingt-unième année, avait décrété que c'était un crime de haute trahison de lever des impôts non consentis par le parlement, par force, et en envoyant des soldats en garnison chez les réfractaires, et il n'avait déterminé que ce que prononçait la Loi Commune. On vous a objecté, aux débats, que le statut de la vingt-cinquième année avait abrogé celui de la vingt-unième, et avait compris en une seule loi tout ce qui était trahison, en telle sorte qu'il n'y aurait plus de hautes trahisons que celles qui sont déclarées expressément, *et propriis totidem verbis*, dans ce statut; mais nous avons répondu, en votre nom, que le statut de la septième année de Henri VI, conforme à celui de la vingt-unième d'Édouard, est bien postérieur à celui de la vingt-cinquième du même Édouard III; or, si le statut de la vingt-unième année a été abrogé, il le rétablit, ou plutôt il déclare de nouveau que cette haute trahison a toujours été dans la Loi Commune, et n'en est jamais sortie.

» Mais votre accusation n'a invoqué que surabondamment ces deux statuts, vos directeurs ont toujours plaidé que le comte de Strafford était coupable du crime de haute trahison, tel qu'il a été déterminé et constitué par le statut de la vingt-cinquième année d'Édouard III; car, contraindre un sujet du roi par la force armée à faire les volontés d'un individu, c'est troubler la paix publique; mais le contraindre ainsi à payer un impôt que les pouvoirs publics de son gouvernement n'ont pas consenti, c'est bien lever la guerre contre le roi. Que ferait de plus un ennemi qui frapperait des contributions, sur les villes et bourgs de ce pays? N'est-ce donc pas priver le roi de sa couronne, de ses titres et possessions? Et si ce grand coupable ajoute que c'est par des ordres secrets du roi qu'il agit ainsi, il aliène de leur roi, avec une grande perfidie, les sujets de S. M.

» Dans les plaidoiries sur les charges et aux débats, vos directeurs ont prouvé qu'il y avait eu haute trahison dans les actes portés aux charges des articles 15, 22 et 27. Ils ont été plus loin, ils ont soutenu, et jusqu'ici n'ont pas été refutés, que l'ensemble des charges des vingt-huit articles prouvait que le comte de Strafford avait combiné le renversement des lois fondamentales de ce royaume, et que dès lors il avait eu l'intention du crime, bien prononcée et longuement réfléchie, pendant près de douze ans. Si, combiner la mort du roi, de la reine et de son fils, la défloration de sa fille aînée, la violence et l'adultère de son épouse et de celle de son fils aîné est crime de haute trahison, attenter, pendant douze ans, aux lois fondamentales du royaume, et combiner leur destruction lente et graduelle, est un crime absolument semblable (1). Le roi n'est roi politique de l'Angleterre qu'en vertu des lois fondamentales de la monarchie, et ne règne que par elles. Détruire celles-ci, c'est donc détruire celui-là, et qui combine et médite l'anéantissement des unes, combine et médite l'anéantissement de l'autre.

» Or, les faits contenus dans les articles additionnels annoncent, chacun séparément, comme dans leur ensemble, cette intention de renverser les lois fondamentales, et l'usage constant ou l'élection

---

(1) Dans ses lettres à Laud, archevêque de Cantorbéry, lord Strafford se promettait de ses essais de lever des impôts arbitraires, par le moyen des soldats en garnisaires, de détruire ainsi graduellement le principe qu'on ne doit que les impôts que, par soi ou par ses mandataires, on a consentis.

méditée et réfléchie des moyens qui y conduisent, dont les articles primitifs 3, 4, 5 et 6 ont chargé le comte de Strafford.

» Si un acte patent prouvé par deux témoins établit, d'après ce statut, l'intention de combiner la mort du roi et la privation de sa couronne, un acte patent (*Open act*) et deux témoignages prouveront donc l'intention de conspirer pour le renversement des lois fondamentales.

» Et combien d'actes patents! combien de doubles, de triples, de multiples témoignages, n'ont pas fourni les charges et les débats du procès!

» Or, vous vous êtes aperçus, comme les directeurs de votre accusation, que votre conviction n'est pas partagée par la Haute Cour, à la partialité qu'ont démontrée, en elle et en faveur de l'accusé, sa dernière décision (*Rule*), que nous déclarerions à la barre les témoins que nous voudrions faire encore entendre ou que nous serions privés de les présenter, et la fin des débats.

» Des instigations étrangères, des calomnies s'efforcent de détruire la bonne intelligence qui existait entre les Lords et nous. *Ce n'est point un grand malversateur, un criminel audacieux que nous demandons qu'ils punissent, c'est la noblesse entière que nous voulons détruire.* On nous a dit *qu'il serait bien singulier que ce fût la queue qui prétendît conduire la tête.* On oublie les services que nous avons rendus à la chose publique; d'accusateurs, on nous constituerait accusés; on rejetterait le pays dans les malheurs dont à peine il échappe, on le pousserait dans le précipice, sur le bord duquel nous le retenons avec tant de peine.

» Que devons-nous faire? laisserons-nous retourner, en Irlande ou sur les frontières de l'Écosse, le lord député qui, depuis sept ans, opprime les malheureux Irlandais, ou le lieutenant-général de l'armée anglaise, qui la tournerait contre nous, au lieu de la mener contre les Écossais? Recourons donc au remède que la loi nous offre, que ce statut même nous réserve; reprenons nos droits de Chambre législative, d'un des pouvoirs de l'État; défendons toutes les communes d'Angleterre contre leurs oppresseurs qui se recrutent peut-être, au moment où nous vous parlons, parmi les lords, et sauvons notre patrie en danger; déclarons quelle est notre conviction, comme Chambre législative, sur les auteurs des maux de l'État; déclarons que le comte de Strafford est, pour nous, pour la Chambre et pour la cause populaire, *convictus lezæ majestatis in Rempublicam... Attinctus crimine eversarum legum*. Décernons un bill d'*Attainder*.

» Quoi! s'il avait fui, sa contumace le déclarerait convaincu des crimes dont il aurait été accusé: et nous, après une procédure solennelle, des débats dont il n'a pu sortir innocent, et convaincus que nous sommes, convaincue que l'est l'Angleterre, qu'il est un traître, et le plus dangereux ennemi de nos lois, nous ne pourrions pas déclarer que telle est notre conviction! Décernons un bill d'*Attainder*. Faisons notre devoir; notre courage élèvera celui des lords qui pensent comme nous, et abaissera l'audace de ceux qui protègent ce grand criminel. »

Les discussions de la Chambre des lords n'étaient pas moins vives, quoique ayant un tout autre caractère. Les charges paraissaient prouvées; mais elles ne constituaient pas, à leurs yeux, des actes de haute trahison. Il y avait de l'aigreur contre les Communes. L'orgueil de la pairie était blessé. On rappelait qu'elles avaient eu la supériorité sous les Lancastres; que ce n'était qu'après la chute de cette maison que leur pouvoir avait été réduit; qu'il avait fallu tout le courage de leurs ancêtres pour l'obtenir, et que, s'il en était besoin, ils le retrouveraient; que le même sang coulait dans leurs veines, etc., etc.

Les séances des deux Chambres, le lendemain, furent orageuses, aussi bien que les conférences dans la chambre peinte.

Le 13, à l'ouverture de la Haute Cour, le lord Grand-Sénéchal, rappelant les décisions judiciaires du 10, déclara que les débats étaient finis, et que les séances seraient limitées à entendre les défenses du comte de Strafford et les répliques de l'accusation. A ce moment, lord Strafford demanda qu'il lui fût permis, si les directeurs des Communes présentaient quelques motifs nouveaux, d'y répondre : ce qui fut accordé.

Le comte de Strafford commença son plaidoyer; il fut modéré, éloquent et très adroit. Il revint peu sur les faits et sur les charges. Il espérait d'avoir expliqué les uns, à la satisfaction de la Haute Cour, et détruit les autres, sauf quelques fautes, de légères erreurs auxquelles l'accusation avait donné une trop grande importance. Il se flattait qu'il n'avait plus qu'à traiter lui-même, devançant ses conseils, la question de droit. Accusé de haute trahison, et contre le Statut et contre la Loi Commune, il parcourut les charges des articles 15, 21 et 27, pour prouver qu'elles ne pouvaient pas lui être appliquées; il passa légèrement sur les charges importantes, et s'étendit longuement sur celles qui ne l'étaient pas. C'était son droit, ce pouvait être le triomphe de sa dextérité. Confondant habilement l'art. 21 avec l'art. 22, il montra qu'il n'y avait, des huit membres du Conseil, lorsque la guerre contre les Écossais fut résolue, qu'un seul qui déposait qu'il avait donné le conseil de faire une guerre offensive; quatre soutenaient le contraire; les deux autres étaient absents, l'un en fuite, Windebanke, et le second, Laud, à la Tour. Il n'y avait donc qu'un seul témoin contre lui.

En donnant le plaidoyer de ses conseils sur la question de droit, nous comprendrons sa défense sur cette partie de sa cause.

La péroraison du comte de Strafford fut touchante et pleine de beaux mouvements. En parlant de sa femme et de ses enfants, sa poitrine se gonfla, il lui fut impossible de rien articuler. Des larmes abondantes coulèrent de ses yeux et en tirèrent de ceux des spectateurs.

M. Glyn répondit au plaidoyer de lord Strafford; et, en récapitulant les charges, il montra qu'il n'avait répondu à aucune de celles qui étaient de quelque importance, et n'avait relevé que celles que l'accusation lui avait abandonnées. Qu'importait à l'accusation que, dans une séance du Conseil d'État, où son avis était de rigueur, il eût été pour une guerre offensive ou défensive? Ce n'était point par cette opinion, ou toute autre semblable, qu'il avait contribué et s'était efforcé de rendre l'affaire d'Écosse inconciliable.

Lord Strafford, dans toute sa défense, comme dans les débats, s'était appuyé des ordres du roi. M. Glyn se bornait à le relever et en prenait acte vis-à-vis de la Haute Cour, qui s'ajourna au 17 avril.

A la séance de la Chambre des Communes du 14, on procéda au bill d'*Attainder*. La motion en fut faite et discutée.

On examina d'abord si le Parlement avait le droit de le rendre; si la réserve que le statut de la vingt-cinquième année d'Édouard III lui avait faite de créer de nouvelles trahisons, n'avait pas été rapportée et abrogée. MM. Selden, Holborne et Bridgeman, membres de la Chambre et jurisconsultes estimés, citèrent le statut 1er de Henri IV, qui avait enlevé au Parlement la faculté de déclarer de nouvelles trahisons, et en décernant des *Attainders*, de faire ainsi des lois *Ex post facto*. Il leur fut répondu qu'il était de l'essence de l'autorité législative du Parlement de ne recevoir de limitations que d'elle-même; ainsi, quand il se lie par un statut, il use de son omnipotence, et il a, en elle et par elle, tous les moyens de s'en délier, quand l'intérêt de l'État l'exige : *Salus populi, suprema lex esto*. Nonobstant le statut 1er de Henri IV, quelques bills d'*Attainder* avaient été rendus sous les Lancastres. Pendant les guerres de cette maison et de celle d'York, un grand nombre de ces bills avaient été décernés. L'usage s'en était multiplié sous Henri VIII; enfin un statut de la première année d'Édouard VI avait été porté contre l'abus qui en avait été fait, et ils avaient été abolis; mais cependant, deux ans après, lord Seymour de Sudley était victime d'un *Attainder*. La première année de Marie, un semblable statut passa au Parlement, et fut sanctionné par elle; malgré ce statut, la condamnation à mort de la reine Marie Stuart ne fut qu'un *Attainder;* et lors du procès d'Essex et de Southampton, ils n'auraient été coupables que de *Misdemeanors*, si le Parlement n'avait point passé une loi qui déclarait crime de haute trahison l'acte de se réfugier en armes, avec ses amis, à Guild-Hall, pour y demander secours, espèce de bill d'*Attainder*, de loi *Ex post facto*. On prouva aussi à ces jurisconsultes qu'un bill d'*Attainder* était un remède extraordinaire qu'il fallait très rarement employer, mais qu'il était encore dans la loi du Parlement et dans ses priviléges.

La convenance du bill fut discutée; des raisons plausibles ou véritables furent opposées des deux parts, et le vote législatif la sanctionna.

A la séance du 14 au soir, dans la chambre peinte, le bill d'*Attainder* fut proposé par les commissaires des Communes, et rejeté par la majorité de ceux des Lords.

Le 15, sur le rapport fait à la chambre des pairs, de la conférence de la veille, les Lords s'accordèrent à tenir à leurs formes de procédure et au jugement de la Haute Cour. Le soir, il y eut une conférence à la chambre peinte; le 16 enfin, le rapport en fut fait à la Chambre des communes, une résolution fut passée, qu'elles n'assisteraient à la séance de la Haute Cour du 17 que comme à une conférence plénière des deux Chambres, et qu'elles entendraient le plaidoyer des conseils du comte de Strafford, pour sa défense sur le point de droit, mais contre un *Attainder*.

Le 16, la Chambre des communes vota la première lecture du bill d'*Attainder* contre le comte de Strafford, à une grande majorité.

A la séance du 17, les directeurs de l'accusation n'étaient point dans leur loge; ils siégeaient sans ordre au milieu de leurs confrères.

Les conseils du comte de Strafford, se bornant à la discussion du point de droit, établirent que « les charges de l'accusation ne pouvaient être déterminées que d'après la lettre même du statut de la vingt-cinquième année d'Édouard III, qui formait, suivant eux, le code de la haute trahison. Ils citèrent, en preuve, des cas et procès qui furent jugés depuis ce statut, d'après lui, et non d'après des statuts antérieurs, ou d'après la Loi Commune; d'autres, dans lesquels on n'avait pas permis qu'on inférât qu'un crime plus grand que la haute trahison, le parricide, devait être puni comme haute trahison, parcequ'un autre crime moindre, mais ayant quelques similitudes avec lui, avait été puni du supplice des traîtres.

» Le statut de la vingt-cinquième année d'Édouard III ne peut pas être appliqué, suivant son esprit, mais suivant sa lettre même, parceque c'est une loi déclarative, parceque c'est une loi pénale.

» Qu'entend-on par renverser les lois fondamentales de l'État ? Est-ce commettre plusieurs injustices malicieusement, dans un intérêt personnel ? Alors combien de trahisons, même parmi les juges ! » Serait-ce ne pas être soumis aux lois, ne pas les exécuter ? Serait-ce, pour les officiers du roi, commander de ne pas leur obéir, inciter à les détruire ? C'était bien le cas du comte de Suffolk en 1388 ; mais le bill d'*Attainder* qui fut passé contre lui ne fut rendu qu'après les sommations d'usage, et parcequ'il était contumace.

Ils plaidèrent victorieusement sur la question intentionnelle, moins bien sur le pouvoir du Parlement de décerner des bills d'*Attainder*.

La Haute Cour s'ajourna ensuite, et ce fut sa dernière séance.

Le 19, les Communes eurent une discussion très vive sur le bill d'*Attainder*. Elle roula sur sa convenance, sur sa nécessité. C'était la plus grande, la plus importante question.

Aujourd'hui que l'histoire a recueilli toutes les pièces, tous les mémoires particuliers, les correspondances privées des acteurs de ce grand procès, il n'y aurait nul doute, ni sur les faits portés à la charge du comte de Strafford, ni sur le dessein de cet ambitieux si intrépide, de détruire les lois de son pays, et de ne plus faire du Parlement qu'une assemblée de muets et d'esclaves de la couronne, ni enfin sur la volonté du roi et de sa cour, d'obtenir cette prérogative royale de Jacques Ier, et ce pouvoir arbitraire et tyranniquement absolu auquel ce monarque aspirait. Mais en ce moment de la procédure, sur quelles raisons pouvaient s'appuyer les Communes pour condamner Strafford au supplice? On peut croire que c'étaient les suivantes.

1° Leur défiance du roi et de sa sincérité, et leur opinion qu'il n'y avait que la mort de ce grand coupable qui pût leur garantir que ce prince ne reprendrait pas son autorité.

2° Leurs amers ressentiments des vexations atroces, continuelles, et qui n'épargnaient personne, si petit qu'il fût, dont ils étaient les victimes depuis douze ans. On peut demander de la modération, de la clémence, attendre de la pitié d'un individu: des masses, jamais. Elles triomphaient d'un ennemi déserteur de leur cause, acharné et puissant d'audace et de talents; et elles le sacrifiaient.

3° La crainte des vengeances de la cour et de cette multitude de *délinquants* qu'il fallait atteindre et intimider dans leur redoutable chef.

4° Enfin la haine religieuse, bien plus âcre que la haine politique, leur conseillait la mort de leur ennemi. Les Communes étaient composées de Presbytériens, Puritains pour la plupart. Ceux-ci, sous le nom d'indépendants, dominèrent la Chambre et la poussèrent à tous les excès.

On fit bien sentir, dans le cours de la discussion, que lord Strafford, privé de ses titres, de ses biens, et banni à perpétuité, ne pouvait être dangereux. Lord Digby, dans un discours très éloquent, prouva que son opinion sur ce ministre pervers, sur ce renégat de la cause populaire, ne pouvait pas être incertaine, et plaida cependant pour toute autre peine, telle grave qu'elle fût, qui ne serait pas la mort. Ce fut en vain. Le bill passa à la seconde lecture.

A la troisième lecture, le 24 avril, il passa à la majorité de 204 voix contre 89.

Le 28 avril, les deux Chambres s'assemblèrent dans la même salle; mais il n'y avait pas de Grand-Sénéchal, et les Lords étaient en habit ordinaire. M. Saint-John, au nom des Communes, fit la proposition que le Parlement décernât un bill d'*Attainder*. La nécessité de son application au procès de lord Srafford fut suffisamment démontrée, quoiqu'avec beaucoup de chaleur et d'éloquence. Malgré de grandes invectives contre le prévenu, ce discours fut écouté en silence; il n'y eut pas de réplique, ni de discussion. Le comte de Strafford fut reconduit à la Tour, et il n'en sortira que pour l'échafaud. Il avait demandé, le 30, d'être entendu par ses conseils sur le bill d'*Atthainder*. Le Parlement le lui refusa.

V. Le 1er mai, le roi se rendit au Parlement. Il n'y avait plus d'espoir de sauver le comte de Strafford que par une démarche solennelle d'un recours en grâce, présenté par le monarque lui-même. Il vint demander la vie de son ministre à son Parlement; mais ce prince, manquant de la connaissance des hommes et de sincérité, nuisit bien plus à son ami qu'il ne le servit.

Il dit aux Chambres que le moment était enfin venu qu'il prît part à leur jugement.

« Ce que j'ai à vous dire... c'est qu'en ma con-
» science, je ne puis le condamner pour crime de trahison... Cependant il faut que je vous dise trois choses *très véritables*, que personne ne peut savoir mieux que moi. La première, que je n'ai jamais eu l'intention de faire venir l'armée d'Irlande en Angleterre, et que personne ne me l'a jamais conseillé ; la seconde... que je n'ai jamais eu aucun soupçon contre eux (mes sujets Anglais) ; la troisième... que personne ne m'a jamais conseillé d'altérer la moindre des lois du royaume, et encore moins de les changer toutes ; si quelqu'un *en* avait eu l'impudence..., j'en aurais fait un exemple..., car mon dessein a toujours été de gouverner selon les lois, et non autrement. »

Le roi engagea ensuite le Parlement à trouver quelque expédient pour punir le comte qu'il a lui-même trouvé coupable de malversations. Le roi fera beaucoup pour satisfaire son peuple, mais il ne peut, en conscience, le condamner, pour le crime de trahison ; *et je n'ai pas si peu mérité du Parlement, depuis qu'il est assemblé, qu'on doive me presser sur un point si délicat.*

Les Communes furent très offensées de ce discours, disant qu'il était sans exemple que le roi prît connaissance des bills avant qu'ils lui fussent présentés ; que c'était gêner leurs opinions et leur ôter la liberté de délibérer.

Le prix que le roi mettait à arracher le comte de Strafford au bill d'*Attainder* était grand. Les Communes, et surtout ceux qui dirigeaient la Chambre, le virent ainsi ; et ils redoutaient tout de l'affection du roi pour le comte et pour sa libération. On craignait déjà que la cour ne le fît évader de sa prison, lorsque la nouvelle d'un mouvement de l'armée, d'une pétition d'elle au Parlement en faveur de la couronne, et d'une conspiration des amis de Strafford pour changer le gouverneur de la Tour, ou y introduire des troupes dont ils seraient les maîtres, fut rapportée par M. Pym à la Chambre des communes, à sa séance du 3 mai, auquel elle s'était ajournée après la séance royale. Les Communes prirent feu à l'instant, et elles adoptèrent une protestation en faveur de la religion réformée, et un engagement sous serment de la défendre, « de maintenir et de défendre également » la personne de S. M., le pouvoir et les priviléges » du Parlement, les lois, et les droits et libertés des » sujets, et chacun de ceux qui signeront la pré» sente protestation, pour la légitime exécution de » ce qui y est contenu. »

Cette protestation était un acte d'association et de fédération pour la défense des lois du royaume, et la protection et conservation du Parlement.

Au dehors, autour de Westminster, le peuple criait : *Justice! Justice!*

Quelques amis de Strafford, de sincères partisans de la véritable, sage, utile et nécessaire prérogative royale, conseillaient à Charles Ier de dissoudre le Parlement. Peut-être après l'exécution de Strafford, cette mesure, ou un ajournement de quelques mois aurait été une mesure commandée par la prudence. Elle ne l'était pas alors. M. Pym en fut avisé et en prévint la Chambre, qui passa une résolution portant que le présent Parlement ne pourrait être dissous que par le consentement des deux Chambres.

M. Pym la porta aussitôt aux Lords. Depuis le 1er mai ils délibéraient sur le bill d'*Attainder*. Le peuple criait également à leurs portes : *Justice! Justice!* et on affichait une liste de dix-neuf Pairs et de cinquante-six membres de la Chambre des Communes, avec la qualification de *Straffordiens*. C'était les livrer à la haine publique et à tous les attentats.

M. Pym assigna, pour les motifs de la résolution des Communes sur la permanence du Parlement actuel, la nécessité d'offrir aux prêteurs auxquels on demandait un emprunt la garantie de la stabilité des emprunteurs.

Les Pairs délibérèrent aussitôt sur cette résolution et l'agréèrent, mais à condition que ce ne serait que pendant deux années. Le lendemain, les Communes rejetèrent l'amendement, et les Pairs adoptèrent le bill purement et simplement, et il fut porté à la sanction royale.

Ce même 3 mai, les Communes avaient adressé à la Chambre des Pairs leur protestation et un bill contre les évêques. Les évènements se pressaient. Tout était d'urgence. Les délibérations étaient précipitées, et la Chambre des lords se dégarnissait de Pairs. Les lords spirituels n'osaient plus y siéger. Les lords *Straffordiens* se retiraient. De soixante-dix à soixante-douze pairs temporels, il n'y en avait qu'environ cinquante, le 5 mai.

La Chambre, après avoir reçu la protestation qui

fut aussitôt signée par cent six de ses membres, y compris les évêques et les juges, priait les Communes de s'interposer pour faire cesser le tumulte et l'insurrection du peuple de Londres. Elle députait six des lords à la Tour, pour interroger le chevalier Balflour, qui en était gouverneur. Il résultait de ses aveux, qu'on avait voulu faire entrer dans la forteresse le capitaine Billingsgate avec cent hommes; qu'il avait refusé de les recevoir. Il assurait la Chambre de sa fidélité et de son dévouement. Les Lords poursuivaient l'instruction, tant sur cette entreprise que sur la pétition de l'armée; mais ils y trouvaient beaucoup de louche et d'incertitude.

Le 5 mai, la Chambre des pairs consultait les juges du royaume, relativement à l'*Attainder* et aux charges portées par les Communes contre lord Strafford, et leur demandait si quelques uns des articles étaient véritablement des charges du crime de haute trahison. Les juges répondaient, à l'unanimité, que, sur tous les articles que les Lords avaient reconnu, par leur vote, avoir été prouvés, leur opinion était que le comte de Strafford avait mérité de subir toutes les punitions et amendes décernées par la loi contre le crime de haute trahison.

Le bill d'*Attainder* fut aussitôt mis aux voix, et passa à la majorité de vingt-six voix contre dix-neuf. Il fut renvoyé aux Communes, qui le portèrent à la sanction royale.

VI. Le roi délibéra long-temps sur l'adoption de ce bill. Il avait déclaré, dans la séance royale du 1er mai, que sa conscience ne lui permettait pas de condamner Strafford comme coupable de haute trahison. S'il sanctionnait ce bill, contre l'impulsion de sa conscience, c'était donc la nécessité des affaires qui l'y déterminait; le danger de sa position, la faiblesse de son autorité étaient donc connus. En perdant sa puissance d'opinion, il compromettait sa puissance réelle, et il croyait en avoir encore. Ses amis, la reine même, lui conseillaient de sanctionner. L'archevêque d'York lui disait qu'un roi avait deux consciences, une conscience politique et une conscience personnelle, et que souvent celle-ci devait céder à l'autre. Juxon, évêque de Londres, grand-trésorier (et un des hommes les plus probes que les Stuarts aient eus dans cette place), était d'avis que le roi refusât sa sanction, si sa conscience l'exigeait.

Le 9, une lettre du comte de Strafford, adressée au roi, de sa prison de la Tour, lui offrait, avec une touchante magnanimité, de sortir de ses incertitudes. Ayant appris l'embarras où le roi se trouvait, il le priait, lui-même, de passer l'acte, consentant à mourir plutôt que d'être un sujet de division entre lui et son peuple, et disant que son propre consentement serait pour lui une suffisante justification (1). Le roi n'hésita plus, et dans sa douleur et en larmes,

---

(1) On a contesté (Carte entre autres) l'existence de cette lettre, ou au moins son authenticité; elle arrivait trop à point pour sauver l'honneur du roi, pour ne pas être suspectée d'être fabriquée ou mendiée. Strafford se plaignait, en mourant, de la faiblesse et de l'ingratitude du roi, et engageait son fils à ne pas servir de princes.

donna pouvoir à quatre pairs de sanctionner le bill d'*Attainder* et celui de la permanence du Parlement.

VII. Le 13 mai, l'exécution eut lieu. Le discours de mort du comte de Strafford fut très beau et très éloquent. Il était assisté par l'archevêque de Dublin, son ami, par son frère, sir George Wentworth. Il s'adressa à l'archevêque, à son frère, à ses enfants, avec beaucoup de dignité ou d'affection et de tendresse. Il mourut avec courage.

Les Communes, le lendemain de sa mort, passèrent un bill pour qu'il fût fait remise aux enfants de lord Strafford de toutes les confiscations, privation de titres et dignités et corruption du sang, encourues.

Le bill d'*Attainder* fut annulé plus tard par le deuxième Parlement de Charles II.

La mort de Strafford a été utile aux ambitieux, aux ministres de Charles II, entre autres à Shafftesbury, qui abandonna les sceaux du ministère, dit de la *cabal*, déterminé, et par le procès que Charles II avait fait faire au comte de Clarendon par les Communes, et par la mort de Strafford.

Nous ne pouvons pas donner, pour compléter la connaissance des évènements de ce règne, le procès du primat Laud; il y serait très utile. Les limites de cet ouvrage l'exigent.

RÈGNE DE CHARLES II.

Aux droits de son père, 30 janvier 1649. — Proclamé roi le 8 mai 1660. . . . . Mort le 16 février 1685.
Vingt-quatre ans neuf mois et huit jours.

L'avénement de Charles II à la couronne fut, en Angleterre, l'objet d'une joie universelle qui tenait de la frénésie. La proclamation de Bréda et les promesses du roi, depuis son arrivée, celles de ses ministres et de ceux qui avaient fait la restauration élevèrent la satisfaction générale. Elles ne furent pas toutes exécutées ou remplies, et bientôt elles jetèrent dans l'excès opposé, et causèrent une réaction de censure et de désaffection.

Le Parlement, qui avait rappelé le roi, et qu'il ne voulut reconnaître et appeler que du nom de *Convention*, opéra la destruction de la république et le rétablissement de la monarchie, par son seul acte du 30 avril 1660, qui décrétait que « suivant » l'ancienne constitution de l'État, le gouvernement » du royaume devait être sous un roi, une chambre » des pairs et une chambre des communes. » Aucunes conditions ne furent imposées. Les deux Chambres firent ôter de leurs registres tout ce qui était contraire à la royauté.

Le 2 juin, le roi vint à Westminster ouvrir le Parlement, le premier de son règne.

Un acte de pardon, d'amnistie et d'indemnité fut la première loi de ce Parlement; mais le bill ne fut pas complet. Déjà on voulait mettre de côté les engagements de Bréda. On manqua aux royales promesses : 1° relativement aux juges de Charles Ier ; plusieurs de ceux qui avaient été couverts par l'amnistie en furent exclus et souffrirent le supplice des traîtres, dans toute sa barbarie. La mort sur l'échafaud de sir Henri Vane, d'une grande iniquité, proclama l'ingratitude et la mauvaise foi de la cour, et éleva d'amers ressentiments.

2° Relativement à la tolérance religieuse ; le roi, catholique en secret, le duc d'York, catholique déclaré, voulurent ne l'appliquer qu'aux seuls catholiques, et ne l'accordèrent point aux presbytériens, si nombreux, naguère si puissants, et pour qui elle avait été demandée; et cependant ils siégeaient encore en grand nombre dans ce premier Parlement de Charles II.

Le Parlement s'occupa d'abord de donner des subsides au roi et à sa famille. Il fut libéral et obtint ainsi la suppression des féodalités royales. Celle de la Chambre étoilée, de la Cour d'York et de la haute commission, résista au torrent de la réaction royale, qui commençait à se prononcer.

Le parti royaliste, qui avait, dans le premier moment, une supériorité décidée, voulait accorder à Charles II un pouvoir absolu. Clarendon empêcha qu'une semblable délibération fût ouverte dans les Communes ; elle aurait compromis tous ses desseins.

Un nouveau Parlement fut assemblé le 8 mai 1661. La Chambre des communes était formée de royalistes, de *Cavaliers*, d'officiers du roi et d'agents du gouvernement. Les membres les plus influents recevaient des pensions annuelles depuis 300 l. st. jusqu'à 2,000 liv. Ce Parlement, qui dura près de dix-sept ans, fut appelé d'abord le *Parlement pensionnaire*, plus tard, le *Long Parlement.* La couronne eût, par lui, un pouvoir presque absolu, mais légal.

Le 20 décembre, il établit au roi une liste civile de 1,200,000 liv. sterl.; et il passa l'*acte des corporations.* Le 19 mai 1662, il vota la *loi d'uniformité* et l'*acte de la milice.* Tous les membres des corporations municipales, le clergé et l'armée devaient prêter non seulement le serment de fidélité ordinaire, mais celui d'*abhorrence*, « de cette maxime » pleine de trahison, qu'on peut prendre les armes » par son autorité (du roi), contre sa personne ou » contre ceux qui sont autorisés par ses commis- » sions. »

Ces actes du Parlement étaient d'une générosité rare, et annonçaient un abandon qui ne tarda pas à être regardé comme coupable et insensé. A la vérité, Clarendon avait mis en avant, ainsi que nous le verrons dans la statistique judiciaire de ce règne, de nombreuses conspirations.

Enfin, en 1664, le roi demanda à son Parlement *pensionnaire* la révocation des Parlements triennaux. « Il ne voulait pas gouverner sans Parlements; » il les aimait, et la bonne harmonie qui règnerait » toujours entre lui et les deux Chambres était un » gage assuré de la tranquillité de l'État. »

Le clergé renonça, en 1665, à son droit de se taxer, lui-même, dans ses convocations, espèce de Parlement ecclésiastique qui se tenait en même temps que l'autre, mais qui modérait, s'il ne restreignait pas, la suprématie du roi, *Chef souverain de la religion et des ecclésiastiques en Angleterre.*

Assuré d'un pouvoir légal, mais bien plus absolu que ne l'avaient eu son père, son aïeul, la grande Élisabeth et même Henri VIII, Charles II se livra à tout l'arbitraire de son caractère, et surtout aux nombreuses tyrannies de la bigoterie du duc d'York, de l'orgueil de la Haute Église, et de la cupidité des courtisans. Son goût pour la dépense ainsi que ses prodigalités furent sans bornes; il fut toujours dans des embarras d'argent, et son revenu était plus considérable que ne l'avait été celui de ses prédécesseurs (1).

Charles II avait de l'esprit, de la pénétration, du

(1) Le Parlement lui a accordé, pendant son règne, en divers subsides.. 13,414,863 l. st.

Total de sa liste civile, pendant vingt-cinq ans, non compris les domaines royaux (*)...	30,000,000
Pension de la reine, de 250,000 liv. sterl. par an, pendant vingt-quatre ans............	6,000,000
Affaires de finances, extorsions, recettes extraordinaires, ventes de domaines royaux et autres, dont va suivre la désignation........	6,368,626
liv. sterl.	55,783,489

Par année, 2,231,666 liv. st., l'once d'argent à 2 sh. 9 d. Le revenu annuel de Charles Ier était de 900,000 liv. st., l'once d'argent à 2 sh. 6 d.

(*) Sans compter la liste civile d'Irlande, et les revenus et domaines royaux en Écosse.

jugement, de l'aptitude aux affaires, et une grande connaissance des intérêts des princes de l'Europe; il devait ces qualités à la nature et à une grande facilité pour le travail. Mais constamment détourné des soins de son royaume par ses maîtresses, son goût de la dissipation et sa paresse ou son insouciance, il abandonnait le gouvernement au duc d'York administrant d'abord avec le comte de Clarendon, ensuite avec le comte de Bristol, et enfin avec le ministère dit de la cabale, Cliffort, Arlington, Buckingham, Ashley-Cooper, comte de Shaftesbury, et le duc de Laudersdale. Plus tard, lors de la désertion de Shaftesbury, le comte de Danby fut grand-trésorier et premier ministre : le roi, dans ses dernières années, gouverna seul.

Le gouvernement de Charles II fit de grandes fautes dès le commencement de la restauration. Peu après, la conduite de la guerre de Hollande en fut une; mais la déclaration de guerre elle-même en était une bien plus grave. Elle tenait à la ques-

---

Elle est aujourd'hui à 5 sh 4 1/2 d.

AFFAIRES DE FINANCES.

	liv. st.	
Vente de Dunkerque à Louis XIV	150,000	
Vente des domaines de la couronne	500,000	
Dot de la reine	300,000	
Vol, sur les subsides pour la guerre de Hollande	2,390,000	6,368,626 l. st.
Extorsions	200,000	
Pensions et subsides de Louis XIV	1,500,000	
Enlèvement des fonds des banquiers, en	1,328,626	

tion religieuse qui agita l'Angleterre pendant ce règne, ainsi que sous Jacques II; et le roi haïssait personnellement les Hollandais.

Lorsque Shaftesbury quitta le ministère de cabale et passa à la tête de l'opposition, il lui dévoila tous les secrets de la politique intérieure du gouvernement.

Le roi avait promis, à Louis XIV et à l'Espagne, de rétablir la religion catholique. Arrivé en Angleterre, il en vit l'impossibilité; il promit la tolérance; et c'est à cet engagement qu'il dut les pensions et les secours de Louis XIV. Charles trouva que les catholiques ne formaient pas un septième de la population; les anglicans et la Haute Église, le quart, et les presbytériens et autres sectes de dissidents, le reste, surtout parmi le peuple. On rendit, au profit de la Haute Église, la *Loi d'uniformité*, qui persécutait les catholiques et les presbytériens. Le roi, et les magistrats, par ses ordres, dispensaient les catholiques des punitions et des amendes de la loi. Les presbytériens avaient espéré quelques secours de leurs frères de Hollande; peut-être par ce motif, comme pour les subsides de Louis XIV, le roi leur faisait la guerre. Les Communes le forcèrent enfin à signer la paix.

En persécutant avec une grande sévérité les presbytériens, la cour voulait les amener à la demande d'une tolérance générale. C'est ordinairement un mauvais moyen; l'esprit de secte s'accroît par les persécutions, et celles du roi et du duc d'York ne pouvaient que donner plus de force à la haine contre les catholiques, et éloigner la réconciliation qui se serait opérée sous une loi commune de tolérance générale.

Fiers de l'appui de l'étranger, de la protection du duc d'York et des engagements secrets du roi, les catholiques ne gardèrent pas la modestie et la prudence que leur commandaient l'esprit de leur religion et le but où ils tendaient. Guidés par les jésuites, que, depuis le commencement du siècle, nous voyons dans toutes les affaires religieuses de l'Angleterre et à la tête de toutes les intrigues et de tous les complots, les catholiques montrèrent beaucoup d'arrogance. Ils occupaient des postes de confiance, et composaient la garde du roi et une partie de l'armée.

La Haute Église voyait ses ennemis se détruire; mais la paix pouvait les réunir contre elle. Elle cherchait donc à se lier plus étroitement avec la couronne, en témoignant de sa spéciale et étroite adhérence aux principes du pouvoir absolu, et de sa haine pour les libertés, droits et priviléges qu'assure la constitution anglaise, et au Parlement et aux citoyens (1). De cette lutte des deux partis sortirent toutes les conspirations réelles ou fictives de ce règne.

Il était peu dans les mœurs du roi et dans son ca-

---

(1) Le 21 juillet 1683, le haut clergé fit condamner, par l'Université d'Oxford, divers livres, tels que ceux de Buchanan, *De Jure Regni*. — *Vindiciæ contra tyrannos*. — Bellarmin, *De Conciliis*, *de Pontifice*. — *Lex Rex*. — Hunton, *De la monarchie limitée et mixte*. — Baxter, *Cathéchisme politique*. — Doleman, *Histoire de la succession*. — Stobbes, *de Cive*, et son *Sermon devant le Parlement de la République*. — *Julien*

ractère d'avoir un gouvernement dur et sévère. Il voulait et il accordait de la liberté; il n'était pas sans générosité; mais sa cour était dissolue, et il donnait l'exemple des mauvaises mœurs, au milieu d'une nation grave et sévère que son père avait rappelée de la dépravation du règne de Jacques Ier, et que l'esprit religieux et bigot de la république et le presbytérianisme avaient maintenue dans cette sévérité. La cour, le roi lui-même furent donc censurés avec amertume dans les lieux publics et dans les conversations particulières, dans les pamphlets comme dans les sermons des presbytériens. Le roi voulut sévir et user de tout le pouvoir absolu de sa prérogative.

Le Parlement *pensionnaire* avait éprouvé des vides qui avaient été remplis par des membres opposés à la cour. Les Communes étaient en espèce de guerre ouverte avec le roi; elles recherchaient l'administration du comte de Danby; elles allaient l'accuser.

---

l'Apostat. — Mené-Tekel. — Léviathan. — Ligue solennelle et Covenant, dernière association.

Son décret en a extrait des propositions qu'il anathématise.

La première : « Toute autorité civile dérive originairement du peuple ; »

La seconde : « Il y a un contrat mutuel, tacite ou exprès, » entre le roi et les sujets; et si le roi ne fait pas son devoir, » les sujets sont déchargés du leur ; »

La neuvième : « Les chrétiens ne sont point obligés à une » obéissance passive, lorsque le prince commande quelque » chose contraire aux lois du pays, etc., » et autres, firent condamner ce décret par le Parlement, à la suite du jugement de Sacheverel. Il fut brûlé par la main du bourreau.

L'Université d'Oxford a toujours été du parti royaliste, et a constamment défendu la Haute Église, etc.

Le roi convoque un autre Parlement (24 janvier 1679). Les Communes ne lui sont pas plus favorables; et un bill d'*Attainder* est préparé contre Danby. Il se rend à la Tour. On propose le *Bill d'Exclusion* de la couronne du duc d'York, comme catholique. Le roi dissout le Parlement; il en convoque un autre, le proroge plusieurs fois dès qu'il s'occupe du bill d'exclusion, ou le dissout. En 1681, il en convoque un nouveau à Oxford, malgré les représentations de son conseil et d'une réunion de pairs. Ce Parlement reprend le bill d'exclusion, il est renvoyé au bout de sept jours; et, dans les quatre dernières années de sa vie, le roi gouverna seul, sans Parlement et sans conseil privé, avec quelques secrétaires d'État et les juges.

C'est alors que commencent les persécutions des corporations municipales. Londres perd sa charte sous prétexte de forfaiture, et par un jugement de la Cour du Banc du roi. Jefferies, dans son circuit du Nord, fait la guerre aux municipalités, et leur enlève leurs franchises; beaucoup de villes et de bourgs rendent leurs chartes et et en reçoivent d'autres, à prix d'argent, en négocient, mais dont les premiers magistrats sont nommés par le roi. Les juges ont besoin de maires dévoués pour leur donner des jurys complaisants.

Le royaume est menacé d'un dissolution, le roi aura pour successeur un prince catholique. Les mêmes alarmes, les mêmes prévisions qui ont libellé le *Bill d'Exclusion*, sur lequel le roi avait commencé une négociation avec le Parlement de 1679, agitent encore les esprits. Il n'est pas extraordinaire que des chefs de la pairie, que des gens considérés dans les partis aient consulté entre eux et avec d'autres sur l'état de la nation. Les délateurs en ont fait la conspiration de *Rye house*, qui avait bien quelque réalité, mais qui a été jugé uniquement par des juges et des jurys d'accusation et de jugement, vendus.

Le règne de Charles II a fini au milieu des troubles et des supplices. Les brouilleries et les raccommodements du roi avec le duc de Monmouth, son fils naturel, qu'il aimait, et avec le duc d'York, qu'il craignait et n'aimait pas, et auquel il croyait impossible d'assurer la couronne, agitèrent son intérieur presque jusqu'à sa mort, arrivée le 16 février 1685, non sans soupçons de poison (1).

Nous ne donnons de ce règne que le procès du comte de Clarendon ; les procès de Danby, de lord W. Russel et d'Algernoon Sydney, auraient, chacun, beaucoup trop d'étendue pour les limites dans lesquelles nous sommes circonscrits. Nous suppléons à leur absence par une espèce de statistique judiciaire du règne de Charles II.

On a compté sept conspirations pendant le règne

(1) Les symptômes observés pendant la maladie du roi ne démontrent pas que ce monarque soit mort d'une apoplexie. Ce qui s'est passé lors de l'ouverture du corps, son état de putréfaction soudaine, quand on les rapproche du compte que rendait à sa cour le ministre d'Espagne à Rome, de la mort du pape Clément XIV, et de l'autopsie du cadavre (Potter, *Vie de l'évêque Ricci*, édition de Bruxelles en 3 volumes), prouveraient que Charles II est mort de la même manière, le poison ; mais il est resté bien certain que son frère et son successeur y était étranger.

de Charles II. Dans leur nombre, il y en a de réelles, il y en a de fictives, en ce sens, que dans des buts divers, on a exagéré les faits, et d'une simple résistance un peu séditieuse, d'un mouvement populaire qui n'aurait été, en Angleterre, que ce qu'on appelle un *riot*, une rixe, une dispute, dans laquelle le magistrat aura éprouvé quelque résistance à ses commandements ou à l'exécution des lois, on en a fait un *Plot* en anglais, une conspiration.

1° En 1660, il y eut un mouvement parmi les anabaptistes et les millénaires: c'était l'arrivée de la monarchie de Jésus-Christ qui venait renverser Charles II. Clarendon en fit une conspiration pour faire passer l'*Acte contre les conventicules*, assemblées religieuses secrètes, et sans l'intervention du magistrat.

2° En 1661, conspiration des indépendants de la république (*Levellers*), inventée ou publiée pour couvrir l'inexécution de la proclamation de Bréda, relativement à quelques juges de Charles Ier, et affaiblir l'horreur que causaient leurs supplices, par la crainte d'une conspiration de leur part.

3° Même année, conspiration des républicains, peu apparente, mais inventée pour faire voter l'*Acte des corporations*.

4° En 1662, conspiration de l'armée de Cromwell, de ceux des soldats qui n'étaient pas de l'armée de Monk. Elle n'eut d'importance qu'en ce qu'elle favorisa la présentation du bill ou *Acte de la milice*, et du serment d'*abhorrence*, qui en était une annexe.

5° En 1664, seconde conspiration de l'armée, à la tête de laquelle viendraient se mettre Lambert et Ludow. Elle eut quelque influence sur la *révocation du bill des Parlements triennaux.*

6° En 1678, la conspiration des papistes, dans laquelle le duc d'York paraît avoir été compromis et dont furent accusés huit jésuites qui furent condamnés et exécutés. Elle commença par le meurtre de sir Edmundbury Godfrey, juge de paix, qui avait reçu le serment des révélateurs. Le Parlement instruisit sur cette conspiration, fit arrêter plusieurs pairs catholiques; et elle mena au bill d'exclusion du duc d'York et à la condamnation du vicomte Stafford.

7° En 1681, la conspiration de *Rye-House* ou des protestants et des whigs, qui conduisit à l'échafaud lord Russel, le colonel Sydney, le capitaine Walcott, sir Thomas Armstrong et autres. La terreur et la vengeance régnèrent en Angleterre, et le roi gouverna seul et sans Parlements.

De ces sept conspirations sont sortis comme d'autant de fourmilières soixante-huit procès politiques, dont quarante-quatre accusations de haute trahison qui comprenaient quatre-vingts prévenus, et vingt-quatre accusations de libelles, mouvements séditieux et provocations à la sédition, rixes, disputes, parjures, subornations de témoins, faux emprisonnements, demandes d'*Habeas corpus*, qui ont concerné soixante-six personnes.

Il y a eu cinq procès jugés par le Parlement,

dont les deux premiers, de haute trahison et de *misdemeanors*, étrangers à ces conspirations, ont été portés devant la haute Cour du Parlement, celui d'Édouard comte de Clarendon qui suit, et celui du comte de Danby, grand-trésorier, qui eut un pardon du roi. Le procès du vicomte Stafford, pair catholique, fut poursuivi par les Communes, en 1680. Lord Stafford fut chargé par deux témoins d'avoir voulu tuer le roi et d'être entré dans la conspiration papiste. On lui opposa les actes des procès des conspirateurs déjà jugés. Les articles de l'accusation des Communes étaient au nombre de sept. Le lord chancelier Finch fut nommé lord Grand-Sénéchal, à la neuvième séance de la Haute Cour; lord vicomte Stafford fut condamné, à la majorité de quarante-cinq voix contre trente-un, au supplice des traîtres, que le roi commua en la décapitation (1).

Les deux autres procès ont été portés à la Cour du Grand-Sénéchal en Parlement; l'un, en 1666, contre lord Morley, pour meurtre : il fut acquitté; l'autre, en 1678, contre le comte de Pembrocke, pour meurtre : il fut également acquitté.

Le comte d'Essex avait été mis à la Tour. Il était compromis dans la conspiration de *Rye-House*, et il ne pouvait pas être convaincu. Il le savait, et d'autres le savaient aussi; malgré l'animosité que la cour y mettait, il aurait été acquitté. Essex

(1) Le procès du vicomte Stafford serait utile à présenter; divers points de la jurisprudence sur les crimes politiques y sont bien développés; mais la place nous manque.

était à la tête de l'opposition de la Chambre des pairs; il eut la gorge coupée de l'une à l'autre oreille avec un rasoir jeté dans la rue. On l'accusa de suicide : lorsque le coroner vint dresser son rapport, il trouva le corps sans vêtement, la chambre lavée et nulle trace de sang. Sa famille était persuadée que son valet de chambre l'avait égorgé. Pour ajouter à l'atrocité de l'attentat, le roi et le duc d'York, qui ne venaient jamais à la Tour, y avaient été le matin.

Ces conspirations et ces procès ont été servis 1° par des délateurs effrontés, Titus Oates, Tongue, Bedloë, Dugdale, Subervil, par une nuée de faux témoins en faveur de l'accusation, et dans ceux même de la conspiration de *Rye-House* en faveur de la défense. On a vu deux secrétaires d'état renouveler les scènes des délateurs de Tibère et se mettre, comme les sénateurs Rufus, Opsius et Caton, entre les cloisons d'une chambre pour entendre la dictée d'un pamphlet contre le roi et le duc d'York;

2° Par l'iniquité des juges, faisant parler la loi au gré des passions de la cour et de ses vengeances. Les condamnations de lord William Russel, fils du comte de Bedfort, celle d'Algernoon Sydney étaient contre la loi. Ces deux criminels ont inspiré beaucoup d'intérêt; il était dû à lord Russel. Mais il y avait dans les desseins de *Rye-House*, du Barillon et de l'argent de France et l'appel de l'étranger; Sydney voulait une république;

3° Par la corruption des jurés.

Long-temps le grand-jury de Middlesex a refusé les bills d'accusation de la couronne. Lorsqu'on eut changé la charte de Londres, le lord-maire et les *recorders* furent nommés par le roi, et donnèrent au procureur-général les jurés de jugement qu'il voulait.

Les conseils de la couronne pratiquèrent les jurés dans leur chambre.

Jefferies était déjà lord-chef-justice de la Cour du Banc du roi, devant laquelle les procès de la conspiration de *Rye-House* furent portés. Il se montra comme une hyène altérée de sang.

Les juges de ce temps ont été d'effrontés prévaricateurs, bien plus qu'ils ne l'avaient été sous les deux premiers Stuarts, et tels qu'ils vont l'être sous le dernier roi de cette dynastie.

Charles II se livra dans les dernières années de sa vie à l'esprit de vengeance; mais il faut dire, à la décharge de sa mémoire, qu'il y avait dans les hommes et dans les mœurs du temps une grande dépravation.

PROCÈS

Sur *Impeachment* de la Chambre des Communes,

POUR CRIME DE HAUTE TRAHISON ET MALVERSATIONS

(*High crimes and Misdemeanors*),

D'ÉDOUARD HIDE,

COMTE DE CLARENDON,

LORD CHANCELIER D'ANGLETERRE,

Par la Haute Cour du Parlement.

TERMINÉ PAR UN BILL DE *Pains and Penalties*.

18 décembre. . . . . dix-huitième année de Charles II.

I. Importance du procès de Clarendon. — II. A la restauration, il est fait chancelier d'Angleterre. — III. Disgrâce du chancelier et ses causes. — IV. Il est accusé par la Chambre des communes. — V. Articles de l'*Impeachment* et jugement des Lords. — VI. Réflexions sur ce procès.

Le procès du comte de Clarendon, chancelier d'Angleterre, père de la duchesse d'York, conseiller principal de Charles II dans son exil, et chef incontestable du ministère de ce prince depuis la restauration, réclame quelques développements. L'importance de ce procès est d'autant plus grande, qu'il a été le premier procès d'*Impeachment* des Communes depuis la restauration des Stuarts. Quelque tendance à la monachie absolue qu'ait démontrée Charles II, quelque affection qu'ait mise ce prince à étendre la prérogative royale, et quelques services qu'ait rendus Clarendon à ce grand dessein du roi et du duc d'York, Charles II non seulement abandonna ce fidèle serviteur, mais, pour s'en débarrasser, fit élever, dans les Communes, l'accusation qu'il a subie : triste et ordinaire exemple de l'ingratitude des souverains.

II. Sir Édouard Hyde, simple avocat des cours de Westminster, avait été initié aux affaires publiques dans la société de lord Falkland, de Hales, de Chillingworth et autres grands caractères de cette renommée d'intégrité, de talents et d'attachement à la royauté, aux Stuarts et à l'église épiscopale anglicane. Sir Édouard Hyde, en 1642, lors des conférences d'Oxford, se montrait bien plus ardent que Falkland pour la cause royale.

M. Hyde se retira en Hollande après la mort de Charles Ier. Il commença à y écrire ses mémoires, d'après lesquels il composa l'*Histoire de la rébellion* et l'*Histoire de sa vie*.

Le comte de Clarendon, après avoir joué le principal rôle dans les négociations de La Haye et de Bréda, et dans la direction des esprits et des opinions qui amenèrent la restauration de Charles II, ne pouvait pas se dissimuler la part que les presbytériens avaient eue au retour du roi. Son attachement à l'épiscopat anglican le lui fit cependant oublier. Lié intimement avec les évêques rentrés dans leurs églises, une partie de leurs biens et un grand pouvoir spirituel et politique, par la reprise de leurs siéges à la Chambre des Pairs, il facilita et conduisit même la réaction qu'opérèrent les évêques, après la conférence qu'ils eurent avec les ministres presbytériens, au palais de Savoie. C'est Clarendon lui-même qui obtint du Parlement l'*Acte d'uniformité*, et dès lors le renvoi de leurs bénéfices de près d'un quart des membres du clergé inférieur, et la persécution exercée contre les assemblées religieuses des presbytériens et autres dissidents. Les presbytériens n'avaient pas cessé d'avoir une grande influence à Londres et dans les provinces. Quoique le nouveau Parlement (de 1661) eût été composé d'après les volontés de la cour et d'un grand nombre de cavaliers, royalistes ou attachés à l'épiscopat, il y avait cependant dans l'opposition beaucoup de presbytériens; de quatre-vingts à quatre-vingt-dix membres.

Clarendon se les était aliénés. Ils ne furent cependant pas ses ennemis les plus acharnés. A deux différentes fois, ils donnèrent la majorité au refus du bill contenant les charges de l'accusation.

Clarendon, en ayant conseillé au roi de proposer, dans le Parlement précédent, le bill d'*indemnité* de tout ce qui avait été fait depuis 1641, à l'exception de vingt des juges de la Haute Cour de 1649, avait ulcéré les cavaliers et les royalistes, ou émigrés avec le roi, ou restés paisiblement chez eux sous la protection des lois de la république et de leur soumission, très souvent servile et abjecte, à Cromwell. Clarendon avait jugé avec trop d'équité leurs prétentions, et trop réduit leurs demandes particulières de restitution. Ils avaient bien été remis en possession de leurs immeubles, vendus par la république ; quelques uns avaient été adjugés à vil prix ; mais ceux qui les avaient vendus eux-mêmes, sans doute pour payer les contributions exactionnaires qu'on leur avait imposées, demandèrent la nullité de tous les contrats de vente.

Clarendon, tenant avec beaucoup d'énergie aux conditions de l'acte d'indemnité, s'était donc opposé à leurs réclamations ; et les royalistes avaient appelé cet acte, *Acte ou loi d'indemnité pour les ennemis du roi*, et *d'oubli de ses amis.*

Clarendon dut une très grande partie de la sévérité qu'il éprouva dans les Communes, et de l'indifférence que mit le conseil à défendre un de ses membres, le plus éminent, à son orgueil insultant qui blessait, dans toutes les occasions, ses rivaux en talents et en connaissances des affaires dans les deux Chambres, au conseil et dans les Cours de Westminster ; à ses passions tellement ingouvernables, qu'elles ne lui permettaient pas d'approuver tout ce qui ne venait pas de lui ou contrariait ses opinions ; et enfin aux termes injurieux qu'il employait, en parlant de la Chambre des communes et du Parlement, qui, disait-il à Charles II, *était plus ou moins, ou rien du tout, suivant qu'il plaisait au roi.* C'est à cette intempérance altière de paroles qu'il doit attribuer sa chute, dès l'instant que la faveur du roi se retira de lui.

III. Telle adresse qu'eût mise Clarendon dans l'affaire du mariage de sa fille avec le duc d'York, disant qu'il ne pouvait donner d'autres conseils au roi que celui de la faire mettre à la Tour et de lui faire couper la tête, le roi n'en avait pas moins vivement ressenti cette mésalliance de l'héritier présomptif de la couronne d'Angleterre, d'un Stuart, avec la fille d'un petit avocat. On avait beau vanter, en présence du roi ; cette sévérité du chancelier envers sa fille, comme le plus bel acte d'une vertu romaine, Charles II avait l'esprit trop fin et le jugement trop exercé pour n'y voir autre chose que *l'héroïsme de la servilité*. Il avait d'ailleurs connu, par son frère même, comment ce mariage avait été amené.

Le caractère de Clarendon était trop opposé à celui du roi pour qu'il y eût entre eux d'autres liens d'intimité que ceux de l'habitude, l'indolence du roi pour les affaires, et son goût pour les plaisirs.

Le roi voulait gouverner sans Parlement pour arriver plus vite au pouvoir arbitraire absolu. Il lui fallait donc une liste civile très forte et une armée permanente. Le comte de Southampton, grand-trésorier, demandait et aurait obtenu, pour la couronne, un revenu annuel de 2,000,000 l. s. (Cromwell, dans ses dernières années de paix, avait perçu et dépensé au-delà de cette somme.) Clarendon seul s'était opposé, dans le conseil, à cette demande, et avait limité l'abonnement pour tous les frais du gouvernement à 1,200,000 liv. sterl. Le roi n'ignorait pas que les motifs de Clarendon, dans cette limitation, avaient été de forcer son gouvernement à ne se dispenser jamais de convoquer le Parlement à des époques très rapprochées. Les mêmes motifs avaient guidé Clarendon dans sa résistance à l'établissement d'une armée permanente et au plan du duc d'York pour conserver sur pied 8,000 hommes de gardes et garnisons dont il aurait le commandement.

Charles II revenait de l'exil avec beaucoup de prédilection pour l'église romaine. Il était alors aussi bon catholique que son frère le duc d'York, mais en secret ; et les persécutions de Clarendon, directeur reconnu des Parlements de son règne, n'avaient pas cessé de s'exercer contre les catholiques, non par esprit d'intolérance, mais par faiblesse pour le parti épiscopal, et par suite de la conviction qui ne l'a jamais quitté, que le culte catholique romain était inconciliable avec une monarchie limitée, mais telle qu'il l'entendait.

Clarendon, directeur suprême du ministère, du conseil privé et des deux Chambres du Parlement, était ainsi dans une continuelle opposition avec les desseins secrets de Charles II.

Le gouvernement sans doute avait obtenu d'abondants subsides pour la guerre de Hollande. Ils avaient été absorbés dans les prodigalités du roi, les dépenses immodérées de sa cour, et par ses maîtresses. Le Parlement, en accordant, en 1665, un subside nouveau de 1,250,000 liv. sterl., avait déterminé l'application de cette somme aux frais de la guerre de Hollande, en 1666. Les deux Chambres avaient nommé un comité d'enquête pour les dépenses de la guerre. Il éprouvait des difficultés ; on ne lui reconnaissait pas encore le droit de requérir le serment de ceux qu'il appelait devant lui. Le Parlement le décréta, et forma un bureau de commissaires des comptes ; il alarma et le roi et Clarendon, qui, malgré tous ses efforts, n'avait pu rompre cette mesure parlementaire.

Clarendon n'avait donc plus de majorité dans le Parlement. Le roi, au lieu de former un autre ministère, ainsi que depuis il a été d'usage de le faire, abandonna son chancelier aux ennemis que celui-ci s'était faits dans les Communes.

IV. Clarendon avait été attaqué en 1663, dans la Chambre des Pairs, par le comte de Bristol qui venait de se déclarer catholique, comme coupable de haute trahison. Cette mesure était précipitée. Une décision des juges déclara que l'accusation n'était pas régulièrement faite; que lors même que les reproches adressés à Clarendon seraient prouvés, ils ne constituaient pas une trahison, mais un simple *Misdemeanor* ou *Contempt*, malversation ou mépris de la personne du roi; et qu'alors le comte de Clarendon devait être mis en cause par un simple *Indictment* à la Cour du Banc du roi, ou par le procureur-général. Un Pair ne pouvait être accusé que dans les formes ordinaires, quand il n'est pas *empêché* par les Communes; et le comte de Bristol n'avait aucune qualité ou droit pour le faire. Le comte de Bristol accusait Clarendon de s'être efforcé d'aliéner le cœur des sujets de S. M., de sa personne, en disant que S. M. était catholique (papiste), etc.

Les Pairs adoptèrent la décision des douze juges.

Le 30 août 1667, le roi retira les sceaux au chancelier, quatre ou cinq jours après avoir été le consoler de la perte de sa femme. Le 26 octobre, il fut accusé, par les Communes, de haute trahison et de *High-Misdemeanors*. La Chambre ordonna qu'une commission ferait la recherche des précédents.

Le 30, la lecture du rapport fut entendue. Il énonçait que, d'après les reproches faits à la Chambre, à l'occasion du procès du comte de Strafford, *qu'elle l'accusait à la clameur publique*, la commission se voyait dans la nécessité de demander d'être autorisée d'entendre des témoins sur les faits qui formeraient les charges de l'accusation. Ce rapport était favorable au chancelier.

Ses ennemis firent sentir, 1° que les témoins se prêteraient difficilement à déposer de la vérité, dans la crainte que, si l'accusation était rejetée, ils n'encourussent les vengeances du chancelier et de ses amis ; 2° qu'en faisant connaître leurs noms, on les livrait à toute l'activité des partisans du chancelier pour les tourner en sa faveur ; 3° que la Chambre ne pouvant pas requérir le serment des témoins, non seulement rien ne les obligerait à ne dire que la vérité et toute la vérité, ils ne devraient pas même la dire ; car ils se soumettraient, dès lors, à des poursuites judiciaires en diffamation, de la part de celui qu'ils auraient chargé.

Il s'éleva ensuite des difficultés sur les charges du crime de trahison ; elles furent expliquées ou aplanies.

Le 6 novembre, l'acte d'accusation, en dix-sept articles, fut lu ; il fut discuté dans les séances suivantes.

V. Nous reproduirons seulement quelques uns de ces articles. Le 1er l'accuse de trahison, pour avoir conseillé au roi de maintenir une armée permanente, de gouverner le royaume à sa simple et arbitraire volonté, et de dissoudre le Parlement.

On objecta que ce n'était point une trahison ; et l'objection fut décisive à la majorité de 172 contre 103. C'est un simple *Misdemeanor*.

L'article 4 l'accuse d'avoir emprisonné les sujets du roi dans des châteaux et des îles éloignées, pour leur ôter la possibilité de réclamer leur *Habeas corpus*.

Les articles 3, 5, 6, 7, 12, 13 et 15 contiennent des accusations de péculat. Les articles 8 et 9 sont relatifs à sa conduite arbitraire, dans le gouvernement des Antilles anglaises, et le rendent coupable de ses résultats, la perte de Névis et de Saint-Christophe et la prospérité des Antilles françaises.

Sa correspondance avec Cromwell est attaquée dans le 10e article : elle est couverte par l'acte d'indemnité.

La vente de Dunkerque, faite par ses conseils, à Louis XIV, est l'objet du 11e article.

La seizième charge de l'accusation est d'avoir trahi le roi, dans les négociations et traités qu'il a dirigés.

On lui reproche, dans le 17e article, d'avoir donné au roi le conseil de diviser la flotte, ce qui a été cause de l'incendie, par la flotte hollandaise, de plusieurs vaisseaux anglais dans la Medway, en 1666.

M. Laurent Hyde, fils du chancelier, parla avec beaucoup de dignité en faveur de son père.

Le 12 novembre, M. Seymour fut à la barre de

la Chambre des pairs, accuser *Édouard, comte de Clarendon, de haute trahison et autres crimes et malversations, au nom de la Chambre des communes et de toutes les communes du royaume.* Il requérait en outre que ses biens fussent séquestrés, et qu'il fût emprisonné.

Le 15, les Lords demandèrent aux Communes une conférence dans la Chambre peinte, dans le but de leur remettre une note écrite contenant simplement que les Lords n'avaient point fait emprisonner le comte de Clarendon, parceque l'accusation de haute trahison, en général, était vague et sans aucune charge particulière.

Du 16 novembre au 3 décembre, les débats eurent lieu, dans les Communes, sur le refus des Lords d'emprisonner le comte de Clarendon, et d'avoir avec eux une conférence libre dans la Chambre peinte.

Le 2, les Communes prirent une résolution, « que les Lords, en ne se rendant pas à leur de» mande d'arrêter Édouard, comte de Clarendon, » sur l'accusation des Communes, ont mis une en» trave à la justice publique du royaume, et formé » un précédent d'une mauvaise et dangereuse con» séquence. »

Le 30 novembre, dans la nuit, le comte de Clarendon s'était embarqué pour Calais; il était âgé de soixante-douze ans.

Le 3 décembre, les Pairs annoncèrent qu'ils avaient reçu une longue pétition du comte de Clarendon, dans laquelle il annonçait qu'il se retirait.

Les Lords demandèrent une conférence dans la

chambre peinte. Dans cette conférence, le duc de Buckingham remit en leur nom la pétition du comte de Clarendon.

L'animosité des Communes n'avait pas été calmée par la retraite du comte de Clarendon. On négocia avec cette Chambre. Les Pairs délibérèrent entre eux ; les articles de l'accusation furent discutés avec sévérité ; il n'y avait pas de preuves de trahison ; on aurait cité Clarendon, on l'aurait menacé d'un *Attainder*, et il se serait présenté : à quoi pouvait-il être condamné ?

Clarendon n'avait pas hésité à reconnaître que c'était le roi qui le poursuivait. Dès que ce prince l'avait abandonné, il avait tout à redouter de lui, soit de sa faiblesse dont se fortifiaient les ennemis qu'il avait dans les Communes, soit de ses ressentiments personnels. Il y avait plus de prudence que de courage dans cette résolution, mais c'était tout ce qu'on pouvait attendre d'un vieillard de soixante-douze ans.

Les Lords prirent donc le parti de passer un bill de *Pains and Penalties*, par lequel il serait banni. On ne pouvait lui infliger aucune amende ; il n'était point chargé par les Communes de concussions et d'extorsions. Le bill passa aux trois lectures ordinaires dans la Chambre des Pairs.

Le 13, il fut apporté à la Chambre des communes par un maître en chancellerie.

Les Communes voulaient procéder à un *Attainder*, et faire un message au roi, pour une sommation au comte de Clarendon, par proclamation, de se présenter à un jour désigné.

Il y eut des débats fort longs. « Pouvait-il être jugé » sans avoir été entendu? c'est cependant le cas » vis-à-vis d'un contumace; mais il faut le faire citer, » et les formalités des cinq sommations peuvent » entraîner beaucoup de temps. Il se retire du » royaume; il se bannit lui-même ; approuvons le » bill des Lords. *Nolenti fit injuria.* »

Le bill fut lu pour la deuxième fois, à la majorité de 109 contre 55.

Le 18 décembre, il fut lu une troisième fois à la majorité de 105 contre 42. Le roi le sanctionna aussitôt après.

A Montpellier, où le comte de Clarendon s'était retiré, il rédigea sa réponse aux articles de l'accusation. Elle ne devait paraître qu'après sa mort, et pour servir de justification à sa mémoire et à ses enfants. L'une et l'autre portent la date du 24 juillet 1668.

On peut les lire : *State Trial,* VIIIe vol., p. 387.

VI. Le comte de Clarendon n'était point aussi innocent que le dit sa pétition.

Il était vrai, et de fait public et authentiquement reconnu, relativement à l'article 4 de l'accusation, qu'il avait donné au roi le conseil de tenir dans des prisons éloignées, à Jersey, aux colonies anglaises, à Tanger, certaines personnes arrêtées contre la loi, afin de leur enlever le bénéfice de leur ***Habeas corpus.*** Il y avait eu, en 1565, quelques craintes d'une insurrection projetée par Ludlow, Lambert, et le colonel Sydney, et communiquée même à Louis XIV et au grand-pensionnaire de Hollande. Plusieurs officiers de l'ancienne armée, gens de résolution, et habitués aux mouvements révolutionnaires, le colonel Hutchinson, Wildman, Crud et autres, furent emprisonnés pendant long-temps, et ne sortirent qu'après le renvoi de Clarendon. Le crime du chancelier était de les avoir tenus au secret, et dans des prisons éloignées, afin qu'ils ne pussent réclamer des cours de Westminster leur liberté sous caution.

Il est également certain qu'en 1667, après les désastres de la flotte, on avait proposé, dans le conseil, d'assembler le Parlement; mais Clarendon, qui redoutait la Chambre des communes, s'y était opposé, sous prétexte qu'il n'était pas légal d'anticiper le terme de sa réunion : et l'Échiquier étant vide, il avait proposé que les troupes fussent nourries et approvisionnées par les comtés, où elles étaient en quartier, en les envoyant, en cas de refus, chez l'habitant; et que les comtés où elles ne seraient pas cantonnées contribuassent à leur entretien en se servant des mêmes moyens, sauf à imputer, sur le premier subside, les sommes levées par ces garnisaires.

C'était bien la matière de l'article 1er de l'accusation, c'était bien un conseil donné, un avis ouvert dans le conseil, en présence de ses ennemis qui en instruisirent les Communes; c'était une haute imprudence de sa part; mais il n'y avait point eu d'acte commis, ce n'était point un fait de haute trahison.

Le 11e article charge Clarendon de la vente de Dunkerque, et c'était avec raison. Il fut le seul du conseil privé qui proposa et soutint ce projet, et il vainquit, par sa persévérance et avec beaucoup d'art, les scrupules et les résistances du duc d'Albemarle, de Southampton et de Sandwich. La transaction, en elle-même, n'était ni honorable ni politique. Les dépenses des garnisons n'étaient point aussi fortes qu'il le dit dans sa pétition (120,000 liv. st.), les Communes y auraient pourvu. Sa conduite, dans cette négociation, a peu de dignité, et sent plus le petit marchand que le ministre d'un grand État. Bien avant qu'il fût question de cette affaire au conseil, Clarendon, seul, l'avait proposée aux ministres du roi de France. Dunkerque, dans les mains des Anglais, déplaisait à Louis XIV, c'était la faiblesse du cardinal Mazarin qui l'avait livrée à Cromwell. Le prince accueillit donc la proposition, et chargea le comte d'Estrade du traité. Charles II demandait 5,000,000 liv. tournois; Clarendon marchandait. On conclut enfin à 4,000,000 liv., payables en trois ans. L'argent de Louis était prêt; on interposa un banquier qui offrit, moyennant une prime de 500,000 liv. tourn., de tout payer comptant. (*Œuvres de Louis XIV, par M. de Grimoard.*)

Clarendon était coupable, il est très vrai, mais sans que ce fût alors prouvé, d'avoir mis Charles II aux gages de Louis XIV. Il avait sans doute peu de motifs de préférer l'alliance de la France à celle de l'Espagne. Il ne devait prévoir rien de décisif et d'énergique de l'attachement du roi à la religion catholique, sur les réclamations de l'Espagne pour les catholiques Irlandais, qui ne fût également à craindre de Louis XIV. Mais Clarendon recevait une très forte part des subsides de Louis XIV. La cupidité du chancelier était ardente, et d'Estrade ne se gênait pas avec lui. Clarendon haïssait la France et la religion catholique; en était-il moins coupable (1)?

---

(1) On a également reproché à Clarendon sa participation au mariage du duc de Richmond avec mademoiselle Steward, et sa prétendue impossibilité de retrouver le corps de Charles Ier dans la chapelle de Westminster. Il paraît que c'était encore deux affaires d'argent. Le dix-septième siècle n'aura rien à reprocher en ce genre au dix-neuvième.

RÈGNE DE JACQUES II.

Proclamé le 16 février 1685. . . Abdicataire le 23 décembre 1688.
Trois ans, dix mois et sept jours.

I. Conduite du roi jusqu'à la rébellion de Monmouth. — II. Ses mesures en faveur du catholicisme. — III. Il publie sa déclaration de tolérance. — IV. Appel du prince d'Orange par le parti protestant. — V. Fuite du roi, regardée comme une abdication. — VI. Statistique judiciaire de ce règne. — VII. Cruautés de Jefferies contre les partisans de Monmouth. — VIII. Notices sur le procès de lady Lisles. — IX. Aperçu du procès de lord Delamère.

I. Jacques II, malgré les efforts des Wighs pour faire rendre le *bill d'exclusion* de la couronne, de tout prince catholique, monta sur le trône ébranlé de son frère, sans aucune difficulté. Il convoqua aussitôt son premier et seul Parlement; celui de mars 1688 ayant toujours été prorogé sans s'assembler.

Ses ministres cherchèrent à rendre le Parlement favorable; et si leurs efforts trouvèrent quelques résistances dans les comtés, ils obtinrent les députés qu'ils voulaient dans les cités, villes et bourgs. *L'Acte des corporations* et des serments et l'abolition de toutes les franchises municipales, ainsi que le dévouement des maires et des chefs des corporations, les livraient aux volontés de la couronne.

Le Parlement de 1685, du moins dans les Communes, fut honteusement dévoué au roi; et Jacques put se dispenser d'en assembler pendant son court règne. Le Parlement établit le revenu fixe de la couronne à 2,000,000 liv. sterl., par année. Lors de la rébellion de Monmonth, il vota 700,000 l. s. pour l'entretien d'une armée permanente. Il fit un *bill* ou *acte pour la conservation de la personne de S. M.*, qui déclarait que, si l'un des membres de l'une ou de l'autre Chambre proposait de changer l'ordre de la succession à la couronne, il devenait coupable de haute trahison.

Pendant cette première session du Parlement, qui finit le 30 novembre, Jacques eut pour lui, dans la Chambre des Pairs et dans la nation, les Tories catholiques de son parti et les Tories du parti de son frère. Les Whigs étaient dans l'abattement, depuis les rigueurs qu'avait portées sur eux la conspiration de *Rye-House*. La nation paraissait tendre les mains aux fers que Jacques voudrait lui donner. Jamais roi d'Angleterre n'aurait été plus puissant, s'il eût été modéré et juste.

Mais déjà le roi manifestait, par les lois qu'il proposait, par son administration, mais non encore par ses actes publics et ses proclamations, sa volonté de rendre la religion catholique prépondérante, et de révoquer les *Actes du Test et d'uniformité*.

On a vu ce prince faire exécuter avec rigueur les lois contre les non-conformistes; et peu après, incertain de la marche de son gouvernement et de la soumission de la haute église, les caresser et les opposer aux anglicans. Ce fut en vain. Bien loin de les diviser, il les rapprocha; et en 1687 ils s'unirent quelques instants contre l'ennemi commun de la religion protestante.

La rébellion du duc de Monmouth vint affaiblir les espérances du roi. Idole du peuple, et on sait combien ses idoles sont fragiles, le duc de Monmouth déclara la guerre à Jacques II, prit le titre de roi, et supposa un mariage de Charles II avec sa mère; mais peu de personnes influentes prirent son parti. La légèreté du caractère de ce jeune prince, qui l'avait livré, dans les derniers moments du règne de son père, à toutes les intrigues même les plus coupables; ses fautes, ses repentirs, son inaptitude aux affaires, sa présomption, sa violence, ne lui donnaient aucun crédit dans le parti national. Son entreprise était folle; les vents la contrarièrent. Argill, avec lequel elle était concertée, venait d'être battu en Écosse: il le fut lui-même à Sedgemore, fut pris, conduit à la Tour, s'avilit par le désir de conserver la vie, et finit sur l'échafaud. Le Parlement avait décerné contre lui un bill d'*Attainder*, que le roi n'eut pas même la décence de faire exécuter par la Cour du Banc du roi; l'ordre de la mort fut donné par le roi seul.

La facilité avec laquelle la rébellion fut réprimée trompa le roi. Il se crut assuré de la soumission et de l'affection de ses sujets; et le peu de succès de l'entreprise devint funeste pour lui. Tous les vœux, toutes les espérances se reportèrent sur le prince d'Orange.

II. Le procès de sir Édouard Hale, dénoncé par

son domestique pour n'avoir pas prêté le serment du Test avant d'être colonel, qui se défendit en produisant une licence du roi et fut absous, prouva, d'une manière authentique, que le roi dispensait de l'exécution des lois. Le discours du lord Chef-justice de la Cour du Banc du roi, Herbert, énonça que ce prince en avait le droit, et forma une autorité et un *précédent* pour tous les cas semblables. L'opinion publique en fut alarmée, mais elle se contint, quelque nombreux que fussent les pamphlets publiés à l'occasion de ce jugement.

Vers le milieu de l'année 1686, le roi cherchait à gagner des prosélytes à la religion catholique, avec plus de foi que de charité et de prudence. Ses ministres étaient catholiques déclarés, à l'exception du comte de Sunderland, qui avait, l'année d'auparavant, fait une abjuration dans les mains des jésuites. Le roi priva de l'office de grand-trésorier le comte de Rochfort, de celui de vice-roi d'Irlande le comte de Clarendon, ses deux beaux-frères, parcequ'ils refusaient de se faire catholiques. Le père Peters, jésuite, confesseur du roi, était du conseil privé et le premier ministre réel du roi. Le prince voulait le faire archevêque d'York; il demandait pour lui un chapeau de cardinal; le pape refusa l'un et l'autre. Pour aplanir les difficultés que devaient rencontrer de semblables projets, le roi, à l'aide de ses dispenses des lois, introduisit des catholiques dans des bénéfices à charge d'âme et dans les places des colléges de l'université d'Oxford.

Dans le mois d'août de cette année, la Haute Commission ecclésiastique abolie par Charles Ier et le Parlement, en 1640, et que Jacques II avait rétablie par une proclamation royale, à peu près avec la même organisation, tint ses premières séances. Composée d'évêques et présidée par le Primat, le roi y avait introduit plusieurs conseillers privés laïcs et le chancelier Jefferies (1), qui devait en être le vice-président, et dont la présence était nécessaire à ses délibérations. Le Primat Bancroft, archevêque de Cantorbéry, n'y siégea jamais, ainsi que plusieurs évêques qui en étaient membres. Ils jugeaient trop bien des desseins du roi, qui se félicitait de cette création comme d'une mesure propre à tenir en bride la haute église, de laquelle il devait craindre des résistances. Jacques était mécontent de l'évêque de Londres, qui n'avait pas voulu interdire un prédicateur que le roi tenait pour séditieux, le docteur Sharp, et des désobéissances du clergé du second ordre, auquel il avait interdit de parler de controverses dans ses sermons. La Haute Commission avait suspendu l'évêque de Londres.

Par la manifestation que faisait de plus en plus, et avec une grande publicité, le roi Jacques, de son projet de donner la prépondérance à la religion catholique en Angleterre, des rumeurs circulèrent dans Londres que le roi voulait exclure de la succession à la couronne la princesse Marie sa fille aînée,

(1) A la révolution, Jefferies fut découvert, déguisé en matelot et voulant s'embarquer. Il faillit être mis en pièces par la populace. On le tira de ses mains, et on le conduisit à la Tour, où il mourut, par suite des mauvais traitements qu'il avait éprouvés. Presque tous les juges des Cours de Westminster y furent mis et y restèrent long-temps.

pour y appeler sa seconde fille la princesse Anne, princesse de Danemarck. Elle était cependant très attachée à la religion protestante. Le prince d'Orange demanda des explications au roi son beau-père; elles furent satisfaisantes. Mais ces bruits et ces explications montrèrent de nouveau le prince d'Orange aux espérances du parti national. Ce prince avait envoyé à Londres le chevalier Dikfeld, qui se lia avec les chefs de ce parti, et en reporta, à La Haye, des lettres, des invitations, des instances de venir défendre la religion protestante, la constitution anglaise et les intérêts de l'Europe, alarmée des accroissements de la France et des projets de la monarchie universelle qu'on prêtait à Louis XIV.

III. Le roi, en 1687, publia sa proclamation de tolérance (1). Elle était sans doute dans l'intérêt des non-conformistes ou des presbytériens, composant à eux seuls les six dixièmes de la population, dont les catholiques en faisaient à peine un. Quelques caresses que leur fît le roi, ils sentaient très bien, et tout autant que les Anglicans, que c'était au détriment des communions protestantes, et que cet affranchissement du *Test* et de l'*Acte d'uniformité* n'avait d'autre but que de rendre la religion catholique prépondérante.

Le roi Jacques tenait de son père cette obstination dans ses principes, cette fermeté d'opinion qui, associée à une grande irrésolution dans les moments d'agir, ont fait les malheurs de Charles Ier et les siens.

---

(1) Nous la donnons, au procès des sept évêques qui va suivre.

Il avait bien de la duplicité politique, mais non de la dissimulation et de la mauvaise foi. Avec moins d'instruction et de goût pour les arts que son père, il avait plus d'esprit et peut-être plus de connaissance des hommes. Ses mœurs étaient moins pures; et il faut en accuser le siècle où il vivait, la cour de Charles II et ses dépravations, et la morale relâchée des jésuites qui dirigeaient sa conscience et plaçaient toute la religion dans de menues pratiques de dévotion. S'il eût été aussi vrai anglican que son père, il eût été aussi sévère et aussi grave dans sa vie privée. Les préjugés religieux des jésuites le faisaient pencher davantage pour la haute église, presque toute *arminienne*, depuis Jacques Ier, que pour les presbytériens, rigides *Remontrants*, et les jansénistes de la réforme.

A la fin de l'année 1687, la reine, qui, depuis sept ans, n'avait pas eu d'enfants, déclara une grossesse. Cet état n'avait rien d'improbable; mais il y eut des gaucheries, de lourdes maladresses, qui firent croire que cette grossesse, qui pouvait être si fatale aux droits de la princesse d'Orange, n'était pas réelle; du moins les mécontents répandirent des bruits qui rattachaient davantage au prince d'Orange les espérances et les projets des Whigs.

IV. C'est à ce moment que se serrèrent davantage, à la cour de La Haye, les négociations des chefs du parti des mécontents, car ils n'étaient pas plus Whigs que Torys, presbytériens que membres de la haute église. Le prince d'Orange, avant de penser à aucune entreprise, exigea une invitation des Pairs et du Parlement, de l'église et de l'armée. On hésitait, on courait des risques. Enfin elle fut signée des comtes de Danby, de Shrewsbury et de Devonshire, des lords Delamere, et Lumley, de l'évêque de Londres, des amiraux Russel et Herbert et d'un autre.

Sunderland était dévoué en secret à la princesse Marie. Tous ceux des Pairs et des grands de l'État qui n'étaient pas catholiques, sans signer l'invitation au prince, le firent assurer de leur dévouement et de leur concours.

Les préparatifs d'une entreprise comme celle que méditaient le grand caractère et le courage du prince d'Orange ne pouvaient être cachés bien long-temps; ils furent connus de Louis XIV, qui en fit avertir le roi Jacques, en lui offrant les secours de la France, qu'il refusa avec une noble mais intempestive fierté. Le pape Innocent XI (Odescalchi) l'en fit prévenir par son nonce d'Adda, et l'engagea à plus de modération. Le roi perdait la religion catholique par sa précipitation; et le pape reprochait aux jésuites leurs mauvais conseils et leurs intrigues. Ce souverain pontife ne leur était pas favorable et les connaissait bien. Les jésuites trouvaient leurs excuses dans le caractère du roi; et le père Peters lui-même en accusait hautement l'intempérance de prosélytisme du roi Jacques. L'infatuation de ce monarque tenait à une exaltation religieuse et à des vertus exagérées, et outrées dans un homme privé, et dont le dérèglement n'est que trop funeste à un souverain et dans des circonstances aussi périlleuses que celles où il se trouvait.

Le roi sentait bien qu'il lui faudrait convoquer un Parlement, il l'avait même indiqué pour le 19 novembre; et pour s'assurer les députations des Communes, il organisait de nouveau les corporations municipales, et leur donnait des chefs plus dévoués à la cour que ne l'étaient les maires et baillis actuels.

Aussitôt que la révocation du *Test* et de l'*Acte d'uniformité* eut été publiée, le roi, qui avait besoin d'une force armée pour faire exécuter cette loi en tout ce qu'elle avait d'excessif et d'illégal, et dans les extensions qui lui seraient données en faveur des catholiques, eut l'indiscrétion de vouloir consulter l'armée et de s'assurer de son dévouement. Le premier régiment qu'il passe en revue jette ses armes et les soldats crient qu'ils sont protestants. Sur le vaisseau amiral, les matelots veulent précipiter dans la mer un aumônier catholique qui y célébrait la messe.

Cependant dès que la proclamation du roi fut connue, la gazette de Londres se remplit d'adresses approbatives des catholiques, des corporations, de quelques colléges d'Oxford et des sociétés de droit de Londres. Le pouvoir absolu, la prérogative royale du droit divin, la prudence du roi, son amour pour la liberté de religion furent portés aux nues. Le roi se reposant trop sur ces éloges mendiés, exigea que les évêques fissent publier sa proclamation dans leurs églises. L'archevêque de Cantorbéry, et six évêques, alors à Londres, présentèrent au roi, en plein conseil, de très humbles remontrances; elles furent mal reçues. Rappelés, le lendemain, au conseil privé, on leur fit reconnaître et leurs remontrances et leur refus d'obéir; on les envoya en prison. Le peuple de Londres, inquiet et déjà exalté par ce qu'on connaissait de leurs remontrances et de leur fermeté, vit sortir de White Hall le Primat et les six évêques, revêtus de leurs habits pontificaux, entourés de gardes et d'officiers de justice, traverser la ville pour être enfermés à la Tour, en ressortir, quelques jours après, avec de semblables escortes, pour venir à Westminster prendre place à la Cour du Banc du roi, à la barre où siègent les criminels. Ils furent absous par le jury; les maisons de la ville furent illuminées et des feux de joie, allumés en honneur de leur libération.

V. Le prince d'Orange débarque à Torbay avec douze à treize mille hommes; il marche sur Exeter. Il y a cependant de l'incertitude. Le roi ne donne aucun ordre d'attaquer. Les pairs, les chevaliers des comtés, les grands propriétaires se confédèrent pour la défense de leur religion et des lois du pays, le prince George de Danemarck, la princesse Anne, les fils naturels de Charles II, Churchill, les grands du royaume quittent la cour ou viennent se joindre à lui. Le duc de Berwick, fils naturel de Jacques, fut le seul qui ne l'abandonna jamais.

Le roi négocie avec les évêques, avec les Pairs qui sont à Londres, promet un Parlement libre et ne donne point d'ordre à son armée. Lord Feversham qui la commande et connaît ses mauvaises dispositions, la licencie; et le prince d'Orange s'approche de Londres. Les Pairs, que le roi vient de consulter, députent cinq d'entre eux au prince; une négociation s'établit. Jacques eût conservé sa couronne; mais les lois reprenaient leur exécution, le catholicisme était comprimé, ou plutôt purgé des jésuites et des prêtres ultramontains qui le perdaient. Jacques n'y voit que le triomphe du protestantisme; le 11 décembre, il fuit. Tout est en confusion ; une effroyable anarchie menace la capitale et l'État tout entier. Le peuple de Londres pille et brûle les chapelles catholiques, et se porte à tous les excès. Le roi, arrêté dans son embarquement par des pêcheurs, revient à White-Hall. Il y est accueilli avec des transports de joie, et dans l'ivresse des acclamations de ce même peuple, qui venait de briser les objets de l'affection pieuse du roi. Sa présence embarrasse cependant; il se rend à Rochester, d'où il quitte enfin l'Angleterre, en laissant une proclamation qui n'est pas sans dignité. Par ce mélange de caractère et d'irrésolution, Jacques a réellement abdiqué la couronne et placé les grands de son royaume, ce conseil, cette *Aula magna regis*, et les personnes qui, dans l'ordre social, ont le plus d'influence, dans la nécessité de pourvoir au gouvernement d'un grand peuple, que son chef abandonne à lui-même et à une anarchie dévorante s'il n'y est pas porté des remèdes prompts et efficaces.

Ainsi finit le règne de Jacques II, et commence la mémorable révolution de 1688-89.

VI. Les recueils de procès politiques de ce règne, si court et si plein d'évènements, ne contiennent que huit procès pour crime de haute trahison. Un seul, celui de lord Delamere, fut porté devant une Cour du Grand-Sénéchal. Celui de lady Lisle, jugé par une Cour d'*Oyer et terminer*, tenue à Winchester, est lié, ainsi que celui de lord Delamere, à la rébellion de Monmouth. Les actes des nombreux et iniques jugements de la Cour d'*Oyer et terminer*, à la tête de laquelle était Jefferies, à cette époque lord Chef-justice d'Angleterre, ainsi que ceux des Cours martiales que présidait le major-général Kirck, ont disparu de ces recueils. L'histoire du temps a livré à l'indignation de la postérité les attentats inouïs de ces hommes de sang.

Nous trouvons dix procès pour cause de libelles et de séditions. Celui des sept évêques est du nombre. Le procès du comte de Devonshire, pour avoir donné des coups de canne dans le palais du roi, offre un grand intérêt judiciaire, parcequ'il est double, l'un devant la Cour du Banc du roi, et l'autre devant la Chambre des lords, pour violation de priviléges. Il est à la suite de celui des sept évêques.

VII. Dès que la rébellion eut été comprimée, Jacques II envoya dans les comtés de l'intérieur le lord Chef-justice Jefferies diriger des poursuites contre les malheureuses victimes de cette folle entreprise. Jefferies se souilla de tous les crimes, et sa conduite à Taunton, à Dorchester et dans d'autres villes de ces comtés, prouva qu'il ne pouvait pas l'être davantage. A Dorchester, 74 personnes furent pendues, 171 transportées aux colonies; à Exeter, 14 furent livrées au bourreau, 7 transportées; à Taunton, 144 furent exécutées, 284 déportées aux colonies; et à Wells, 97 exécutées, 393 déportées. Total des condamnations de Jefferies et de ses dignes collègues : 330 exécutés, 855 déportés.

Le major-général Kirck ne fut pas moins atroce. On croit que près d'un millier de soldats de l'armée de Monmouth furent pendus ou passèrent par les armes. Les emprisonnements, le rachat de la vie à prix d'argent et les vols furent considérables.

VIII. Lady Lisle habitait Winchester, était âgée de quatre-vingts ans, aveugle et sourde, et veuve d'un des juges de la Haute Cour de justice pendant la république. Son mari avait condamné à mort le père du colonel Paddenrock, qui poursuivait son jugement avec une grande animosité. Son homme d'affaires avait permis à un ministre presbytérien, compromis dans la rébellion de Monmouth, et à une autre personne, qui cherchaient à se sauver, de passer une nuit dans sa maison. Jefferies la fit appeler devant la Cour. Les jurés, à trois fois différentes, la déclarèrent *non coupable.* Jefferies les renvoya avec menaces de les faire pendre à l'instant, si le verdict ne la déclarait pas coupable : ils obéirent. Lady Lisle fit solliciter son pardon du roi; il lui fut refusé. Convaincue de haute trahison, elle devait être brûlée : on obtint de l'*humanité* du Conseil privé qu'elle n'aurait que la tête tranchée.

IX. Lord Delamere était un des chefs de l'opposition dans la Chambre des Pairs. Le duc de Monmouth comptait sur son influence pour le succès de sa rébellion. On trouva dans ses papiers des notes indicatives de cette espérance ; peut-être l'avait-il dénoncé au roi. Il est certain que lord Delamere en avait connaissance, et qu'il avait correspondu à diverses fois avec le duc. Ce pouvait être avant qu'il eût connaissance de l'*Attainder* décerné contre lui. Il fut arrêté dans le comté de Chester, et mis en cause par un *Indictment* de la Cour Palatine de ce comté. En vertu d'un *Certiorari* (évocation) de la Cour du Banc du roi, il parut devant la Haute Cour du Parlement. Les Lords, apprenant son arrestation, avaient demandé qu'il fût mis en jugement. Le roi nomma donc un lord Grand-Sénéchal, le chancelier Jefferies qui venait d'être pourvu de ce grand office, et une commission de Pairs pour le juger. Elle était composée de six ducs, grands-officiers ou enfants naturels de Charles II, seize comtes, deux vicomtes et quatre barons : trente juges.

Les formes ordinaires furent observées. Les iniquités judiciaires que la double nomination de Jefferies et sa puissance devaient faire présager, furent : 1° la nomination d'une commission de Pairs, au lieu de porter le procès devant la Chambre des lords, le Parlement étant assemblé, quoique ses séances fussent ajournées ; 2° le refus d'un conseil pour plaider sur cette incompétence ; 3° l'ordre de faire son plaidoyer de défense au fond, aussitôt après les débats, sans lui donner un moment pour le préparer ; 4° la prétention du lord Grand-Sénéchal, de régler seul la procédure de la question préjudicielle et de la compétence de la Commission ; 5° sa décision qu'un seul témoignage suffirait pour prouver l'acte patent de haute trahison, et que l'absence du second pouvait être suppléée par les circonstances.

Lord Delamere mit du calme dans sa défense : il laissa l'accusation s'enferrer, et il prouva au dernier moment, en faisant entendre des témoins, un *alibi* des personnes avec lesquelles le témoin de l'acte de haute trahison déposait qu'il conspirait. Il avait préparé l'effet de ce moyen, en attaquant la moralité des témoins de l'accusation et même des conseils de la couronne.

Les Lords se retirèrent dans leur chambre, et rentrèrent après une petite demi-heure de délibération. L'appel des Lords commença, à l'ordinaire, par lord Churchill, depuis le grand Marlborough: il déclara *non coupable*, ce que firent unanimement les vingt-neuf autres juges. La commission finit. La baguette blanche fut brisée, par Jefferies, sur sa tête.

On ne doit pas, dès lors, être étonné que lord Delamere fut un de ceux qui mirent le plus de persévérance dans l'appel du prince d'Orange en Angleterre.

Les procès de lord Delamere, de lady Lisle, et les atrocités de la *fameuse campagne de Jefferies dans l'Ouest*, ont puissamment contribué, et bien plus encore que les procès des sept évêques, au renversement du trône de Jacques II : le but de notre ouvrage nous prescrivait donc de les faire connaître, au moins d'une manière succincte.

PROCÈS

Sur accusation du crime de libelle,

De l'archevêque de CANTORBÉRY, primat d'Angleterre. .	Non coupable.
De l'évêque de SAINT-ASAPH	*Idem.*
De l'évêque d'ELY.	*Idem.*
De l'évêque de CHICHESTER	*Idem.*
De l'évêque de BATH et WELLS	*Idem.*
De l'évêque de PETERBOROUGH.	*Idem.*
De l'évêque de BRISTOL	*Idem.*

PAR-DEVANT LA COUR DU BANC DU ROI.

15 et 23 mai 1688... Quatrième année du règne de Jacques II.

I. Déclaration de tolérance. — II. Arrestation des sept évêques. — III. Leur procès.

I. Le 4 mai 1688, Jacques II jetait enfin le masque, et publiait une proclamation royale dont la teneur suit :

JACQUES, ROI,

« Notre conduite, dans tous les temps, a dû » persuader au monde que nous sommes ferme et » constant dans nos résolutions. Cependant pour » que notre bon peuple ne soit pas abusé par la » malice des hommes rusés et méchants, nous » avons jugé convenable de déclarer que nos intentions ne sont pas changées, depuis le 4 avril » 1687, où nous avons publié notre déclaration

» pour la liberté de conscience, dans les termes » suivants :

JACQUES, ROI, etc.

« Le roi établit, dans le préambule de cette proclamation de 1687, que son désir le plus vif a toujours été de rendre heureux les peuples commis à son sceptre par la divine Providence; que ce but ne peut être atteint qu'en leur accordant le libre exercice de leur religion.

« Sans doute le plus grand désir du roi, sa gloire » même, seraient que les peuples de ses royaumes » fussent tous membres, comme lui, de l'Église » catholique. »

» Il annonce que son opinion, constante et plusieurs fois déclarée, a été que la conscience devait être libre, et ne pouvait jamais être gênée par aucune contrainte. Cette opinion s'est fortifiée, et de ses réflexions, et de l'expérience des quatre derniers règnes. Tous les efforts qui ont été tentés, pendant leur cours, pour obtenir l'uniformité de religion, ont été vains, et ils ont prouvé que la difficulté était insurmontable.

» En conséquence, pour le repos et la paix do» mestique de nos peuples, pour le plus grand » avantage du gouvernement et la facilité des actes » de l'administration, pour le bien de l'État, l'en» couragement du commerce, l'appel du concours » des étrangers et leur établissement en Angleterre, » en vertu de notre prérogative royale, et ne fai» sant aucun doute du consentement des deux » Chambres du Parlement, quand nous jugerons

» convenable de les assembler, nous avons ordonné » et ordonnons ce qui suit. »

Par les articles de cette déclaration, le roi remet aux non-conformistes toutes les peines et toutes les amendes qu'ils ont pu encourir ;

Révoque toutes les lois pénales qui ont été portées contre eux ;

Les dispense des serments de suprématie et d'allégeance, du *Test* et autres ; explique et annulle, en cas de besoin, le statut ou *Acte d'uniformité* ; défend de troubler personne dans l'exercice de son culte, quel qu'il soit, et engage sa parole royale de respecter toutes les propriétés acquises sur le clergé, en biens-fonds et dîmes inféodées, soit sous le règne de Henri VIII, soit sous celui de la république.

Rentrant ensuite dans cette déclaration du 4 mai 1688, il annonce qu'il a vu avec une grande satisfaction les nombreuses adresses, approbatives de sa déclaration de 1687, et qu'elles le louaient de ce qu'il avait admis, sans distinction, les catholiques dans ses armées de terre et de mer ; que jamais ses troupes n'avaient été mieux tenues et sa flotte plus belle, etc, etc. (1)

Le même 4 mai, une seconde proclamation du roi en conseil ordonna que celle de la tolérance religieuse serait lue et publiée dans toutes les églises du royaume ; et le 8, le roi prescrivit à l'archevêque de Cantorbéry de la faire publier dans

(1) C'était avant la revue où le régiment de Fervesham jeta ses armes.

les églises de Londres et de Westminster, le 20 et le 27 du même mois.

Le Primat assembla quelques évêques; et, le 6, ils rédigèrent une pétition au roi, dans laquelle ils lui soumettent humblement leurs scrupules, et lui disent :

« Que l'opposition qu'ils éprouvent à publier la » déclaration du roi ne procède, ni de manque » d'obéissance et de soumission à la volonté du roi, » ni de ressentiments contre les non-conformistes, » à l'égard desquels ils sont prêts à adopter tels » tempéraments qui seront trouvés convenables, » lorsqu'ils auront été délibérés et déterminés par » le Parlement et la Convocation, mais parceque » la déclaration est fondée sur un pouvoir de dis- » penser des lois, qui a été déclaré illégal par le » Parlement, dans les années 1662 et 1672, et au » commencement du règne de Votre Majesté. Cette » déclaration est dans une matière si délicate, d'un » si grand intérêt pour l'État, pour l'Église, pour » toute la nation, que les pétitionnaires ne croient, » ni de leur prudence, ni de leur honneur, ni de leur » conscience, de la publier : ils paraîtraient y avoir » participé, en la distribuant et la faisant lire, à » deux fois différentes, dans leurs églises, pendant » le service divin. »

II. Le 8 juin, les évêques signataires de la pétition furent appelés au Conseil privé. Le roi leur demanda avec beaucoup de sévérité, s'ils reconnaissaient leurs signatures; ils refusèrent de le faire, la Loi Commune leur laissant la liberté de ne pas concourir à un acte qui pourrait compromettre leur défense, ou les rendre coupables.

Appelés, le lendemain, au Conseil, l'archevêque et les évêques de Saint-Asaph, d'Ely, de Chichester, de Bath et Wells, de Peterborough et de Bristol, interpellés de nouveau s'ils reconnaissaient leurs signatures, se confiant dans la magnanimité du roi et dans sa clémence, les avouèrent. Le roi, un instant après, ordonna de les arrêter, et de les conduire à la Tour.

La publicité d'une semblable mesure, l'espèce de solennité qui était donnée à leur transport à pied à la Tour, révolta tous les esprits : épiscopaux, presbytériens, même quelques catholiques les plaignirent. Leur procès embarrassait beaucoup, et il fallait user de ruses, non seulement pour obtenir, mais pour demander une condamnation.

III. Le 15 mai, les sept évêques furent traduits par le lieutenant de la Tour à la Cour du Banc du roi. Le motif leur en était inconnu. Ils y paraissaient cependant sur une demande du procureur-général de la couronne d'un *Habeas corpus* qui les concernait. Amenés là, sous le prétexte de le plaider, le procureur-général, avant toute plaidoirie pour leur liberté sous caution, les aurait accusés, en vertu d'une information faite par lui, *ex officio*, du crime de libelle, et voulait les faire condamner de suite par un jury, qui, n'ayant pas le temps d'être tiré, aurait été pris parmi des personnes présentes à l'audience (des *Tales*), dévouées, et qui auraient fait ce qu'aurait ordonné le Conseil privé.

Les conseils des évêques étaient prêts à tout

évènement. Long-temps ils s'opposèrent à ce que le procureur-général fût entendu; il y eut une guerre de ruses et de chicanes, bien menée de part et d'autre. Les conseils ne plaidaient pas pour la mise en liberté sous caution, mais pour la nullité de l'emprisonnement :

1° En ce que le mandat de dépôt à la Tour n'était pas légal. Il portait la signature du chancelier Jefferies et d'un assez grand nombre de membres du Conseil privé, mais sans qu'il fût désigné qu'ils agissaient en leur qualité de conseillers privés, et en séance du Conseil. Ce moyen de nullité fut repoussé, à l'aide de quelques *précédents*, et en invoquant les usages de la Cour du Banc du roi, sur lesquels on consulta un des greffiers civils et le doyen des commis du greffe criminel. On fit remarquer qu'un juge ou un Chef-justice qui délivrait un mandat de dépôt, y prenait la qualité de juge ou de Chef-justice, sans désigner de quelle Cour de Westminster il était juge, et sans le dater de la Cour du Banc du roi ou de celle des Plaids communs.

Le deuxième moyen de nullité de l'emprisonnement reposait sur la qualité des personnes. Les sept évêques étaient pairs du royaume, et, en cette qualité, jouissaient du privilége de ne pouvoir être arrêtés que pour haute trahison, félonies du premier degré, ou violation de la paix du roi et refus de la garder et de l'observer à l'avenir; que dans tous les autres procès criminels il ne doit être procédé contre eux que par voie de sommation ou de citation.

C'était là où le procureur-général attendait la

défense. Jusqu'à ce moment elle avait obtenu du temps et consommé la séance. Le procureur-général dit que c'était vainement que les conseils des évêques s'étaient opposés à ce qu'il fût entendu; que les évêques étaient sous le coup d'une accusation grave, dans la poursuite de laquelle devaient s'évanouir tous les priviléges des évêques. Il consentait à les regarder comme pairs du royaume, mais il les accusait d'une violation manifeste des devoirs de leur office, comme évêques, de mépris de l'autorité royale. Il fallait donc lui permettre de développer son accusation.

Les évêques avaient fait une pétition collective au roi; ils en avaient le droit comme citoyens, comme évêques, comme pairs, il l'admettait. Ce n'était pas pour la pétition qu'il les accusait, mais pour sa forme, mais pour les termes dans lesquels ils l'avaient rédigée, et qui la constituaient un véritable libelle. Les conseils lui objectaient qu'ils accordaient, pour un moment, que leur pétition était un libelle; mais qu'un libelle ne violait pas la paix du roi, et que les révérendissimes prélats ne se refuseraient jamais à l'observer. Alors le procureur-général donna lecture de son acte d'accusation. Il portait :

« Que l'archevêque de Cantorbéry et les autres » évêques avaient, dans une prétendue pétition (celle » du 6 juin), en présence du roi, avec force et armes, » faussement, illégalement, méchamment, séditieu- » sement et scandaleusement médité, composé, ré- » digé et écrit un libelle, qui, suivant la construc- » tion raisonnable des paroles, manifeste le mépris » du roi et des lois du royaume, peut devenir d'un » pernicieux exemple, et se trouve en directe viola-

» tion de la paix du roi notre seigneur, et des droits « de sa couronne. »

Et il concluait à ce qu'ils fussent punis, l'archevêque, d'une amende de 2,000 liv. sterl., et chacun des évêques, de 1,000 liv. sterl., et tous d'un an de prison.

Les conseils des évêques défendirent contre cette accusation, et demandèrent la remise de la cause à huitaine, relativement à leur réclamation de l'*Habeas corpus*. L'archevêque et deux des évêques parlèrent avec beaucoup de dignité et de modération, et requirent d'être mis en liberté sous caution de se représenter. Ils demandèrent, en raison de leur qualité de personnes constituées en dignité, qu'il leur fût tiré un jury de quarante-huit personnes. La Cour du Banc du roi observa plus d'égards pour les prélats que le procureur-général. Toutes ces demandes furent accordées. En raison de leur qualité de pairs du royaume, ils furent dispensés de fournir d'autres cautions que leurs engagements personnels de 500 l. st., pour l'archevêque, et de 100 l. st., pour chacun des évêques.

Le procureur-général était confondu et ses ruses devenaient inutiles autant qu'elles étaient honteuses. Les plaidoiries eurent lieu au jour indiqué. L'archevêque et l'évêque d'Ély furent entendus, et se défendirent avec talent, mais avec modestie. Les conseils de la couronne soutinrent faiblement l'accusation. Deux des juges de la Cour, Halloway et Powell, furent d'avis que la requête n'avait point les caractères du libelle.

Les jurés se retirèrent dans leur chambre. Tous

les douze étaient unanimes en sortant de l'audience; ils firent à leur sûreté personnelle le sacrifice de passer la nuit; et le matin délivrèrent leur Verdict de *non coupables*. La Cour était pleine de spectateurs, et les environs de Westminster étaient occupés par le peuple; les transports de joie furent poussés au dernier point. Les troupes que le roi passait en revue témoignèrent leur satisfaction par des ***Huzzas*** et des danses. Jacques en fut très mécontent, punit quelques officiers pour ne pas l'avoir empêché, et cassa les deux juges de la Cour du Banc du roi, Halloway et Powell, qui avaient été favorables aux prélats.

Peu de mois suffirent pour montrer à ce prince les conséquences d'un procès aussi illégal et aussi mal combiné que celui des sept évêques. (***State Trials***, vol. IV, p. 203.)

PROCÈS

DE GUILLAUME, COMTE DE DEVONSHIRE (1),

POUR VOIES DE FAIT DANS LE PALAIS DU ROI,

Sur information *ex officio* du procureur-général.

COUR DU BANC DU ROI.

Juillet 1687. . . . . Troisième année du règne de Jacques II.

Le 24 avril, le comte de Devonshire se trouvant dans le grand cabinet du roi, à White-Hall, avec le colonel Culpeper, qui l'avait insulté trois jours avant, et refusait de lui en rendre raison, le força de sortir, et, dans un sallon voisin, le colonel persistant dans ses refus d'une explication, il lui donna des coups de canne.

Le lord Chef-justice de la Cour du Banc du roi fit citer le comte de Devonshire à comparaître devant cette Cour, le 27 avril. Il fut condamné à fournir une caution de 30,000 l. st., dont 10,000 l. st. en son engagement, et 20,000 liv. sterl. en celui de quatre de ses amis. Le Parlement était à la veille

---

(1) Le comte de Devonshire fut fait duc, en 1694, d'où il est résulté qu'on désigne assez souvent cette cause sous le nom de procès du duc de Devonshire.

d'une prorogation. Cité quelques jours après, le comte parut de nouveau. Le lord Chef-justice lui donna acte de sa comparution, et remit la cause à huitaine. Il fut cité de nouveau pour le 6 de mai. Le Parlement était ajourné. Le lord Chef-justice lui déclara qu'il aurait à répondre sur une information du procureur-général de la couronne, qui l'accusait d'avoir frappé un individu dans le palais du roi. Le comte de Devonshire dit qu'il était pair du royaume, et réclama les priviléges du Parlement, des quarante jours avant et après la session. Il fut renvoyé au dernier jour du terme de la session judiciaire de Pâques. Le comte y produisit par écrit ses réclamations de priviléges. La cause fut remise en juillet suivant, au premier jour du terme d'été. A l'aide de ces renvois, on usait les quarante jours des priviléges.

Au mois de juillet, le comte plaida coupable, et demanda son renvoi devant la Chambre des pairs, lors de la rentrée du Parlement; il ne l'obtint pas. La Cour du Banc du roi le condamna, 1° à payer une amende, au seigneur roi, de 30,000 liv. sterl.; 2° à garder prison jusqu'à ce qu'elle fût payée; 3° à fournir des cautions qu'il observerait la paix du roi; ses cautions ne seraient libérées qu'au bout d'une année de douze mois du calendrier.

Le comte de Devonshire paya l'amende, fournit les cautions, et fut un des principaux *appelants* du prince d'Orange, pour qu'il s'investit du gouvernement du royaume. (*State Trials*, vol. XI, p. 133.)

PROCÈS

De sir Robert Wright, ancien lord chef-justice de la Cour du banc du roi . . . . Condamné, pardonné.
De sir Richard Halloway, ancien juge. . . . . . *Idem*. . . . *idem*.
De M. Powell, juge actuel. . . . . *Idem*. . . . *idem*.

EN PRÉSENCE

De M. Petit,
De M. Bradbury, } conseils de la couronne,

En violation des priviléges du Parlement,

COUR DE LA CHAMBRE DES PAIRS.

15 mai 1689. . . . . Première année de Guillaume et Marie.

Le 22 avril 1689,

Sur le rapport du comte de Huntingdon, au nom du comité des priviléges de la Chambre, du procès du comte de Devonshire et de la violation des priviléges de la Chambre, en ce que,

1° La Cour du Banc du roi avait ordonné que, sans faire droit à la réclamation des priviléges du Parlement faite par ledit comte de Devonshire, il serait plaidé au fond, ce qui était renverser le droit des lords du royaume, d'être jugés par leurs pairs, pendant le temps des séances et les quarante jours de privilége du Parlement.

2° En ce qu'elle l'aurait condamné à garder prison jusqu'à ce que l'amende fût payée.

3° En ce que l'amende était exorbitante et excessive, et que c'était condamner ledit comte de Devonshire à être prisonnier pendant un temps indéfini;

Les Lords spirituels et temporels du Parlement ont ordonné qu'il serait fait apport par le clerc de la couronne ou par son substitut, des registres de la Cour du Banc du roi et du plumitif dudit jugement sur le bureau de la Chambre, et que les juges qui l'ont rendu comparaîtraient devant elle, le 6 mai prochain, à dix heures du matin.

En conséquence, un mandat d'amener, sous bonne et sûre garde, à la barre de la Cour, sir Robert Wright, prisonnier dans la prison de New-Gate, a été délivré au geôlier de cette prison.

Le 6 mai, sir Robert Wright et sir Richard Halloway ont comparu à la barre de la Cour, M. Powell à sa place de juge, MM. Petit et Bradbury à l'extrémité inférieure du bureau de la Chambre, à côté du clerc de la couronne et de son substitut, porteurs des registres de la Cour du Banc du roi.

Après que le clerc de la couronne a fait la lecture du plumitif du jugement, l'orateur invite les magistrats cités devant les Lords à développer leurs moyens de défense.

M. Powell a reconnu qu'il avait été égaré par des *précédents* qui avaient été invoqués avant leur délibération; qu'il avait eu d'autant plus de tort que son opinion était que l'amende ne devait être que de 3,000 liv. sterl.; enfin qu'il reconnaissait qu'il avait violé les priviléges du Parlement et lui en demandait pardon. Sir Richard Halloway a dit qu'il avait eu un tort très grave de suivre l'opinion du plus jeune juge, et qu'il réclamait la merci de la

Chambre. Sir Robert Wright a cité des précédents. L'orateur lui a répondu qu'il devait ne pas ignorer ce qui s'était passé, à la troisième année de Charles Ier, dans le procès du comte d'Arundel, et il y a quatre ans, dans celui de lord Lovelace.

L'orateur leur a demandé si cette amende n'avait pas été déterminée avant l'audience; sir Richard Wright a répondu que non. M. Powell lui a rappelé qu'ils avaient été appelés chez le chancelier, plusieurs jours avant, et pour cette affaire. Sir Richard a répondu qu'il ne s'en souvenait pas.

Les anciens juges, les conseils, le clerc de la couronne ont eu ordre de se retirer. L'orateur a demandé alors à M. Powell le récit complet et exact de ce qui s'était passé chez le chancelier; ce qu'il a fait.

« Le chancelier, lord Jefferies, les avait mandés, et leur avait donné ordre de porter l'amende à 20,000 liv. sterl., puis à 30,000 liv. sterl., disant que le roi en remettrait 10,000. Ils lui avaient remontré que pour les personnes les plus riches, l'amende n'était jamais portée à plus de 3,000 liv. st. Il avait fallu obéir. »

Il y eut des débats assez animés dans la Chambre sur la conduite de la Cour du Banc du roi, qui finirent par un vote de censure de cette Cour, et par une déclaration, insérée au journal de la Chambre, que l'amende de 30,000 liv. sterl. était excessive et exorbitante, et contre la Grande Charte, le droit commun du sujet et les lois du pays.

Le 7, la Chambre consulta les juges, qui furent de la même opinion que la majorité des lords. Il en fut de même sur la question qu'avait ouverte la Cour du Banc du roi, en soumettant les Pairs à garder prison jusqu'à ce qu'ils payassent les amendes auxquelles elle les condamnait. Il fut reconnu que c'était une violation des priviléges de la pairie. La Cour de la Chambre des lords s'ajourna au 15 de mai pour rendre son jugement, et fit citer le procureur-général de la couronne à y assister et à y défendre. Il ne comparut point; et la Chambre des pairs rendit son jugement conforme à ses deux votes de censure. (*Journal de la Chambre des pairs, ad annum* 1689.)

CONCLUSION DE CETTE PREMIÈRE PÉRIODE,

DE 1388 A 1688.

La première période des procès politiques, que nous venons de terminer, a offert un choix de procès, qui, soit dans tous les détails nécessaires de leurs procédures, soit dans des notices ou par de simples mentions, forment une série de causes criminelles d'un ordre politique, au nombre de cinquante-quatre.

Sur les 36 dont nous donnons les actes, et les 18 qui ne sont que mentionnés, la Haute Cour du Parlement et celle du Grand-Sénéchal en ont jugé vingt-cinq.

La Cour du Banc du roi, celle de *Guild-Hall*, et les Cours ou commissions d'*Oyer* et *Terminer* y compris celles de Jefferies dans l'ouest à la suite de l'*Attainder* du duc de Monmouth, la Chambre étoilée et la Cour de Cantorbéry, vingt-neuf.

Sur le total de cette triste, mais restreinte nomenclature, la moitié de ces causes, environ vingt-cinq, est pour crime de haute trahison. De cette somme totale de condamnations, vingt-huit sont injustes et de la plus complète iniquité; et cependant nous n'avons donné que les moins injustes.

Ces procès politiques ont amené, devant ces divers tribunaux, quatre-vingt-dix-neuf prévenus; quarante-six ont succombé et sont morts sur l'échafaud ou au gibet. Nous ne comptons pas, ni les dix-huit cents infortunés qui sont devenus les victimes de la folle entreprise de Monmouth, ni les meurtriers d'Overbury.

Nous avons donné à chaque dynastie le nombre des divers procès politiques qui avaient été jugés sous les princes qui la formaient; nous n'avons pas à le rappeler.

Mais quelle part, dans cette liste mélancolique, s'est retenue la dynastie des Tudors? Quelle part y revendique celle des Stuarts?

Les Tudors ont fait exécuter vingt-quatre personnes, dans seize procès de haute trahison, sur trente causes criminelles que nous avons présentées, sous les cinq règnes de ces princes, en moins de cent vingt ans, non compris les cinquante *Attainders* des années 1539, 1540 et 1541 du règne de Henri VIII; et huit de ces procès ont offert de grandes iniquités; presque tous les autres, des illégalités ou une grande sévérité.

Sous les Stuarts, en soixante-quinze ans, et dans les neuf procès pour crime de haute trahison que nous avons développés, trois ou quatre sont iniques, et dans tous, la loi ou les factions déployèrent une grande sévérité. Les jugements de la Chambre étoilée, de la Cour du Banc du roi et de celle d'*Oyer* et de *Terminer*, ont le même caractère et de grandes illégalités.

Nous n'avons pas parlé de la conspiration *Papiste*, de celle de *Rye-House ;* dans celles-ci surtout, les délateurs, les juges corrompus, les jurés intimidés ou vendus ont imprimé à Charles II et à son frère le duc d'York une tache de sang indélébile et un caractère de vengeance qui flétrira leurs noms jusqu'à la dernière postérité.

C'est à l'aspect de tant d'iniquités du pouvoir arbitraire que se sont soulevées l'indignation, la dignité nationale, la philosophie, la raison, la justice et les nécessités de tout ordre qui ont fait la révolution de 1689 (1).

---

(1) Nous avons donné plus d'étendue à cette première partie des procès politiques que n'en aura la seconde. Il fallait faire connaître les abus et les excès qu'avaient introduits l'aspiration des Tudors au despotisme légal, et celle des Stuarts au despotisme arbitraire de la prérogative royale de droit divin.

Guillaume III et Anne ne font pas de dynastie, et les princes de la maison de Brunswick-Hanovre n'ont pas encore fermé la leur. Nous ne nous servirons donc pas, pour la période qui s'est écoulée depuis la révolution, de cette division des temps.

FIN DES PROCÈS POLITIQUES DE LA PREMIÈRE PÉRIODE,

DE 1388 A 1688.

PROCÈS POLITIQUES.

SECONDE PÉRIODE, DE 1688 A 1820.

PROCÈS POLITIQUES.

SECONDE PÉRIODE, DE 1688 A 1820.

RÉVOLUTION.

Débarquement du prince d'Orange à Torbay, 15 novembre 1688. — Seconde fuite du roi, 23 décembre, même année. — Supplique au prince de prendre le gouvernement de l'État, 26 du même mois. — Convention, 22 janvier 1689. — Déclaration des Communes de l'abdication de la couronne, 28 du même mois. — *Bill des droits* et proclamation du roi et de la reine, 22 février suivant.

Le système du pouvoir arbitrairement absolu de la prérogative royale, à origine divine, et dès lors sans limitations autres que celles qu'elle y porterait elle-même;

Car la force d'un Parlement ou les obligations d'un contrat primordial qui lui en imposeraient d'autres, seraient essentiellement usurpatrices, et ne prescriraient jamais contre elles ;

Les principes de *l'obéissance passive*, de la *non-résistance à l'oppression*;

Leurs résultats : Que les sujets ne possèdent qu'autant que le veut le souverain; que leurs droits, leurs libertés, leurs franchises émanent de sa volonté, que ce qu'il aura concédé n'est point immuable, et qu'il peut le révoquer et reprendre ses dons, etc.;

Que leurs propriétés, leur industrie, leurs services, leur honneur, souvent celui de leurs femmes et de leurs filles sont au souverain, à ses maîtresses, à ses favoris, à ses agents, etc. etc.;

Etaient personnifiés, réduits et contenus dans ce célèbre axiome de l'Université d'Oxford : Ex Deo Rex, ex Rege lex.

La révolution ne s'est faite que pour y opposer et faire triompher, pour le bénéfice de l'Angleterre et plus tard pour celui de l'Europe et du Nouveau Monde, cet autre axiome : Ex Deo lex, ex lege Rex.

Ce serait à tort et vainement qu'on prétendrait que la révolution n'a eu d'autre but que d'asseoir la supériorité de la religion protestante, et d'assurer sa domination par l'exclusion de la religion catholique. Il importait très peu aux cinq ou sept appelants du prince d'Orange dans le royaume, que l'église épiscopale d'Angleterre triomphât. Comme leur parti et les Whigs qui avaient été persécutés sous le prétexte de la conspiration de *Rye-House*, mais bien réellement parcequ'ils avaient été les promoteurs du *Bill d'exclusion* de la couronne du duc d'York, *comme catholique*, méritaient que leur persévérance dans le renversement du pouvoir arbitraire fût récompensé, les Communes, convoquées en convention, le 22 janvier, basèrent pour leur faire honneur et quelque sorte de réparation, leurs mémorables résolutions du 28, sur ce que, « le roi, par le conseil des jésuites..., avait » violé les lois fondamentales, » et du lendemain 29, « qu'un royaume protestant ne saurait s'accorder » avec le gouvernement d'un roi papiste. »

Enfin, dans le bill des droits, qui détaille et les causes et le but de la révolution, il n'est pas question de l'église anglicane, et très peu de la religion.

Les principaux chefs de la révolution étaient plutôt presbytériens qu'épiscopaux. Avec la dépravation des mœurs de la cour et des temps si peu éloignés de Charles II, on pouvait très difficilement faire un appel au fanatisme religieux. La tolérance civile et même religieuse était dans les principes et dans le caractère du prince d'Orange; et dans toute cette grande affaire, la question religieuse a été à peu près nulle.

Avant la première fuite du roi de White-Hall (11 décembre), le concours de tous les partis à la réforme de l'État était unanime; et on pouvait attendre d'un Parlement libre, que le roi donnait sa parole royale de tenir, aussitôt que les premiers moments de troubles seraient passés, le redressement des abus. Mais sa première fuite, qui livrait le pays à l'anarchie, éloigna cet heureux concert. Il abandonnait le royaume, et dès lors sa couronne. Il fallait un chef du gouvernement; et on serait retombé dans la république, si on ne pourvoyait point à la vacance du trône. Jacques II, ramené à Londres, reçu avec des acclamations populaires nombreuses, reprenait une puissance d'opinion, de sentiment, dont il aurait pu profiter pour retenir le sceptre, en se portant de bonne foi à une réforme de l'État, à des conditions avantageuses, ou au moins honorables. A Rochester, qu'il avait demandé pour son séjour, il avait encore quelque pouvoir. Des torts étaient reprochés au prince d'Orange, dans la manière dont les gardes hollandaises avaient relevé les postes des gardes anglaises et pris possession de White-Hall. Des fautes très graves avaient été commises par les Whigs et les meneurs de la révolution; les partis opposés à ce grand mouvement reprenaient donc de la force; et il est à croire qu'un Parlement libre aurait, après la réforme des abus, reconnu ou accordé au roi le même pouvoir, en fait, que reçut, en 1810—11, la régence du prince de Galles (George IV). Mais le roi fuit une seconde fois, et laisse bien réellement le trône vacant. Il a donc créé une nécessité d'y pourvoir, soit par une régence, soit par un appel à la couronne de l'héritier présomptif ou de tout autre. Dans le cas même de cet appel, que de difficultés pour désigner cet héritier présomptif, entre le prince de Galles, dont la légitimité était contestée, qui n'avait que huit mois et que la reine emportait dans sa fuite, et la princesse d'Orange. Un mois entier fut employé à cette importante discussion.

La condition des chefs des partis et des partis eux-mêmes était embarrassée, et très pénible; celle des Whigs et du parti national, que cette fuite servait incontestablement, en était entravée; ils ne pouvaient plus, dans leur système, et en gardant quelque consistance dans leur opinion, colorer d'une régence l'exclusion de Jacques II de tout pouvoir. Il leur fallait aborder la question de l'élection, qu'ils ne voulaient pas traiter. La condition des Torys et de la Haute Église qui, dans tout changement du chef de l'Etat, a une si grande influence par les prières de la liturgie, pour le roi, et enfin celle des lords spirituels et temporels que le roi avait appelés auprès de lui, le 30 novembre, pour une négociation avec le prince d'Orange, n'étaient pas moins hérissées de grandes et d'inextricables difficultés. Ils devaient combattre pour la cause de Jacques II, biens sûrs de leur défaite, et avec le désir d'être vaincus. Il n'y eut donc pas, et il ne pouvait pas y avoir de franchise dans les longues négociations (du 28 janvier au 22 février) qui eurent lieu entre les Lords et les Communes. Dès lors, la peur des vengeances du roi les domina, et il y eut perte de la loyauté anglaise, animosité des partis, et ces grandes divisions qui ont donné lieu aux trois importants procès politiques, du ministère de Guillaume III (Portland, Orford, Sommers Halifax et le duc de Leeds), de Sacheverell et du comte d'Oxford, dont nous rendrons compte.

Un mois se passa dans les conférences des deux Chambres de la Convention, pour mettre ou retirer des amendements aux deux résolutions des Communes, du 28 et du 29 janvier, à la première surtout, qui était textuellement :

« Que le roi Jacques s'étant efforcé de renverser » la constitution du royaume, en violant le *contrat* » *original* entre le roi et le peuple, et ayant, par les » conseils des jésuites et autres méchantes gens, » violé les lois fondamentales, et s'étant retiré hors » du royaume, avait *abdiqué* le gouvernement, et » que par là le trône était *vacant.* »

La question de la *vacance* fut traitée la première, dans les conférences des commissaires des deux

Chambres. Elle fut d'abord résolue par la négative chez les Lords; ils furent ensuite forcés de la reprendre et de la décider dans le sens des Communes.

La question de la *violation du contrat* fut discutée pendant une séance; elle passa enfin, à l'unanimité, pour l'affirmative, le 30 janvier.

Celle de l'*abdication* souffrit beaucoup de difficulté. On distingua entre l'abdication de droit et l'abdication de fait, l'abdication expresse et l'abdication présumée. Les Pairs obtinrent la substitution du mot *déserté* à celui d'*abdiqué*, qu'ils abandonnèrent ensuite.

On revint à la question de la vacance du trône. Dans la monarchie anglaise, disaient les commissaires des Communes, le mort saisit le vif, le trône ne peut être vacant; l'incapacité morale, la mort civile produisent le même effet. Cette proposition fut rejetée par les Pairs; la première fois, par onze votes de majorité, la seconde fois par six votes.

Il y avait de grandes inconciliabilités dans les résolutions des Lords. Le contrat original a été violé; le trône a été abandonné, que ce soit une *désertion*, comme ils le veulent, que ce soit une *abdication*, comme le prétendent les Communes; et le trône n'est pas vacant. Les Communes avaient rejeté les amendemens des Pairs, à la majorité de deux cent quatre-vingt-deux contre cent cinquante-un (1).

(1) On trouvera les actes de ces conférences, ou au moins leurs détails les plus importants dans Rapin de Toyras, *Histoire d'Angleterre*, vol. IX, à la fin, édit. de La Haye, de 1726.

On en vint à une conférence, pour pourvoir à la désertion ou à l'abdication du trône. Les Pairs objectèrent que la couronne était héréditaire et non élective; que toutes les lois fondamentales seraient violées, si on transportait la couronne à celui qui n'en était pas l'héritier présomptif; et cependant cet héritier présomptif était incertain, d'après l'application qu'on faisait du statut de la trente-cinquième année de Henri VIII, chap. 1, qui avait appelé à lui succéder son fils, préférablement à ses filles, nées avant lui; Édouard VI, en bas âge, à Marie, sa sœur aînée, mais d'un mariage dissous par un divorce. Cet héritier présomptif ne pouvait être que le prince de Galles, âgé de huit mois; mais la légitimité de sa naissance était contestée, et il était en France; on ne pouvait donc pas l'appeler à la couronne. C'était donc le cas de former une régence, et cette résolution passait aux Lords à la majorité de cinquante-une voix contre quarante-neuf. Elle aurait été rejetée par les Communes à une majorité de plus des deux tiers des votes.

En cet instant des discussions des deux Chambres, le prince d'Orange, qui, jusque là, par son silence, avait évité de gêner la liberté des discussions, se trouva forcé de faire connaître ses intentions, et parla. Il annonça qu'il n'accepterait aucune régence, il en connaissait trop les dangers; qu'il recevrait volontiers la couronne, conjointement avec la princesse Marie, son épouse, pour exercer seul les actes du gouvernement, et pendant qu'il vivrait; que leurs enfants régneraient après eux;

que, s'il n'en avait que d'un second mariage après la mort de la princesse, ses enfants ne parviendraient à la couronne qu'après la princesse Anne de Danemarck et ses descendants : ils rentraient dans leurs droits d'hérédité de Jacques Ier et de leur grand'mère, sœur de Charles II et de Jacques II. Celui-ci et sa descendance étaient exclus à jamais du trône.

La princesse Marie avait déjà rejeté, à La Haye, la proposition du comte de Danby, de faire déférer la couronne à elle seule.

La seconde fuite de Jacques II avait donc créé, pour le Parlement, la nécessité d'en venir à une élection qui faisait roi un prince qui n'était pas héritier présomptif, et excluait Jacques II de la couronne d'Angleterre.

La Chambre des Communes, qui avait, sur celle des Pairs, la supériorité d'influence nationale et celle du triomphe dans la lutte qui venait de se terminer, rappela le contrat original et les conditions auxquelles la nation donnait la couronne, et rédigea et libella le *Bill des droits*, qui devint ensuite Statut déclaratif et fondamental dans le premier Parlement de Guillaume et Marie, par la sanction royale (1).

(1) Ce statut forme une partie trop essentielle des institutions anglaises pour que nous ne le donnions pas ici *in extenso*, autant du moins que nous le permettent les limites de cet ouvrage. On remarquera facilement quelle influence il a sur la jurisprudence en fait de crimes politiques. Nous renvoyons, au précis du règne de Guillaume III, l'exposé des changements sur l'instruction des crimes de haute trahison.

BILL DES DROITS.

DÉCLARATION PRÉALABLE.

« D'autant que le roi Jacques II, avec l'assistance » de ses pernicieux conseillers, juges et autres ministres qu'il a employés, s'est efforcé d'extirper les » lois et les libertés de ce royaume, en s'attribuant » un pouvoir excessif de dispenser des lois et d'en » suspendre l'exécution sans le consentement du » Parlement;

» En emprisonnant et faisant poursuivre en justice » divers dignes prélats pour l'avoir supplié, etc. (1)

» En levant de l'argent......, sous le prétexte de sa » prérogative, en d'autres temps et pour d'autres » usages que ceux pour lesquels il avait été accordé;

» En érigeant une Cour ecclésiastique;

» En levant et entretenant une armée sans le consentement du Parlement; en logeant les soldats » d'une manière contraire aux lois; en faisant désarmer les sujets protestants, dans le temps que les » papistes étaient armés...... ;

» En violant la liberté des élections...... ;

» En faisant porter à la Cour du Banc du roi des » causes (2) du Parlement; en faisant beaucoup » d'autres choses contraires aux lois;

» Et d'autant que, depuis plusieurs années, on a

---

(1) Procès des sept évêques, page 190, de ce volume.

(2) Procès du comte de Devonshire, pour les deux faits de vexations du gouvernement de Jacques II. (Page 199 de ce volume.)

» employé, en qualité de jurés, des personnes cor-» rompues...... ; qu'on en a même employé dans » des procès de haute trahison......; qu'on a demandé » des personnes emprisonnées...... des cautionne-» ments excessifs(1)......; qu'on a condamné des per-» sonnes accusées à des amendes exorbitantes; qu'on » a ordonné contre d'autres des peines excessives » et contraires aux lois; qu'on a même promis les » consfications des personnes accusées, avant leur » conviction ; et tout cela étant contraire aux lois, » aux statuts et aux libertés de ce royaume :

» Et d'autant que ledit roi Jacques II ayant abdi-» qué le gouvernement, et le trône étant par là de-» venu vacant, S. A. le prince d'Orange, dont il a » plu à Dieu de faire l'instrument de la délivrance de » ce royaume du papisme et du pouvoir arbitraire, » par l'avis des Seigneurs et des principaux membres » des Communes, a envoyé des lettres aux Seigneurs, » aux provinces, cités, villes, bourgs et communau-» tés, pour les exhorter à choisir des députés pro-» pres à les représenter, pour s'assembler le 22 de » janvier 1689, à Westminster, afin de procurer un » tel établissement que la religion, les lois et les li-» bertés ne soient plus en danger d'être renversées.

» Sur lesquelles lettres les élections ayant été » faites, et les Seigneurs et Communes étant pré-» sentement asssemblés en un Corps représentant » les trois États du royaume, et prenant en consi-» dération les meilleurs moyens pour obtenir les fins » qu'on s'est proposées. »

---

(1) Procès du comte de Devonshire, *Ibidem*.

BILL DES DROITS.

« Les Seigneurs et Communes... déclarent, en premier lieu, suivant l'exemple de leurs ancêtres, » afin de justifier et de soutenir les anciens droits et » libertés,

» 1° Que le prétendu pouvoir de suspendre l'exécution des lois par l'autorité royale, sans le consentement du Parlement, est contraire aux lois;

» 2° Que le prétendu pouvoir de dispenser des » lois ou de l'exécution des lois par l'autorité royale, » comme il a été usurpé et exercé en dernier lieu, » est contraire aux lois;

» 3° Que l'érection d'une cour ecclésiastique et de » toute autre cour est contraire aux lois et pernicieux;

» 4° Que toute levée d'argent pour l'usage de la » couronne, sous le prétexte de la prérogative royale, » sans qu'elle ait été accordée par le Parlement, ou » pour un plus long temps, et d'une autre manière » qu'elle n'a été accordée, est contraire aux lois;

» 5° Que c'est un droit des sujets de présenter des » requêtes au roi, et que tous emprisonnements et » poursuites pour ce sujet sont contraires aux lois;

» 6° Que lever ou entretenir une armée dans le » royaume, en temps de paix, sans le consentement » du Parlement, est une chose contraire aux lois;

» 7° Que les sujets qui sont protestants peuvent » avoir des armes pour leur défense, selon leurs conditions, de la manière que les lois le permettent;

» 8° Que les élections des députés au Parlement » doivent être libres;

»9° Que les discours faits ou tenus dans les dé»bats en Parlement, ne doivent être recherchés ou »examinés dans aucune cour, ni dans un autre lieu »que le Parlement même;

»10° Qu'on ne doit point exiger des cautionne»ments excessifs, ni imposer des amendes exorbi»tantes, ni infliger des peines trop rudes;

»11° Que les jurés doivent être choisis sans par»tialité; que ceux qui sont choisis pour jurés dans »les procès de haute trahison doivent être mem»bres des communautés;

»12° Que toutes concessions ou promesses de »donner les confiscations des biens des personnes »accusées, avant leur conviction, sont contraires »aux lois et nulles;

»13° Que pour trouver du remède à tous ces griefs, »pour corriger, pour fortifier les lois et pour les »maintenir, il est nécessaire de tenir fréquemment »des Parlements;

»C'est pourquoi les Seigneurs et les Communes »prétendent et demandent tout ce qui est spécifié »ci-dessus, comme étant indubitablement leurs »droits et leurs libertés, et qu'aucune déclaration, »aucun jugement, aucune procédure au préjudice »desdits droits et libertés ne puissent à l'avenir être »tirés à conséquence ou produits en exemple;

»Lesdits Seigneurs et Communes se trouvent par»ticulièrement encouragés à faire ces demandes »par le manifeste de S. A. le prince d'Orange, et »parceque c'est l'unique moyen d'obtenir une en»tière satisfaction sur lesdits griefs.»

BILL D'ÉLECTION.

« Dans l'espérance donc que S. A. le prince d'Orange perfectionnera la délivrance qu'il a déjà si » fort avancée, et qu'il maintiendra le peuple dans » la possession et jouissance desdits droits,

» Les Seigneurs spirituels et temporels et les Communes assemblés à Westminster, décrètent :

» Que Guillaume et Marie, prince et princesse » d'Orange, sont, et sont déclarés roi et reine d'Angleterre, de France et d'Irlande, et de tous les » domaines qui en dépendent, savoir, ledit prince » et ladite princesse pour le terme de leur vie et » de celui d'entre eux qui survivra à l'autre, et que » le seul et entier exercice du pouvoir royal soit exécuté seulement par ledit prince d'Orange aux noms » desdits prince et princesse, pendant leur vie conjointement, et qu'après leur mort, la couronne et » dignité royale desdits royaumes et domaines seront dévolues aux héritiers qui naîtront de ladite » princesse d'Orange; et au défaut d'enfants nés de » ladite princesse, à la princesse Anne de Danemarck » et à ses héritiers ; et au défaut d'enfants de ladite » princesse de Danemarck, aux héritiers dudit » prince d'Orange.

» Les Seigneurs spirituels et temporels et les » Communes prient lesdits prince et princesse d'Orange d'accepter la couronne conformément à » ce décret. »

Les Lords et les Communes décretèrent deux serments dont ils donnent la forme, et qui devront être prêtés par tous ceux de qui les serments d'*Allé-*

geance et de *Suprématie* peuvent être demandés et qu'ils abrogent (1).

Ces déclarations et bills furent lus et présentés au prince et à la princesse d'Orange, le 22 février, dans une grande séance de la Convention, tenue au palais de White-Hall; ils acceptèrent la couronne d'Angleterre gracieusement et loyalement.

Ainsi finit l'interrègne de la révolution.

---

(1) Nous donnons ces serments au n° 6 du procès de Sacheverell.

GUILLAUME III ET MARIE II,

Proclamés le 23 février 1689,
Règnent conjointement.... cinq ans dix mois dix-sept jours.

GUILLAUME III, SEUL.

9 janvier 1695 .... Mort le 17 mars 1702.
Treize ans et vingt-cinq jours au total.

I. Règne de Guillaume III et son administration. — II. Réforme de la procédure dans les procès pour crime de haute trahison. III. Acte d'établissement de la couronne d'Angleterre dans la branche protestante de la maison de Brunswick-Hanovre.

I. Le temps, ce grand justicier de l'histoire, dissipe les préjugés, calme les passions, et dans son impassible tribunal, donne droit enfin à la vérité. Guillaume III est aujourd'hui un des plus grands hommes du dix-septième siècle, et des plus grands rois de l'Angleterre. On a accusé son ambition; long-temps on a méconnu ses capacités royales et ses talents de gouvernement: justice lui est enfin rendue. Son ambition, elle l'a fait le libérateur de l'Angleterre, de la Hollande et de l'Europe; il a sauvé l'une des invasions de l'arbitraire de Jacques II, de ses juges et de ses ministres; il a donné aux Provinces-Unies et à l'Allemagne cette sécurité que leur avaient enlevée les accroissements de la puissance de Louis XIV, et ce qu'ils faisaient craindre de desseins ambitieux.

L'esprit du gouvernement du roi Guillaume a été de concilier, d'unir les partis, et d'obtenir, pour la nation anglaise, les fins de la révolution qu'elle venait de faire avec lui. Il aurait trouvé, dans cette union, le gage du succès de la grande alliance qu'il formait contre Louis XIV.

Il fallait, pour le roi Guillaume, une grande confiance dans ses talents, sa fermeté, sa persévérance, et toutes les ressources qu'elles pouvaient lui créer, pour espérer de concilier les esprits et de ramener les intérêts si opposés des partis à des concessions mutuelles et à la modération. Il l'a tenté; et quoiqu'il ait été constamment traversé dans ses desseins, la réforme des abus, la renaissance des droits constitutionnels, la reconnaissance des priviléges et du pouvoir du Parlement, et les garanties des libertés des sujets ont été obtenues, sous son règne, dans leurs parties les plus essentielles, et pendant le règne de la reine Anne, dans leurs complets développements. Pour l'Europe, la grande alliance a été maintenue; elle a fait la guerre de la Succession.

La position du roi lui commandait de ne pas choisir ses ministres dans un seul parti; il devait même les recevoir de la révolution. Il croyait unir les Torys avec les Whigs, en y faisant entrer, et ceux des Whigs qui avaient fait la révolution, et quelques uns des chefs les plus considérés des Torys. Pouvait-il oublier que la régence n'avait été repoussée, à la Chambre des lords, que par une majorité de deux voix, cinquante-une contre quarante-neuf? Il avait donc fait choix du comte de

Danby, qu'il a nommé depuis marquis de Caermarthen et duc de Leeds ; il avait été grand-trésorier sous Charles II, et poursuivi pour concussions par les Communes. Il rachetait son ministère et cette accusation par la disgrâce de Jacques II, et par les services rendus à la révolution. Le comte de Nottingham était de ce ministère ; Tory considéré de tous les partis, médiateur, pour Jacques II dans les négociations avec le prince d'Orange, il portait, dans la charge de secrétaire d'état, une grande réputation de probité et de loyauté. Godolphin, qui avait trahi Jacques II, et qui trahit depuis Guillaume, fut encore grand-trésorier ; et son gendre, lord Churchill, déserteur de la cause de Jacques II, fait d'abord comte de Marlborough, eut des emplois de confiance ; l'un et l'autre avaient une grande influence à la cour de la princesse Anne. Les chefs des Whigs eurent les autres places du ministère avec Bentinck et Keppel, tous les deux Hollandais et que Guillaume fit depuis, le premier, en avril 1689, comte de Portland ; et le second, en 1695, comte d'Albemarle.

Ce ministère, formé de partis hétérogènes, ne tarda pas à se diviser, et au lieu d'unir et de concilier, il ne porta, dans les deux Chambres et l'administration, que désunion, aigreur et ressentiments.

Les Whigs dominaient encore dans la Chambre des communes (1); mais le cabinet y avait créé un troisième parti de ministériels, qui portait de la

(1) Nous renvoyons au procès du comte d'Oxford l'examen de la différence qui existait entre les principes constitutionnels

force aux deux autres, d'après les volontés du ministère. Quand celui-ci fut désuni, ce parti ne fut d'aucune utilité ; dans les Parlements suivants, ce parti s'effaça. Il résulta de cet état des Communes que beaucoup de temps se perdit avant que cette Chambre prît les résolutions nécessaires pour la réforme de l'état.

On peut reconnaître cependant, dans les actes de cette Chambre des communes, que l'intérêt général et national était toujours prédominant ; les Torys se réunissaient alors aux Whigs, et le parti ministériel n'était plus rien. Dans les affaires d'un intérêt privé, d'indemnités des pertes éprouvées, sous les règnes de Charles II et de Jacques II, de restitution de biens, de droits ou d'état, de pardon, et d'amnistie de tout ce qui avait été fait avant la révolution, c'étaient les ministériels qui faisaient passer la résolution ; d'après les volontés du cabinet, ils se joignaient aux Whigs ou aux Torys.

Le cabinet voulut corrompre quelques membres des Communes, on lui en retrancha promptement les moyens.

Les Whigs montrèrent de l'énergie et surtout de la persévérance dans certains développements du *Bill des droits*.

Sur la question religieuse, ils votèrent, avec empressement, à la demande du roi Guillaume, les lois de tolérance. Elles furent amendées par la Chambre des pairs, dans laquelle dominaient les

---

des Whigs et ceux des Torys pendant les règnes de Guillaume III et de la Reine Anne.

Torys qui étaient avec la haute église. Nous en rendrons compte au procès de Sacheverell.

En finance, Whigs et Torys votèrent 2,000,000 l. st. pour les dépenses de l'état, mais ils en séparèrent une partie fixe qui, sous le nom de Liste civile, comprenait tous les frais de gouvernement. Il y eut unanimité dans les deux Chambres pour la spécialité des dépenses et l'examen des comptes; le Parlement avait repris l'une et l'autre sous Charles II; la Chambre servile et honteuse de 1685 les avait abandonnés à Jacques II.

En général, les deux Chambres profitèrent de leur force et de l'assentiment que, personnellement et hors du cabinet, ne refusaient pas la magnanimité de Guillaume III, et son esprit constitutionnel, pour restreindre la prérogative royale à ce qu'exigent les lois fondamentales de la constitution monarchique d'Angleterre, et pour faire reconnaître les droits du Parlement et les priviléges des deux Chambres dont il est formé.

Pour les assurer mieux et mettre davantage le Parlement en contact avec le corps électoral, sans reprendre l'exécution du statut du Parlement de 1640-41, sur les Parlements triennaux, une loi fut proposée, qu'un Parlement ne pût pas avoir plus de trois années de durée. La Chambre des communes se reposait sur le *Mutiny bill* annuel, et sur le vote des subsides pour les dépenses de l'Etat, autres que les frais du gouvernement, du soin de les faire convoquer, à la fin des trois années; les intérêts des serviteurs de la couronne exigeaient des convocations répétées.

Il y eut aussi diverses résolutions pour exclure de la représentation les agents du gouvernement, ses pensionnaires. Les Communes gémissaient déjà d'y voir arriver des Hollandais ou Allemands naturalisés. Ces bills moururent à la Chambre Haute; nous en retrouvons la trace et l'énergique exigence dans l'*Acte d'établissement*.

Le Parlement vota lentement, mais successivement, diverses lois relatives au crime de haute trahison, à la procédure qui le concerne, et aux juges qui règlent celle-ci et appliquent la loi, et, 2°, à la Haute Cour du Grand Sénéchal. Enfin il compléta la révolution et le transport de la couronne dans une dynastie étrangère, par l'*Acte d'établissement* qui appela la maison de Brunswick-Hanovre au trône de la Grande-Bretagne et de l'Irlande; nous allons faire connaître ces divers actes.

Pour terminer le précis de ce règne, en ce qui concerne plus particulièrement le grand homme qui l'a illustré de son nom, nous ferons remarquer que le système de gouvernement dont les nécessités de sa position lui faisaient une loi n'éteignit pas les animosités des partis; elles eurent au contraire plus d'intensité, et menèrent à la formation de deux autres partis, les *Jacobites*, et les *Non-Jureurs*, Jacobites du clergé épiscopal.

Guillaume eut des Jacobites dans son ministère, et des traîtres qui livraient ou vendaient les secrets de l'État à la cour de Saint-Germain; il paraît qu'ils jouaient un jeu double, et reportaient à Guillaume les secrets de la cour de Saint-Germain. Le procès du colonel Fenwick tient à des révélations de ce genre, que cet officier ne put pas prouver. Peu après le traité de Riswick, qui fut moins désavantageux pour l'Angleterre qu'on ne devait le craindre, le roi s'aperçut très bien du peu de discrétion de son cabinet et de la faible confiance qu'il méritait. Il ne communiqua plus au conseil privé ses négociations, et fit lui seul le premier traité de partage. On le connut par les indiscrétions calculées de la Cour de Saint-Germain, et on attaqua le cabinet; c'est le procès du comte de Portland, du comte d'Orford et autres pairs que nous donnons après celui du colonel Fenwick.

Les procès pour crime de haute trahison, pendant ce règne, sont au nombre de onze. Ils remontent tous à la Cour de Saint-Germain. Nous n'avons pas celui de Granval, jugé en Flandre par une cour martiale: Jacques II a donné des commissions à ce Granval et à Crosby pour lui amener de force le roi Guillaume, etc., etc.

Le règne de Guillaume fut agité; ce ne fut qu'au moment où il proposa le *Bill d'établissement* qu'on commença à lui rendre justice. Il est bien vrai que Jacques II et ses enfants, par Marie de Modène, étaient exclus de la couronne, et que Guillaume et la reine Anne n'ayant point de descendants, la couronne paraissait être dévolue à Elisabeth, reine de Bohême, fille de Jacques Ier, et mère de la princesse Sophie, électrice douairière de Hanovre. Mais c'était pour attirer l'électeur son fils à la grande alliance, que Guillaume III faisait reconnaître ses droits, très contestables d'ailleurs, ne fût-ce que par la maison de Savoie, descendante de

Madame Henriette, duchesse d'Orléans, fille de Charles Ier. Il fallut donc que le roi Guillaume fît décréter de nouveau que le sceptre d'Angleterre ne pouvait pas être porté par des princes catholiques.

Le statut de la haute trahison, de la vingt-cinquième année d'Édouard III, était, dans la main des juges corrompus et d'un gouvernement qui les voulait tels, une source de vexations pour le sujet, sa vie, ses biens, et ceux de ses enfants. Le *Bill des droits* et les principes qui l'avaient déterminé exigeaient que le Parlement prît quelque résolution pour régler l'application de ce statut (1).

Il fallait d'abord bien distinguer la sédition, la rébellion aux lois et aux magistrats, de la haute trahison. Des ouvriers en tumulte prennent les armes pour faire élever le prix de la main d'œuvre, ou briser des métiers. C'est un crime; mais ce n'est pas celui de haute trahison. Les juges en faisaient une trahison constructive, c'est-à-dire, à l'aide des conséquences qu'ils en tiraient. Ces ouvriers ont résisté à la force armée, aux troupes du roi; l'anarchie, le pillage en ont été le résultat. Ils auraient envahi le siége du gouvernement et forcé le roi, par la crainte, à leur faire donner ce qu'ils voulaient. Si le roi eût

(1) La Chambre des pairs du premier Parlement de Guillaume III avait mis beaucoup de zèle à poursuivre les juges prévaricateurs de Jacques II; ils avaient été mis en prison; la plus grande partie fut destituée. Les *Attainders* ou les jugements pour la conspiration de *Rye-House* furent abolis. On voulut imposer aux juges qui les avaient rendus le paiement des indemnités que réclamaient quelques familles. Mais plusieurs des juges étaient morts; d'autres avaient rendu des services dans la révolution : très peu d'indemnités furent payées.

résisté, ils eussent donc combiné sa mort. On n'avait point de semblables alarmes en 1697. Il n'y eut de loi passée à cet égard que vingt ans après, dans le premier Parlement de George Ier, le *Riot-act.*

On exige, dans toute perpétration de crime, qu'il y ait eu intention de le commettre. Le statut de la vingt-cinquième année d'Édouard III, constituant crime de haute trahison tout complot, combinaison, pensée, idée de la mort du roi ; et l'acte de lui faire la guerre étant regardé, par les jurisconsultes, comme une combinaison tendante à la mort du roi, le moindre acte de *lever la guerre*, et combien de faits indifférents lui étaient assimilés, devenait acte de haute trahison dès qu'il était prouvé par deux témoins légaux et non récusables! Nous avons vu que l'on se passait du deuxième témoin, et qu'on y suppléait par un concours de circonstances ou par des ouï-dire. La loi était sévère; elle était aussi dure que le supplice des traîtres était barbare ; et le Parlement ne croyait pas pouvoir y rien changer.

Il fallait donc fournir au prévenu toute la latitude de défense dont il pouvait avoir besoin, et déterminer le temps de la poursuite, les procédures de l'instruction et du jugement.

Les Communes présentèrent leur résolution dans la session de 1690-91. Les Pairs y mirent un amendement qui les concernait, pour les procès de la Cour du Grand-Sénéchal. Les Communes ne voulurent pas l'adopter, d'après les instigations du ministère, et reproduisirent plusieurs fois leur résolution. Les Lords tinrent à leur amendement, que les Communes, plus sages, ou livrées davantage à elles-mêmes, accueillirent, le 17 février 1697.

Le statut 7 de Guillaume III, ch. 4, dispose (1),

1° Que toute accusation du crime de haute trahison devra être présentée dans les trois années de la perpétration de l'acte, à moins qu'elle ne soit faite pour un acte patent d'assassinat du roi;

2° Que copie de l'accusation sera remise au prévenu, cinq jours francs, et non compris les dimanches et fêtes et le jour de la signification et celui du procès; ce terme a été étendu à dix jours également francs;

3° La liste des jurés lui sera remise deux jours francs avant le procès, pour les crimes de fausse monnaie et fabrication du sceau de l'État; et dix jours francs, dans tous les autres procès pour crime de haute trahison;

4° Un ou des conseils lui seront alloués pour sa défense, sur le point de fait comme sur celui de droit;

5° Après la lecture de l'*Indictment*, il est admis, avant de déclarer s'il plaide *non-coupable*, à développer les circonstances atténuantes de l'acte de haute trahison dont il est chargé;

6° Une liste de quarante-huit jurés lui est pré-

---

(1) Les dispositions de ce statut complètent la partie de la jurisprudence anglaise relative à l'instruction des procès politiques pour crime de haute trahison. Nous avons cru devoir le donner ici d'une manière aussi étendue que le permettent nos limites, et que l'exige notre but de donner des notions exactes et précises, mais courtes, de cette branche des institutions judiciaires de nos voisins.

sentée. Ils doivent être *Free holders* (francs tenanciers) et propriétairesdu comté, ou, dans les villes, membres d'une corporation. Il peut en récuser trente-cinq sans motifs;

7° On ne doit instruire le procès que sur les charges portées dans l'*Indictment;*

8° Dix jours francs avant l'ouverture du procès, on doit lui remettre la liste des témoins qu'on fera entendre pour l'accusation;

9° Les témoins qu'il fait entendre doivent être requis, sous serment, de dire la vérité, et la Cour est tenue de prendre, pour faire comparaître les témoins dont il réclame la déposition, les mêmes voies de droit qu'elle emploie pour la comparution des témoins de l'accusation.

L'amendement que les Pairs avaient mis à la résolution forme le complément de l'amélioration de la procédure criminelle, dans les procès politiques.

« Lors de la formation d'une Haute Cour du Grand-Sénéchal, tous les Pairs qui siègent à la Chambre des lords seront appelés, par des sommations faites en la forme ordinaire, à être juges de la Haute Cour. »

Pour assurer aux juges des Cours de Westminster l'indépendance nécessaire à leurs fonctions Guillaume III fit mettre dans leurs provisions la clause *tamdiu se bene gesserint* (1). George III, au commen-

(1) *Tant qu'ils se conduiront bien*, ils ne peuvent plus être destitués que pour forfaiture jugée, sauf les droits de la Chambre des pairs dans la surveillance de la magistrature.

cement de son règne, a rendu leur indépendance plus complète et plus honorable, 1° en les dispensant de prendre à chaque changement de roi, de nouvelles provisions; 2° en réglant l'ordre de leur avancement, depuis le dernier baron de l'Échiquier jusqu'au lord Chef-justice du Banc du roi; des procureurs-généraux et des solliciteurs-généraux de la couronne ne viennent plus enlever la présidence du Banc du roi ou des Plaids communs; 3° en leur attribuant des honoraires gradués et des retraites convenables à leurs dignités et à l'importance de leurs services.

III. L'acte de l'établissement de la couronne dans une dynastie protestante (*Act of Settlement*) était le complément de la révolution et en assurait les effets.

La reine Marie de Modène, qui n'avait pu élever aucun enfant avant le prince de Galles, voyait celui-ci sortir de l'enfance bien portant; la princesse Anne perdait, par la petite-vérole, son fils, le duc de Glocester; Guillaume III ne s'était pas remarié, avec lui finissait cette branche de la maison de Nassau-Orange; enfin le parti des Jacobites était nombreux et très actif. Si la princesse Anne venait à mourir, l'Angleterre se trouverait retomber dans tous les embarras d'une vacance du trône, et des anciennes querelles de la maison des Stuarts et des héritiers de Marie Tudor, duchesse de Brandon-Suffolk. La religion protestante était compromise. On réchauffa donc, et la question religieuse, et les rivalités des partis; et les Whigs se portèrent avec zèle à faire passer dans le Parlement cette loi que réclamaient l'ambition européenne de Guillaume III, ses engagemens avec l'électeur George de Brunswick-Hanovre, et les intérêts de la grande alliance contre Louis XIV et la France.

L'acte d'établissement appelait à la couronne d'Angleterre la princesse Sophie et ses héritiers et descendants, à l'exclusion de Jacques II et de ses descendants. Mais les Whigs, dans cet acte, prirent des précautions qui avaient été négligées dans le *Bill des droits*, et qui étaient ou paraissaient indispensables.

« 1° Que la personne, qui, par la suite, arrivera » à la possession de cette couronne, soit unie de » communion avec l'église d'Angleterre, telle qu'elle » est établie par les lois ;

» 2° Que dans le cas où la couronne et la dignité » impériale de ces royaumes arriveraient à une per- » sonne qui ne serait pas née en Angleterre, cette » nation ne sera pas obligée de s'engager dans au- » cune guerre, pour la défense d'aucun domaine ou » territoire qui n'appartiendrait pas à la couronne » d'Angleterre, sans le consentement du Parlement;

» 3° Que la personne qui arrivera par la suite à la » possession de cette couronne ne pourra pas sortir » de l'Angleterre, de l'Écosse et de l'Irlande, sans » le consentement du Parlement ;

» 4° Que, dès que les limitations mises à cedit » acte auront cours, les affaires de gouvernement, » qu'il est d'usage ou que les lois obligent de trai- » ter dans le Conseil privé, le seront; et les déci- » sions devront être signées par ceux des conseillers » privés qui y auront concouru ;

« 5° Que, dès que les limitations susdites auront » cours, toute personne qui ne serait pas née en » Angleterre, en Écosse, en Irlande, ou dans les » possessions britanniques, encore qu'elle fût naturalisée ou *Denizen*, excepté celle dont les parents » sont nés en Angleterre, est incapable d'être du » Conseil privé ou membre des deux Chambres du » Parlement, ou de remplir aucun office ou emploi » de confiance, soit civil, soit militaire, ou de recevoir aucune concession de terre, tenure ou héritage de la couronne, par elle ou par d'autres, à » son profit;

» 6° Que toute personne qui a un office ou emploi, » avec émoluments, dépendant du roi, ou une pension de la couronne, est incapable d'être membre » de la Chambre des communes;

» 7° Que, dès que les limitations et les provisions » des juges seront faites, *quandiu se bene gesserint*, » et que leurs honoraires seront fixés et déterminés; mais ils pourront être destitués sur une » adresse des deux Chambres du Parlement;

» 8° Qu'aucun pardon, sous le grand sceau d'Angleterre, ne pourra être opposé à une accusation » des Communes, devant le Parlement. »

Telle est la teneur du statut 12 et 13, Guillaume III, chap. 2, qu'on appelle l'*Acte d'établissement*, qui finit la révolution et limita la prérogative royale d'une manière exacte et précise : et le gouvernement de l'Angleterre s'est rapproché de celui d'une aristocratie mobile, maîtresse de l'exécution, par le cabinet, et de la législation, par le Parlement.

PROCÈS

DE SIR JOHN FENWICK,

POUR CRIME DE HAUTE TRAHISON,

Sur un bill d'*Attainder* de la Chambre des communes,

HAUTE COUR DU PARLEMENT.

Novembre 1696, à janvier 1697. . . . . Huitième année du règne de Guillaume III.

I. Nature et circonstances de ce procès. — II. Son introduction à la chambre des Communes. — III. Bill d'*Attainder* et débats. — IV Discussion dans la Chambre à ses diverses lectures. — V. Il est porté à la Chambre des pairs et adopté. — VI. Son exécution.

I. Le procès du colonel Fenwick n'est pas du nombre de ceux dans lesquels le prévenu, par son innocence, ou par de grands talents, un beau caractère, des services rendus au pays, l'attachement à une cause ou à un parti vaincu, élève l'intérêt des hommes sensibles, l'indignation des hommes justes : sir John Fenwick était de ces intrigants subalternes que voient éclore les révolutions des États et les troubles politiques.

Il y a eu quelques conspirations contre la vie et la couronne de Guillaume III ; et la cour de Saint-Germain, si Jacques II en est tout-à-fait innocent, les avait fomentées. Le projet auquel avait participé sir John Fenwick, avait pour but la restauration de Jacques II, et les moyens étaient un appel à la protection de Louis XIV, et le débarquement de dix mille hommes de troupes françaises dans l'est de l'Angleterre. Un corps de cavalerie anglaise les aurait joints, et des commissions avaient été délivrées pour former des compagnies. On avait bien combiné l'enlèvement du roi, pendant ses courses de Windsor à Londres, à main armée et après un combat avec ses gardes. Mais sir John Fenwick prétendait y être étranger, et quand il en avait eu connaissance, d'avoir fait tous ses efforts pour l'empêcher, et d'y avoir réussi.

Cette conspiration était en état dans le printemps de 1694, en mai et juin. Quelques uns des conjurés avaient été découverts, arrêtés et jugés. Un d'eux, Coock, avait été condamné, et, pour sauver sa vie, avait fait des révélations : elles avaient été utiles au Roi, et elles avaient été cause de l'arrestation du colonel Fenwick. Un capitaine Porter et un capitaine Goodman, engagés l'un et l'autre dans la conspiration, avaient été amnistiés et avaient déposé contre sir John. Un bill d'*Indictment* de haute trahison avait donc été présenté contre lui au Grand jury du comté de Middlesex qui l'avait adopté. Sir John Fenwick devait être jugé aux assises de Londres, le 28 mai 1696. Mais, dans l'intervalle, il avait usé de tous ses moyens pour retarder le jugement. Celui qui lui avait réussi avait été de faire disparaître un des deux témoins qui le chargeaient, le capitaine Goodman : 300 l. st.

une fois payées, et une rente de semblable somme, bien garantie, l'avaient déterminé à passer sur le continent. Le procès ne pouvait pas être jugé; une année après la promulgation du statut qui exigeait deux témoignages pour la conviction d'un crime de haute trahison, les juges ne se seraient pas permis de présenter la cause de sir John aux débats et à un verdict des jurés de jugement. Le colonel Fenwick restait donc à la prison de Newgate, sans oser demander un *Habeas corpus*, ou son jugement. Il fit donc présenter au roi, qui était alors en Flandre, un recours en grâce avec un engagement de faire des révélations utiles à sa personne; et il fit des ouvertures sur les correspondances avec la cour de Saint-Germain, et, par elle, avec la cour de France, de lord Godolphin, du comte de Marlborough, du vicomte de Bath, de l'amiral Russel et de quelques autres conseillers privés. Il révélait beaucoup de choses, mais il ne fournissait pas de preuves des faits; les correspondances privées, qui depuis ont été publiées, les ont données pour lui. Fenwick avait raison (1) : il paraît que les pièces lui manquaient, ou, qu'avant d'arriver au roi, elles étaient interceptées. Le roi permit que toute cette affaire fût portée à la Chambre des communes.

Sir John Fenwick ne pouvait que succomber. Il

(1) Parmi les traîtres qui siégeaient dans le conseil privé, il y en avait, de sentiment et d'attachement à Jacques II; il y en avait de politique et de prévoyance; il y en avait de convention, et qui jouaient undouble jeu.

devait être victime des vengeances de Godolphin et de Marlborough et des brutalités de l'amiral Russel, dont il paraît avoir fait connaître cette partie de sa correspondance, avec la cour de Saint-Germain, qui avait fait manquer l'expédition anglaise de Brest, du 18 juin 1694, avec perte de huit à neuf cents hommes. Ces vengeances s'exercèrent à l'aide des divisions des partis. Tous les Whigs, réunis avec les ministériels, furent pour le bill d'*Attainder* ; les Torys contre, à la minorité d'abord de soixante-un contre cent soixante-dix neuf ; mais, dans le cours du procès, le nombre des députés s'étant augmenté, beaucoup d'anciens Whigs repoussèrent ces indignités et cette éclatante injustice. Le bill n'eut, à la dernière lecture, que cent quatre-vingt-neuf contre cent cinquante-six ; majorité trente-trois ; un sixième. La manière même dont le bill fut introduit à la Chambre des communes annonçait seule ce que serait la résolution finale de la Chambre.

II. Le 6 novembre 1696, l'amiral Russel annonça « que S. M. avait bien voulu permettre que l'on » mît sous les yeux de la Chambre des communes » différents papiers concernant des informations » contre sir John Fenwick, et des renseignements » envoyés au roi et des dépositions faites par cet » officier, dans lesquels lui-même, amiral Russel, » et diverses autres personnes de qualité, étaient » nommés, et qu'ils demandaient, lui et ces personnes, que ces papiers fussent mis sur le bureau de » la Chambre, afin d'avoir l'occasion de se justifier » de faits et d'actes qui, s'ils ne le faisaient pas, les » placeraient sous la censure de la Chambre. »

La Chambre paraissant y consentir, deux malles de pièces furent apportées sur le bureau.

La Chambre ordonna que Sir John Fenwick serait amené à sa Barre, à la séance du soir; et chargea lord Cutts, sir Henry Hobart et M. Norris de l'exécution de cet ordre. Il fut également ordonné que personne ne lui parlerait ni ne lui remettrait de billet. La masse de la Chambre fut retirée du bureau; aucun membre ne pouvait donc prendre la parole que M. l'orateur.

A cinq heures, le prisonnier parut, environné de gardes. Il était sans doute au secret depuis plusieurs jours, et il n'avait pas été levé depuis le matin.

M. l'orateur lui dit: « Sir John Fenwick, la » Chambre est informée que vous désirez de lui » découvrir les desseins et les machinations des en» nemis du gouvernement. Vous avez maintenant » la faculté d'y procéder, et la Chambre demande » de vous que vous lui fassiez une ample révéla» tion de tout ce que vous connaissez à ce sujet. »

Sir John Fenwick répondit: « Monsieur l'ora» teur, je suppose que la Chambre n'ignore pas » quelle est ma position. Je suis accusé de haute » trahison, et j'ai été mis en jugement aux assises » d'*Old-Bailey*. Sa majesté doit avoir la connaissance » de tout ce que j'ai fait pour son service et pour celui » de l'état. Le Conseil privé le lui a sans doute com» muniqué. J'ignore si ce que je révélerai à la Cham» bre peut me nuire. Je demande donc d'avoir » d'elle quelque garantie que mes aveux ne tour» neront pas à ma perte. Je suis prêt alors à dire à » la Chambre tout ce que je sais. »

Il eut ordre de se retirer. La Chambre délibéra sur la nature de la sécurité qu'on devait lui donner; quelques avis furent ouverts pour qu'on lui promît que ses révélations ne pourraient jamais lui être nuisibles; d'autres, de lui garantir la protection de la Chambre. Le parti de la cour dit qu'il n'avait rien à révéler; que son but était d'obtenir sa grâce; qu'il ferait, au reste, comme le vicomte Preston, convaincu de haute trahison et pardonné, déposant de choses insignifiantes, et qu'il a ensuite désavouées dès qu'il s'est vu en liberté. Il passa donc à la majorité que M. l'orateur lui répéterait la même question, et qu'il en attendrait la réponse.

Sir John Fenwick étant ramené à la barre, M. l'orateur lui dit: « La Chambre n'a pu regarder ce que » vous lui avez dit, comme une réponse à la demande qu'elle vous a faite par mon organe, il » n'y a que la candeur et la promptitude de vos » aveux qui pourront vous mériter l'intérêt de la » Chambre et vous obtenir sa protection. »

Sir John Fenwick répondit: « M. l'orateur, ma » position n'a pas changé, depuis que j'ai eu l'hon» neur de vous répondre. Je suis encore sous la » main de la justice. J'ignore d'ailleurs si sa majesté » a vu avec bonté ou avec colère, les révélations » que je lui ai faites sur l'objet en question. C'est » tout ce que j'aurai à dire à la Chambre. Je le ré» pète; ma position est très délicate; ce que je puis » dire ici me sera opposé dans ma défense aux dé» bats d'*Old Bailey*. Je désire d'obéir à tous les com» mandements de la Chambre; mais je ne veux ni

» offenser le roi, ni déplaire à la Chambre. Elle con-
» naît tout l'embarras de ma situation. »

Après qu'il se fut retiré, des opinions furent émises et en assez grand nombre pour qu'il lui fût dit que ses pièces étaient sur le bureau, et qu'elles y étaient par ordre de sa majesté. On objecta qu'il valait mieux le lui laisser ignorer, et faire sa confession tout entière; qu'on en saurait davantage; qu'on aurait l'histoire de toute sa vie : d'ailleurs il est possible que les pièces des deux malles qui paraissent de lui n'en soient pas; que ce soit sa femme, sa famille ou ses amis qui les aient envoyées sous son nom; qu'alors il demandera à les reconnaître; qu'ainsi on perde beaucoup de temps. D'autres membres du parti ministériel disaient : s'il est informé que ses papiers sont déposés, et dans les mains de la Chambre, il y renverra plutôt que de répondre, ainsi qu'il l'a fait au conseil privé, et l'on ne finira jamais.

Il fut résolu que M. l'orateur lui renouvellerait la même question, sans y mêler des paroles dures ou menaçantes, mais sans dire qu'on avait le consentement de Sa Majesté.

Sir John Fenwich, ramené à la barre, M. l'orateur renouvela ses demandes et l'assurance qu'il serait bien traité par la Chambre, en raison de sa candeur. Sir John fit les mêmes réponses, et demanda un peu de temps pour remettre ses idées.

On lui dit de se retirer. Quelque temps après, il fut rappelé à la barre; les mêmes questions lui furent faites.

Il répondit qu'il espérait que la Chambre connaissait combien sa position était délicate. « Je suis » accusé du crime de haute trahison ; on me reproche » des faits ; on constitue, en actes patents et complets, » de vagues conversations, et sur les révélations de » deux hommes plus coupables que moi, car ils » avaient accepté des commissions pour lever des » troupes au service du roi Jacques. L'un, incapable » de se trouver en face de moi, et dans la crainte » d'être confondu aux débats, s'est retiré. Mais si, » dans les révélations que je pourrais faire à la » Chambre, il y avait quelques expressions qui » donnassent de la force à la calomnieuse déposition » qui reste contre moi ; si j'étais amené à révéler » des faits qui ne sont pas connus et que l'on tour» nerait en charge nouvelle contre moi, il me serait » donc nécessaire d'obtenir la protection de la Cham» bre, et de sa bonté, une garantie que mes révéla» tions, quelle qu'en soit la portée, ne me seront » pas nuisibles... J'ai averti S. M., qui était alors en » Flandre, des machinations dont sa vie et sa cou» ronne étaient l'objet ; et je demandai un pardon. » Le roi a eu la bonté de me répondre qu'il l'accor» derait, si mes révélations étaient satisfaisantes ; » j'en ai fait, le roi a répondu qu'elles n'étaient pas » satisfaisantes ; j'en ai fait de plus fortes, même ré» ponse ; le roi a exigé des preuves, je les ai fournies, » S. M. ne les a pas trouvées satisfaisantes, je suis » dans la même position vis-à-vis de la Chambre, » et j'ai peur qu'il ne soit dit de mes révélations, » par la Chambre, qu'elles ne sont pas satisfai» santes. »

M. l'orateur lui dit simplement : « Vous savez ce

» que la Chambre attend de vous. Vous pouvez la » satisfaire ou vous retirer. » Sir John Fenwick se retira.

La motion fut faite de procéder à un bill d'*Attainder.* Il fut peu discuté, et passa, pour la première lecture, à une majorité de 169 voix contre 61.

La Chambre chargea deux jurisconsultes de soutenir l'accusation et de défendre le bill. Trois conseils et un solliciteur furent alloués à M. Fenwick, et il leur fut accordé jusqu'au 16 novembre pour préparer leur défense.

Diverses décisions préjudicielles (*Rules*) furent prises par des résolutions de la Chambre, qui, en sa qualité de Cour supérieure, comme une des sections de la Haute Cour du Parlement, régla la procédure.

Les conseils de l'accusation furent autorisés, 1° à interroger les témoins tant sur les charges du bill d'*Attainder* que sur celles de l'*Indictment* du Grand Jury de Middlesex;

2° A interroger le capitaine Porter sur les tentatives de lady Marie Fenwick, pour l'engager à se désister de son accusation ou déposition;

3° A faire lire la révélation ou déposition du capitaine Goodman qui chargeait sir John Fenwick, d'après le registre ou *memorandum* du juge de paix Vernon qui l'avait reçue;

4° A faire citer un ou plusieurs des membres du Grand jury qui, sur la déposition de Goodman, avait adopté l'*Indictment* contre Fenwick.

5° A faire citer un des jurés du jugement de Cook, pour l'interroger sur la déposition de Goodman, qui avait motivé leur verdict de coupable;

6° A faire entendre des témoins sur la contexture de la déposition ou révélation de Goodman.

Ces six questions préjudicielles se présentèrent dans le cours des débats, furent discutées par les conseils de sir John Fenwick, soutenues par les avocats de l'accusation, et successivement décidées par la Chambre.

La défense de sir John Fenwick fut faite par ses trois avocats avec beaucoup de talent, d'adresse et de modération.

Le premier montra quelle dureté offraient les bills d'*Attainder* qui envoient à la mort un citoyen par une loi *ex post facto.* « Ce que vous ne feriez pas » au civil, pour le paiement d'un schelling, vous le » faites au criminel, pour la vie d'un homme.

» Aucune déposition ne peut être opposée à un » accusé, si elle n'a pas été faite en sa présence; » et vous jugez le colonel Fenwick sur la déposition » de Goodman, absent, déposition que vous n'a- » vez pas même *in extenso*, et signée de lui. Vous » consultez le notulaire du juge de paix qui l'a re- » çue; vous appelez les témoignages de ceux qui » l'ont vue, ou qui ont fait quelques actes sur cette » déposition; et dans leurs incertitudes, que vous » disent ces témoins?

» Que Goodman, Porter, lord Montgommery, » Cook, Charnock, ont consulté pour savoir si c'était » le cas de faire la guerre au gouvernement; que » sir John Fenwick a assisté à une de ces conférences, » et qu'il y a été résolu qu'on ne la ferait pas, à

» moins d'une action, et d'une démarche contingen-
» tes et incertaines.

» Et vous avez décidé, dans l'abolition de l'*At-*
» *tainder* de lord Guillaume Russel, qu'une sembla
» ble consultation, ou délibération, n'est point un
» acte de haute trahison. Il ne l'était pas, d'après vous,
» sous Charles II, et il le deviendra sous Guillaume III,
» par le bill actuel; mais cette consultation, qui reste
» en suspens par le fait d'une action contingente, a-
» t-elle été terminée, complétée? non, car elle ne
» devait être reprise qu'après que Charnock aurait
» passé en France. Il n'y a pas passé, il est resté en
» Angleterre. Coupable d'une conspiration qui paraît
» plus réelle que celle-ci, vous l'avez condamné,
» vous lui avez pardonné; la consultation n'est pas
» complétée; elle est à reprendre, elle n'existe donc
» pas. »

Les conseils de l'accusation répondirent et citèrent des procès antérieurs à la révolution de 1688, dans lesquels on n'avait exigé qu'un seul témoin; et ils firent ces citations, en présence de la loi encore chaude de l'année précédente, qui, rappelant celle d'Édouard VI à la première année de son règne, exigeait deux témoins pour chaque acte de haute trahison.

En général, on ne pouvait pas se dissimuler que l'accusation était faible, qu'elle reposait sur un seul témoignage d'un témoin illégal, récusable, puisque c'était un complice pardonné, faisant le rôle de dénonciateur.

Il fut bien prouvé, aux débats, que sir John Fenwick avait tout fait pour reculer son procès.

C'est un moyen de défense en tous les temps, et bien plus en temps de révolution. C'était son droit.

On prouva également que lady Marie Fenwick avait pratiqué Goodman, pour le faire disparaître; c'était sans doute un coup décisif pour la défense du colonel, et qui valait mieux que de discuter son témoignage. Goodman avait été chassé de la maison du duc de Norfolk, pour avoir voulu l'empoisonner; tel était cependant le témoin que voulait reproduire le parti de la Cour.

Il y avait en action, dans ce procès, toute la haine des Whigs contre les Torys, et toute leur colère d'avoir été joués par lady Fenwick.

IV. Les délibérations de la Chambre sur le bill d'*Attainder* commencèrent après que la défense des conseils de sir John Fenwick et la réplique de ceux de l'accusation eurent été terminées. Les débats des membres des Communes furent animés. Pour l'honneur des Whigs, qui venaient de faire rendre la loi de l'année précédente, bien plus que pour l'économie du temps, nous les abrégerons, ou plutôt nous dirons qu'ils reproduisaient toute la jurisprudence des juges de Henri VIII, sur l'*Attainder*. Quelques uns même allaient puiser dans les usages de l'inquisition d'état de la république de Venise, les motifs de condamner à la peine capitale, sur la déposition d'un témoin unique. D'autres disaient que des juges devaient condamner d'après leur conviction personnelle, et non d'après les pièces et leur conviction judiciaire. Nous devons faire observer qu'à la seconde lecture, lord Cutts annonçait d'une manière assez officielle, que les ministres ne voulaient point la mort de sir John Fenwick, mais le forcer à une confession complète et sincère.

Les opposants au bill disaient que la nécessité seule peut rendre tolérable, et dans de rares circonstances, un bill d'*Attainder*; dans le procès du colonel Fenwick, il n'y en a aucune. Qu'importe, après tout, que le soupçon d'avoir trahi honteusement l'état, plane ou ne plane pas sur la tête des ministres?

» Le statut d'Édouard III reconnaît bien que le Parlement a le droit de déclarer haute trahison ce qui n'était pas encore réputé tel; mais non de condamner à mort pour une trahison qui n'est pas prouvée.

» Le procès actuel est plein d'illégalités. On nous fait condamner à la peine capitale, au supplice des traîtres, sur la déposition de témoins qui n'ont pas prêté serment. Nous ne pouvons pas le requérir. La poursuite de sir John Fenwick aurait dû commencer par un *Impeachment* de notre Chambre devant celle des Pairs, les Lords auraient requis le serment des témoins.

» Enfin serait-il juste que le Parlement ôta la vie à un sujet, sur une évidence moins forte que celle qu'exigerait une cour inférieure? »

La seconde lecture passa à la majorité de 182 contre 128.

Aux débats pour la troisième lecture, lord Cutts pressa l'adoption du bill, en raison des dangers que courait le gouvernement. On reconnaît bien là la tactique de la vengeance ministérielle. Un des opposants au bill dit qu'il n'était pas présenté, et ne pouvait pas être motivé par les dangers qui menaçaient la cour, mais pour venger une personne d'honneur; c'était lord Godolphin qu'il voulait désigner. Les amis des conseillers privés, les aides-de-camp du comte de Marlborough, qui étaient dans la Chambre, parlèrent, aux diverses lectures, pour les justifier.

Ceux des membres de la Chambre qui objectaient au bill son iniquité, montrèrent que, « toutes » les fois que le Parlement avait *renversé* un bill » d'*Attainder*, il avait basé sa résolution sur ce qu'il » avait été rendu contre la loi, sur ce qu'il avait retiré » au condamné le bénéfice de la loi; et nous, nous » le retirons à sir John Fenwick, et nous le con» damnons contre le statut que nous avons voté » l'année dernière. »

Quels que fussent leurs efforts, ils furent inutiles, la partie était trop bien liée. Le bill passa à la troisième lecture, et après avoir été rédigé (*Ingrossed*), à la majorité de 189 voix contre 156.

Il fut porté aux Pairs, qui employèrent presque tout le mois de décembre aux trois lectures. Il passa enfin à la majorité de 68 voix contre 61 (1).

V. Le roi sanctionna, et l'ordre d'exécution est du 8 janvier 1697.

On fut étonné que le roi, auquel Fenwick avait rendu un service réel, dans sa position de souverain né de la veille et d'une révolution, ne lui

---

(1) Le journal de la Chambre des Pairs ne donne pas les opinions des lords. On ne peut les connaître que par les protestations de la minorité, et il n'y en eut pas.

eût pas remis toute la peine. Il paraît que sa mort était demandée par trop de personnages puissants, et que Guillaume ne put pas la refuser.

Burnet dit que le roi fit venir sir John Fenwick dans le cabinet du conseil, entendit ses révélations; mais ne tenant ses faits que de la seconde main, sir John ne put pas les prouver; peut-être s'y refusait-il, parcequ'il se trouvait en présence de ceux qu'il chargeait. Quoi qu'il en soit de ses motifs, en ne prouvant pas ses dénonciations, il était l'auteur d'un grand scandale qu'il fallait punir.

L'iniquité du jugement portait tout entière sur le Parlement, et surtout sur les Whigs, dont le roi était mécontent, et qui s'étaient séparés de lui avec aigreur, parceque c'était avec injustice.

Guillaume III commua la peine, ou l'adoucit, en ordonnant que le chevalier Fenwick serait décapité (1).

Le 23 janvier, à l'exécution, sir John Fenwick protesta de son innocence, déclara qu'il mourait dans la religion protestante, et invoqua les bénédictions du ciel sur le roi Jacques II, sur le prince de Galles et sur sa famille. (*Journal de la Chambre des Lords. — Journal de la Chambre des Communes*, ann. 1696 et 1697. —*State Trials*, vol. V, pag. 40.)

---

(1) Dans le *Warant* d'exécution, signé par le roi, toutes les parties du supplice des traîtres lui sont remises, à l'exception de la dernière, la séparation de la tête du corps. C'est la formule ordinaire.

PROCÈS

Sur *Impeachments* de la Chambre des Communes,

POUR GRANDS CRIMES ET MALVERSATIONS,

(*High crimes and Misdemeanors*),

De JEAN, lord SOMMERS, chancelier d'Angleterre. . . . . Acquitté.
De ÉDOUARD, comte D'ORFORD, membre du ministère. . . . . *Idem.*
De CHARLES, lord HALLIFAX, *idem.* . . . . *Idem.*
De GUILLAUME, comte DE PORTLAND, *idem.* . . . . *Idem.*
De THOMAS, duc DE LEEDS, *idem.* . . . . *Idem.*

POUR MÉPRIS DE LA DIGNITÉ DE LA CHAMBRE DES COMMUNES,

De JEAN, lord HAVERSHAM. . . . . *Idem.*

HAUTE COUR DU PARLEMENT.

1er avril et 24 juin 1701. . . . Treizième année de Guillaume III.

I. Traités de partage de la succession d'Espagne. — II. Adresse des Pairs au roi et censure des négociations et du traité. — III. Adresse de la Chambre des communes et accusation des cinq ministres. — IV. Aigreur des deux Chambres et incident de lord Haversham, et son accusation. — V. Les Communes ne poursuivent pas, et la Haute Cour acquitte les prévenus.

I. Peu après la signature de la paix de Riswick, Louis XIV fit commencer des négociations pour en assurer la stabilité, en s'occupant à l'avance de régler les droits des princes qui avaient des titres à la succession de Charles II, roi d'Espagne, de Naples et Sicile et des Indes, prince valétudinaire, et dont on devait prévoir la mort dans un terme très rapproché. Déjà de semblables propositions avaient été faites par la France à la cour de Vienne, en 1666, et n'avaient pas eu de suite.

Guillaume III appela de la Hollande le comte de Portland, retiré des affaires, et lui confia, ainsi qu'au comte de Jersey, cette importante négociation; elle était ouverte à Londres. Le roi, persuadé plus que personne de l'impopularité du ministère qu'il avait été forcé de recevoir des partis et des nécessités de sa position, et peut-être de l'indiscrétion, pour ne pas dire plus, de son cabinet, avait resserré tous les actes diplomatiques de ces traités entre un petit nombre de personnes. Le comte de Portland avait seul ses pleins pouvoirs. Il était dirigé par des instructions orales du roi seul. Ses pleins pouvoirs, en blanc, et avec leur seul titre sur la feuille de parchemin, avaient été scellés du grand sceau par le chancelier. Enfin lors de la ratification, elle avait été soumise, par le comte de Portland, aux membres du ministère qui ont été accusés. Des objections, disaient-ils, ont été faites par eux. Lord Portland répondait qu'il fallait adopter le traité, ou le rejeter en masse.

Par le premier traité de partage, le prince électoral de Bavière était roi d'Espagne; M. le dauphin avait les royaumes de Naples et de Sicile, les places de la côte de Toscane, le Guipuscoa, Fontarabie et le port du Passage; et l'archiduc Charles, deuxième fils de l'empereur Léopold, le duché de

Milan. Ce premier traité de partage a été signé à Londres, le 18 octobre 1698. Le roi d'Espagne ne tarda pas à en être informé ; il fit un premier testament, en faveur du prince électoral de Bavière, auquel il laissa toute sa monarchie. Mais le prince électoral meurt le 7 février 1699. Un second traité de partage eut donc lieu les 3, 13 mars 1699. L'archiduc Charles sera roi d'Epagne, le duché de Milan sera donné au duc de Lorraine, et la Lorraine accroîtra le lot du Dauphin.

Il y avait de la prévoyance politique à détruire les causes d'une guerre qui ne manquerait pas de se rallumer, à la mort du roi d'Espagne; et lorsqu'un des plus redoutables prétendants à la succession de cette monarchie donnait les mains à des restrictions considérables de ses droits, les puissances maritimes (Angleterre, Hollande et Suède) ne manquaient pas à la Grande Alliance, en accédant aux propositions de l'un ou l'autre de ces deux traités de partage. Le mal advint de ce qu'il y eut un second testament du roi Charles II, qui appelait Philippe, duc d'Anjou, deuxième fils du dauphin, à toute la succession, et que Louis XIV acceptait le testament.

Le roi Guillaume avait donc pris seul une mesure politique qui était bien en entier dans la prérogative royale, qui devenait caduque, et ne pouvait pas lui être reprochée : *Le roi ne peut faire tort;* mais sur laquelle une responsabilité ministérielle n'était pas ouverte, car les traités avaient été négociés et préparés par le comte de Portland seul, qui n'était pas du cabinet. Il n'en était pas de même de la ratification délibérée, ou paraissant l'avoir été, dans le cabinet, et de l'apposition du grand sceau aux instructions du comte de Portland, qui rendait le chancelier responsable.

II. Charles II d'Espagne mourut le 1er novembre 1700; le 11, Louis XIV accepta le testament; le 24, Philippe V est proclamé roi, à Madrid. L'opinion publique ne tarda pas, en Angleterre, à s'occuper de l'accroissement de puissance que recevait la France, des moyens qui auraient dû être pris, ou qui l'avaient été, pour empêcher cet énorme agrandissement de la maison de Bourbon, et des fautes qu'avait faites le ministère du roi Guillaume. L'agitation fut grande parmi les Whigs, et leur haine contre l'administration du roi, plus que contre sa personne, se montra dans toutes ses ardeurs.

Le 15 février 1701, la Chambre des communes demanda communication des traités qui avaient été négociés, de 1678 jusqu'à ce jour. Ils furent remis, traduits et copiés, le 2 de mars. La Chambre des lords nomma, sur une semblable communication, un comité de trente-deux pairs pour lui faire un rapport, qui fut présenté le 15 mars. Il résultait de ce rapport :

1° Que Naples et la Sicile avaient été donnés au dauphin de France;

2° Que l'empereur, quoique partie principale dans la succession, n'avait pas été appelé aux traités;

3° Qu'aucun plénipotentiaire hollandais n'était intervenu dans cette négociation;

4° Qu'il n'y a pas eu d'instructions par écrit, aux plénipotentiaires, quoique leurs pouvoirs fussent illimités, et qu'ils n'avaient eu que des ordres verbaux dont il n'a point été délibéré en conseil privé;

5° Que les traités n'ont été soumis à aucun conseil, avant d'être signés;

6° Que l'ordre pour la ratification a été signé par un seul des plénipotentiaires, le comte de Portland;

7° Enfin, que les traités ont été négociés, signés, ratifiés et scellés pendant l'assemblée du Parlement (1).

Sur ce rapport, il y eut une protestation de seize pairs; il y eut ensuite des éclaircissements donnés par le secrétaire d'État Vernon et par les lords membres du ministère; les discussions furent continuées pendant plusieurs séances. Le 20 mars, la Chambre arrêta qu'il serait fait une adresse au roi dans les termes suivants :

« Nous, les très respectueux et très fidèles sujets » de Votre Majesté, les Lords spirituels et tempo» rels, assemblés en Parlement, ayant pris connais» sance du traité de partage fait, etc.

» Et par les communications qui nous ont été » données de ce fatal traité, ne trouvant pas que » les ordres verbaux et les instructions données par

(1) Nous avons donné, et ce rapport, et l'adresse des pairs, comme des preuves de ce qu'était alors la responsabilité ministérielle, et comment elle était entendue. On ne sera donc plus étonné des derniers articles du *Bill of settlement*.

» Votre Majesté, si aucuns ont été donnés, aient » été discutés dans le conseil; que le projet du » traité ait jamais été mis sous les yeux de Votre » Majesté, en son conseil privé, ou dans aucune » séance d'un comité de ce conseil, nous croyons » de notre devoir et de notre fidélité à Votre Ma» jesté de la supplier qu'à l'avenir il lui plaise de » requérir et d'admettre, dans toutes les matières » importantes, l'avis de vos sujets nés Anglais dont » la probité ainsi que la condition élevée répon» dent à votre peuple de leur fidélité à votre service, » et, dans ce but, de former un conseil de telles » personnes de cet ordre auxquelles il plaira à » Votre Majesté de communiquer toutes les affaires, » soit au dehors, soit au dedans, qui concernent » Votre Majesté et le royaume. Leur intérêt et leur » affection naturelle pour leur pays les portent davan» tage à rechercher et procurer le bien, la prospé» rité et l'honneur de vos sujets, que des étrangers.

» Nous avons donc une confiance fondée que Vo» tre Majesté, après des démonstrations aussi gran» des et aussi multipliées de l'affection et de la fidélité » de vos sujets, ne pourra pas douter de leur zèle pour » votre service, ni objecter qu'elle ne connaît pas » d'hommes propres à être employés dans les plus » secrètes et les plus difficiles affaires.

» Et puisqu'il paraît que le roi de France, en ac» ceptant le testament de Charles II, a violé » manifestement le traité, nous supplions Votre » Majesté, dans les traités futurs avec la France, » d'être plus prudent, et d'exiger d'elle de sûres » et réelles garanties. »

Il fut proposé de demander le concours de l'autre Chambre pour cette adresse. Cette motion fut rejetée, *nemine dissentiente.*

Il fut arrêté que cette adresse serait présentée au roi par toute la Chambre en corps et en grande cérémonie; et le Lord Garde du sceau privé fut chargé de communiquer l'adresse à S. M., en lui demandant quel jour la Chambre serait admise à la lui présenter.

Le Garde du sceau privé fit part de la réponse du roi. « Cette adresse contient des matières d'un » grand intérêt. Je prendrai soin que les traités que » je ferai soient toujours pour l'honneur et la sé» curité de l'Angleterre. »

Il ne paraît pas que ce prince ait reçu la Chambre.

La Chambre des pairs avait donné une grande leçon au roi Guillaume; et elle avait la modération de ne pas aller plus loin. Ainsi, elle se refusa, 1° à une enquête sur l'état de la nation; 2° à demander l'exclusion du ministère de ceux des conseillers privés qui étaient compromis dans les négociations des traités de partage; 3° et plus tard, dans le cours de ses discussions avec les Communes, à priver de la faculté de voter, aux procès de leurs collègues, les Lords accusés; 4° à plusieurs conférences dans la Chambre peinte. Les Lords ne perdaient pas la mémoire de leurs priviléges, de leur condition et de leurs droits, comme conseillers naturels de la couronne, appelés non seulement *ad tractandum nobiscum*, mais *ad consulendum de majoribus negotiis.*

III. L'adresse de la Chambre des communes était motivée par les mêmes circonstances, mais elle n'avait ni ne pouvait avoir la force de celle des pairs.

Le roi y répondit qu'il mettrait tous ses soins à maintenir une bonne harmonie entre lui et son peuple; et on pouvait inférer de ses paroles, pleines cependant de dignité et de modération, qu'il engageait la Chambre à en faire autant de son côté.

Les Communes firent une seconde adresse au roi pour lui demander le renvoi des ministres. Elle fut reçue, mais la réponse du roi fut insignifiante : il prendrait leur requête en considération.

Le 1er avril, la Chambre des communes envoya successivement à la barre de la Chambre des pairs plusieurs de ses membres pour accuser :

1° Lord Jean Sommers, baron d'Évesham, chancelier d'Angleterre;

2° Edouard, comte d'Orford, premier lord de l'amirauté;

3° Charles, baron Hallifax, secrétaire d'État;

4° Guillaume, lord Bentinck, comte de Portland, conseiller privé;

5° Thomas (Osborne, comte de Danby, marquis de Caermarthen), duc de Leeds, conseiller privé;

Tous de *High crimes and Misdemeanors.*

Lord Sommers, avec la permission des Lords, parut à la Chambre des communes, et donna quelques éclaircissements sur la part qu'il avait eue dans ces négociations.

Le 9 mai, la Chambre remit aux Pairs neuf articles d'accusation contre lord Orford, auxquels celui-ci répondit le 14 du même mois. Les trois premiers étaient relatifs à des faits de la dernière guerre, et concernaient ses opérations comme amiral de la flotte de la Méditerranée ou de celle du canal. C'étaient des faits de conseil de guerre maritime; il avait agi d'après les ordres de l'amirauté. Le 4e et le 5e portaient sur des articles de compte des sommes qui avaient passé par ses mains, comme amiral des deux flottes. Il avait son *quitus* des commissaires de la comptabilité. Le 6e et le 7e l'attaquaient en sa qualité de premier Lord de l'amirauté; il était président d'un bureau, et avait conclu à l'unanimité ou à la grande majorité des voix de ses membres. Le 8e et le 9e avaient pour objet sa conduite comme membre du conseil privé. Il y répondit d'une manière péremptoire, et demanda que les Lords voulussent bien commencer son procès sans retard.

Quinze articles d'accusation contre lord Sommers furent présentés à la Chambre des pairs, le 19 mai, et furent répondus le 24. Nous ne donnons ni les articles ni leurs réponses. Il en est de même de ceux de lord Halifax, présentés à la Chambre le 19 juin; ils sont, les uns et les autres, sans intérêt, n'ayant pas été discutés.

Il n'y avait, dans les charges des Communes, que les faits de la négociation qui fussent susceptibles de quelques discussions. La Chambre des pairs avait montré, dans son adresse, sur qui devaient tomber les fautes qui avaient été commises, et elle ne voulait pas aller au-delà. Au fait, les ministres étaient innocents.

Elle fit rechercher, dans ses archives, les précédents des procès de cette nature, et elle maintint et exerça son droit de Cour suprême judiciaire. Elle demanda d'abord à la Chambre des communes si elle voulait répliquer à la réponse du comte d'Orford. Sur l'assurance qu'elle le ferait, les Lords se refusaient à assigner le jour du jugement. Les répliques n'étant pas présentées, ils indiquèrent le jour du 13 juin; sur les plaintes des Communes, ils ajournèrent ensuite le jugement jusqu'au 23 juin.

La Chambre des communes mettait dans ses mesures plus de chaleur, plus de précipitation que de maturité; elle cherchait des chefs d'accusation contre les pairs attaqués, et on ne lui en fournissait pas; elle prenait de l'humeur contre les Lords; elle mettait tout en œuvre pour brouiller et retarder; et les Lords portaient du sang-froid, de la modération et quelque peu de fierté, dans toute cette affaire.

IV. C'est en cet état des esprits, dans ces deux grands corps, que survint l'incident de lord Haversham. Dans une conférence des commissaires des Lords et des Communes à la Chambre peinte, il avait dit : « Que la justice ne devait pas servir de » masque pour couvrir des desseins secrets, et que » les Lords étaient persuadés que, dans leur for » intérieur, Messieurs des Communes avaient la » conviction que les accusés n'étaient pas cou» pables. »

L'observation pouvait être vraie, mais elle n'était pas parlementaire. Les Communes prirent feu, et se plaignirent, avec une grande amertume et de vives clameurs, que les paroles de lord Haversham *réfléchissaient* sur la Chambre une imputation d'injustice qui était outrageante pour elle.

Les Communes accusèrent, à la barre des Pairs, lord Haversham d'outrages à la dignité de la Chambre. Les Lords communiquèrent les charges de l'accusation à lord Haversham, qui y répondit en expliquant ou adoucissant ses expressions.

V. Les Lords assignèrent le 23 juin pour le procès de lord Orford. Les Communes défendirent à tous les membres de la Chambre d'y paraître, *sous peine du déplaisir de la Chambre.*

Le 23, les Pairs se rendirent en cérémonie dans la grande salle de Westminster, sous la présidence du Lord Garde du sceau privé. Dès que la séance fut ouverte, l'huissier à la baguette noire cria trois fois : *Oyez, oyez, oyez!* et il ajouta, à la dernière fois :

« Comme une accusation de hauts crimes et de » malversations a été portée devant cette Cour par » la Chambre des communes, au nom d'elle-même » et de toutes les communes d'Angleterre, contre » Édouard comte d'Orford, on fait savoir à tous » qu'il est maintenant sur son jugement; et on » somme tous ceux que ce jugement concerne de » venir faire leurs charges bonnes. »

On lut les articles d'accusation des Communes et les réponses du comte d'Orford, et on renouvela la proclamation. Les Pairs retournèrent ensuite dans leur chambre. Là, ils arrêtèrent que, si personne ne se présentait de la part des Communes, on répéterait la proclamation et on procéderait au jugement, après cette troisième sommation.

Rentrés à la Haute Cour, l'orateur, président de la Chambre des pairs, le Lord Garde du sceau privé, annonça que la Haute Cour siégeait pour procéder au jugement d'Édouard comte d'Orford, *accusé de haute trahison par les chevaliers, citoyens et bourgeois, représentant, etc., tant en leur nom qu'en celui des communes du royaume.*

Lord Édouard comte d'Orford demanda jugement, déclarant que, tant par lui que par ses conseils, il était prêt à entrer dans sa défense et à réfuter les charges de l'accusation des Communes.

Le président ordonna de recommencer la sommation; ce qui fut fait.

Un moment après, personne ne se présentant, on fit l'appel de tous les lords présents au nombre de quatre-vingt-huit. Le président alla ensuite aux opinions et recommença l'appel, en commençant par le plus jeune baron. Cinquante-six furent *contents* que lord Orford fût acquitté, trente-deux *non contents.* Le Lord Garde du sceau privé prononça ensuite le jugement, et la Haute Cour se retira dans sa chambre.

Le lendemain, les mêmes formes judiciaires furent observées pour les procès, 1° de Jean lord Sommers, baron d'Évesham; 2° de Charles lord baron Hallifax; 3° de Guillaume comte de Portland; 4° de Thomas duc de Leeds, contre lequel il n'y avait pas eu de charges d'accusation, ainsi que contre Guillaume comte de Portland. Il n'y avait que quarante-trois lords présents. Tous les quatre furent acquittés à l'unanimité.

Jean, lord baron Haversham, demanda aussi jugement, et il fut acquitté à une pareille unanimité.

Les trente-deux lords qui n'avaient pas acquité le comte d'Orford étaient tous Torys. Ils n'assistèrent plus aux séances de la Haute Cour. Dans presque toutes les résolutions préjudicielles prises par les Lords, ils avaient protesté. Les motifs de plusieurs de ces protestations avaient été, par ordre de la Chambre, biffés de ses registres.

La Chambre des pairs avait consacré ses droits de déterminer les actes et la marche de la procédure. Les Communes s'étaient efforcées de les attaquer et de les affaiblir; elles n'y avaient pas réussi. Le fait bien réel était que les Communes voyant que les Lords avaient exercé leurs droits de conseil nécessaire du roi, *Aula magna regis*, avaient voulu reprendre de l'importance par l'exercice de leur droit d'*Impeachment.* Elles étaient convaincues que les lords n'étaient pas coupables, et lord Haversham avait mis le doigt sur la plaie.

RÈGNE DE LA REINE ANNE.

Proclamée reine le 8 mars 1702 . . . . . Morte le 1er août 1714.
Douze ans, quatre mois et quatre jours.

I. Administration de la reine Anne. — II. Acte d'Union de l'Écosse et de l'Angleterre. — III. Divisions et dissentiments des deux Chambres du Parlement.

I. Un Stuart occupe encore le trône de la Grande-Bretagne. Mais la révolution de 1688 est opérée ; le *Bill des droits* est promulgué, et l'*Acte d'établissement de la couronne*, dans une branche protestante des descendants de Jacques Ier, de Henri VII et des Plantagenets, exclut du trône le fils de Jacques II. Ainsi la nation est rentrée dans ses droits et libertés ; le Parlement a recouvré son autorité ; et la prérogative royale, mieux définie, plus assurée, ferait du monarque de la Grande-Bretagne un des souverains les plus puissants de l'Europe. La reine Anne pouvait-elle atteindre de si hautes destinées?

Pleine de vertus, de douceur, de bonté, la reine Anne avait peu de ces capacités royales qu'exigeait le sceptre d'un empire agité par les factions. Elle l'abandonnait, tout en se flattant de le retenir, à ses amis, à ses favorites. Godolphin et Marlborough, la duchesse de Marlborough, fille du premier, épouse du second, Granville, lady Marsham, ont, tour à tour, ou successivement, dominé leur royale maîtresse.

La reine Anne avait pris les Whigs en horreur. Son premier ministère fut Tory, Rochester, Nottingham et Buckingham ; ils étaient maîtrisés par Godolphin, et quelquefois ils se refusèrent à son joug. Les Communes, en 1703, ne voulaient point encore accorder à Marlborough une annuité sur les Postes ; la prise de Bonn et de Huy, des succès contestés, en Flandre, ne méritaient pas des récompenses parlementaires. Les trois ministres furent renvoyés, sous prétexte qu'ils ne s'entendaient pas bien avec Marlborough sur les secours que la reine devait donner aux alliés. Godolphin et Cowper leur succédèrent ; et Rochester, Nottingham et Buckingham firent prendre par les Torys et les Wighs des Communes cette résolution : « que la reine serait suppliée d'inviter la princesse » Sophie, électrice-douairière de Hanovre, à venir » résider en Angleterre. » L'invitation ne fut pas faite ; et la rentrée au ministère leur fut fermée à jamais.

Godolphin et Marlborough trahissaient la reine Anne, pour la cour de Saint-Germain. Leurs intrigues furent connues, et ils se trouvèrent dépendants, et sous le coup d'un crime de haute trahison, d'une accusation des Communes et des lords Sommers, Hallifax, Wharton et des comtes d'Orford et de Sunderland, anciens ministres de Guillaume III, chefs des Whigs, qui les en menaçaient. Les Whigs prirent le ministère de 1708 à 1710 ; ils en furent renvoyés; la reine ne voulut plus ni de Whigs ni de Torys. Harley, depuis comte d'Oxford, qui avait fait l'acte d'établissement et était Whig, et Saint-John, depuis vicomte de Bolingbroke, qui était Tory, entrèrent au ministère comme des hommes qui ne tenaient à aucun parti, et le conservèrent jusqu'en 1713, que les Communes du nouveau Parlement, composées de Whigs, les en chassèrent (1).

Sur ces ministères de couleurs si tranchantes, ou au moins si variées, dominait la puissance de la duchesse de Marlborough, qui, à la fin, était devenue Whig, et qui le devint davantage après sa disgrâce.

L'administration de la reine Anne devait donc être vacillante et sans principes fixes. Elle recevait cependant une certaine unité d'action, au dehors et pour la guerre de la succession, des victoires de Malbourough et du triumvirat qu'il formait avec le prince Eugène et le grand-pensionnaire Héinsius contre Louis XIV et Philippe V; et, au dedans, par la force toujours dominante des Whigs dans le Parlement et dans la nation, et la division des Chambres. Le procès de Sacheverel, qui va suivre, prouve la violence des partis, et vint réveiller le lion endormi du whigisme. Il terrassa, et l'*Obéissance passive*, et *la Non-résistance à l'oppression* de l'église épiscopale, de quelques Torys

(1) Nous reproduirons quelques uns de ces détails dans le procès du comte d'Oxford, dont ils forment nécessairement une partie essentielle.

de la vieille école, les non-Jureurs et les Jacobites. Ainsi on n'a pas dû redouter le retour aux principes du pouvoir absolu ni la défaite du bill des droits.

II. Un des actes les plus importants de l'administration de la reine Anne est le Statut ou traité d'Union de l'Écosse avec l'Angleterre.

Les Écossais avaient pris promptement une part très active à la révolution de 1688. Ils avaient traité en Hollande avec le prince d'Orange.

Plus que l'Angleterre, sa sœur l'Écosse avait gémi sous les vexations des Stuarts, du duc d'York et de Jacques II, soit en faveur de l'église épiscopale, soit pour amener la prérogative royale à ne plus être qu'une tyrannie légale et organisée. Les deux derniers rois de la maison de Stuart y étaient parvenus, par le rétablissement des *Lords des articles*, espèce de commission intermédiaire entre la première et la dernière séance des Parlements d'Écosse. Dans sa première séance, le Parlement choisissait huit évêques, parmi le petit nombre de prélats dévoués à la cour (1). Ces huit élus nommaient huit pairs, et, réunis, ces seize lords spirituels et temporels appelaient seize membres des députations des comtés et des villes et bourgs

(1) Il reste encore aujourd'hui six évêques en Écosse : savoir : l'archevêque d'Aberdeen, primat d'Écosse, et les évêques d'Édimbourg et Glascow, de Bréchin, de Moray, de Dunkeld et de Ross. Ils n'envoient point au parlement, comme leurs frères d'Irlande, et ne sont point riches, comme leurs frères d'Angleterre ; dans les agitations religieuses de leur patrie, ils ont perdu presque tous leurs biens.

royaux à compléter le nombre des trente-deux *Lords des articles*. Ces lords faisaient toutes les lois, déterminaient toutes les affaires, et votaient le faible budget imposé, par un souverain riche, à la pauvreté de l'Écosse. A la seconde et dernière séance du Parlement, les deux Chambres approuvaient ou rejetaient les résolutions des *Lords des articles*.

Dès que le prince d'Orange fut à White-Hall, les Écossais assemblèrent une convention des trois états de l'Écosse. Comme en Angleterre, son premier acte fut de déclarer le trône vacant par forfaiture. Il n'y avait pas d'abdication volontaire de Jacques II, par son départ pour la France, puisque depuis quatre-vingt-dix ans les rois d'Écosse ne résidaient plus dans leur royaume. La forfaiture était d'ailleurs bien plus réellement encourue en Écosse qu'en Angleterre. Ici, le roi Jacques menaçait plus qu'il n'exécutait son système de gouvernement absolu. Là, ce système était en pleine exécution, et dégénérait en un despotisme intolérable, sous tous les rapports et dans toutes les parties de l'administration, justice, police et finance; il attaquait, par une action continue, de tous les jours, de tous les instants, les droits et les libertés des sujets.

La convention élut à la couronne d'Écosse le roi Guillaume et la reine Marie, et à sa future succession, leurs descendants et la princesse Anne. Le ministère du roi Guillaume, en Écosse, fut écossais. Le Parlement d'Écosse reprit son pouvoir. Les *Lords des articles* furent supprimés, et il y eut quelque réaction contre l'ordre épiscopal. L'Écosse avait un conseil privé. Le roi Guillaume ne donna pas au gouvernement de l'Écosse toute l'attention qu'il réclamait. Le conseil privé, composé des chefs du parti qui avait fait la révolution, se laissa dominer par l'esprit de réaction, et persécuta. Il en donnait l'exemple à la Cour des Sessions, tribunal suprême de l'Écosse : et l'ordre judiciaire fut, pour l'Écosse, le pire des tyrans, parcequ'il atteignit tout. Les justices héréditaires des Lairds des montagnes n'étaient pas moins vexatoires au profit de ces chefs des Clans ou des lords du Parlement.

L'Écosse était toujours agitée par les factions religieuses. Ce pays, aujourd'hui si éclairé, était encore en proie au sombre fanatisme des Knox, des Melville, et des Caméroniens.

Elle ne prit donc aucune part à l'Acte d'établissement de la couronne. Elle était mécontente du gouvernement du roi Guillaume, et surtout du refus que lui faisait le Parlement d'Angleterre de l'admettre en participation des avantages commerciaux des sujets anglais et de l'acte de navigation.

Le Parlement d'Écosse fit son acte d'établissement plus tard, en votant l'*Acte de sécurité*, par lequel il déterminait qu'après le décès de la reine Anne, les États du royaume s'assembleraient pour nommer un roi d'Écosse dans la ligne royale, et de la religion protestante; mais que cette personne ne serait pas celle qui succéderait à la couronne d'Angleterre, à moins que, pendant le règne de S. M. la reine, il ne fût établi des conditions pour assurer, affranchis de toute influence anglaise, l'honneur et l'indépendance du royaume, l'autorité du Parlement, la religion, le commerce et les libertés de la nation. Le droit de faire la paix et la guerre était à jamais attribué au Parlement.

Les Écossais s'étaient bien placés, et sur un terrain avantageux à leur nation; mais leurs chefs furent gagnés et ne surent pas le conserver.

L'Acte d'Union se fit le 1er mai 1707. La princesse Sophie de Brunswick-Hanovre et ses héritiers, même dans la ligne féminine, sont appelés à la couronne d'Écosse aux mêmes conditions qu'ils le sont à la couronne d'Angleterre. Tous les priviléges de commerce, soit avec les colonies anglaises, soit avec le reste du monde, et les avantages de l'acte de navigation sont assurés à l'Écosse. L'église épiscopale et l'église presbytérienne d'Écosse ainsi que celles de l'Angleterre sont pour jamais établies comme partie essentielle et fondamentale de l'Union. Le Royaume-Uni de la Grande-Bretagne aura un seul grand sceau, la même monnaie, les même poids et mesures, les mêmes impositions d'excise et de douanes; mais lorsque l'Angleterre sera imposée pour l'impôt territorial à 2,000,000 liv. st., l'Écosse ne le sera que pour 48,000 liv. st. Le royaume de la Grande-Bretagne sera représenté par un seul et même Parlement, dans lequel 16 pairs écossais seront appelés par élection, pour chaque parlement, et 30 députés des comtés, et 15 des villes et bourgs royaux, réunis ou réduits, de l'Écosse. La couronne n'aura pas le droit de faire des pairs d'Écosse.

L'Écosse perdait son Parlement, sa nationalité, son indépendance; mais ces pertes étaient rachetées par de grands avantages.

Elle était assurée surtout contre les tyrannies judiciaires les plus vexatoires de toutes celles qui désolent et avilissent les hommes. Dans ses procès politiques, elle perdait sa loi *Regiam majestatem* et son statut de *Leasing-making* (de négligence de fidélité), lois de torture et d'inquisition qui constituaient en crime de haute trahison la non-révélation soudaine d'un fait qui peut blesser la fidélité du sujet, tel que la conservation d'imprimés, de manuscrits du même genre, quoique non publiés, dès qu'ils se trouvent en votre pouvoir; et elle recevait le statut de la vingt-cinquième année d'Édouard III et ses améliorations depuis la révolution. Nous verrons, lors des deux entreprises du prétendant en Écosse, des pairs écossais jugés par le parlement de la Grande-Bretagne, pour crime de haute trahison, sur le statut d'Édouard III.

III. L'aigreur et les ressentiments existaient entre les partis; ils se continuèrent dans les deux Chambres en raison de leurs querelles pour la Juridiction; et le ministère de la reine Anne en vit diverses explosions, en 1702, dans l'affaire de l'évêque de Worcester et de son fils, et, en 1703, dans celle de Jacques Boucher. Les procès ne méritent pas d'être donnés séparément, cependant nous les signalerons, ainsi que leurs résultats et leurs développemens en faveur de la reconnaissance des droits du Parlement, dans un article spécial sur la *Juridiction du Parlement* à la suite du procès de Sacheverell. Ce procès lui-même, ainsi que nous le faisons remarquer, a été une preuve de l'agitation des partis, et a démontré la supériorité des Whigs de toute dénomination sur les Torys et les Jacobites.

Les procès de haute trahison sont peu nombreux pendant le règne de la reine Anne; on n'en compte que cinq, pour faits de jacobitisme : ils ont été conduits régulièrement, et jugés avec assez de douceur; trois ont fini par des verdicts de non-coupable ou non-prouvé. La reine a usé de son droit de faire grâce, avec beaucoup de bonté, dans un quatrième; un seul a subi les rigueurs de la loi.

PROCÈS

Sur accusation de la Chambre des communes,

POUR CRIMES DE LIBELLES SCANDALEUX ET SÉDITIEUX,

(*High Crimes and Misdemeanors*),

CONTRE LE DOCTEUR HENRI SACHEVERELL,

PRÉDICATEUR,

HAUTE COUR DU PARLEMENT.

27 février 1710. . . . . . Huitième année du règne d'Anne.

I. De la question religieuse, sous Henri VIII et Édouard VI. — II. Réactions catholique, sous Marie Ire, et épiscopale, sous Élisabeth. — III. Presbytérianisme et Puritains : Haute Commission ecclésiastique. — IV. Jacques Ier, Arminianisme; Charles Ier, négociations avec Rome. — V. La question religieuse, sous Charles II et sous Jacques II, est mêlée avec la question politique du pouvoir absolu ; Catholicisme. — VI. Révolution de 1688 ; loi de tolérance et *Non Jureurs*. — VII. Articles d'*Impeachment* et réponse du docteur. — IX. Développement de l'accusation, et droit de résistance à l'oppression. — Défense de Sacheverell, et doctrines de l'obéissance passive. — XI. Jugement des lords. — XII. Réflexions sur ce procès.

I. Le procès de Sacheverell, en 1709, a accru la fermentation des partis. Vingt ans écoulés depuis la révolution de 1688, et le *bill des droits* n'avaient pas pu calmer les inquiétudes que le peuple anglais éprouvait sur le sort de ses institutions politiques. Les lois de tolérance (stat. 1, Guillaume et Marie, chap. 18) avaient cependant détruit les rivalités religieuses et placé les communions réformées, *dissidentes* de l'église d'Angleterre, à l'abri de ses persécutions et dans une meilleure condition, quoique non définitivement réglée.

Cet imprudent prédicateur, sans titre, sans qualité, et avec des talents très ordinaires pour la chaire, avait été, dans deux sermons, au-delà des plaintes secrètes du clergé anglican, sur les lois de tolérance qu'avait fait adopter le roi Guillaume; et la défense de Sacheverell et le cours de son procès l'amenèrent à mettre en question le principe même sur lequel reposaient, et la révolution de 1688, et *l'Acte d'établissement* de la couronne dans une dynastie protestante, descendante de Jacques Ier et de la maison des Stuarts, celle de Brunswick-Hanovre, et le titre même de la reine régnante; et *le Droit de résistance* du peuple anglais *à l'oppression.*

On avait trop long-temps professé le dogme de *l'Obéissance passive,* et il avait eu des conséquences trop funestes pour l'infortuné Charles Ier, et trop d'influence sur la conduite de son fils Jacques II, pour que le peuple anglais entendant exposer et développer la doctrine de la *Non résistance,* à Saint-Paul, devant le lord maire, le jour de l'anniversaire de la conspiration des Poudres; ou aux assises de Derby, devant les juges, le Grand jury et la noblesse du comté, ne dût pas en concevoir de vives alarmes.

Pour en apercevoir toute la portée, pour saisir avec fruit le cours et les détails du procès de Sacheverell, devenu, par l'impudence de cette espèce de prédicant, un procès politique du plus haut intérêt constitutionnel, nos lecteurs ont à se rappeler les faits de l'histoire religieuse de l'Angleterre, et c'est à ce point de notre ouvrage, à cette cause aussi politique que religieuse, que nous nous sommes proposé de retracer, très en abrégé, l'origine et les progrès des sectes de la Réformation anglicane, qui ont joué, sous les Tudors et les Stuarts, un rôle si important.

Au milieu de l'effervescence de la réforme et des emportements de Luther, Henri VIII n'avait demandé aux nouvelles doctrines et à la séparation de l'église anglicane avec celle de Rome, que son divorce avec Catherine d'Aragon. A l'exemple des protestants de l'Allemagne, et rivalisant avec leurs princes, de cupidité pour les biens de l'église, on avait supprimé les moines et spolié les couvents, pris quelques rectoreries ou bénéfices du clergé inférieur, quand leurs richesses pouvaient tenter l'avarice des courtisans de Henri VIII et des grands de son royaume. Plus tard, le roi, en homme d'État du seizième siècle, avait réussi à élever des rivalités entre sa nouvelle église, les réformés anglais et l'église romaine. Il se servait des deux communions et de leur haine commune envers les catholiques, pour étendre sa puissance et gouverner l'Angleterre, comme il l'a fait, sans résistance, sans la plus légère contradiction, au gré de ses passions, plus emportées, plus brutales que généreuses, ou nobles et excusables par l'amour de la guerre et des armes ou beaucoup de gloire.

Henri VIII avait trouvé les esprits préparés, et depuis long-temps, à une séparation avec Rome. Dès 1377, Wiclef, curé du diocèse de Lincoln, prêchait contre le pape et contre la messe. En 1380, deux cents mille Lollards ou Wiclefites venaient à Londres, sous les yeux du jeune roi Richard II, enfermé dans la tour, massacrer l'archevêque de Cantorbéry. Ce n'était qu'à prix d'argent qu'on les renvoyait chez eux. Ils remuaient encore en 1396. Le Parlement de 1401 faisait des statuts contre eux; les conciles, des canons contre l'hérésie. On les brûlait; mais les bûchers n'ont jamais convaincu personne, et, d'après les procès habituels qui leur étaient faits, nous devons croire que les erreurs de Wiclef n'ont jamais cessé d'être répandues.

L'opinion ainsi préparée, le roi publia ses *Dix premiers articles* contre l'église romaine, en 1535, l'année même où Calvin s'établissait à Genève. Ils contenaient bien quelques erreurs contre la foi catholique; ils furent donc adoptés avec empressement. L'opinion publique se manifesta par une multitude d'éloges et de pétitions qui alarmèrent ce prince. Honteux de ce rôle d'hérésiarque, dans un roi auquel des discussions personnelles avec Luther, et ses ouvrages théologiques, avaient valu le titre de *Défenseur de la foi*, irrésolu par caractère, prévoyant peut-être qu'on irait trop loin contre Rome, et qu'il semait des troubles dans son pays, il revint en arrière par son *Statut du sang*, ainsi l'avait-il dénommé, ou les *six articles;* il ordonnait, sous peine de mort, de professer sur la présence réelle, le célibat des prêtres, l'observation du vœu de chasteté, les messes particulières et la confession auriculaire, la doctrine de l'église catholique. Il n'avait voulu que prononcer fortement sa séparation de la chaire de saint Pierre et du Pape, et sa suprématie en matière spirituelle et mixte. C'était tout ce qu'il lui fallait; mais il persécuta jusqu'à sa mort (1547), et les réformés, et ceux des catholiques qui ne reconnaissaient pas sa suprématie; et, dans le dogme, ce prince n'alla guère au-delà.

Cranmer, archevêque de Cantorbéry et Primat d'Angleterre, avait obtenu ce siége de Henri VIII, en 1533, pour prononcer son divorce; le roi retenait la fougue naturelle de ce prélat, mais, à la mort de ce prince, Cranmer se démasqua entièrement, et, le 4 novembre 1547, le Parlement établit la communion sous les deux espèces, et abolit les messes privées, etc.

C'est ainsi que commence la première réaction religieuse que la conduite de Sommerset, enlevant l'administration du royaume et de la personne d'Édouard VI au conseil de régence institué par Henri VIII, ne pouvait pas manquer de rendre politique. Cette réaction est complète en 1551; une profession de foi, reformée et rédigée par Bucer, est imposée par le même Parlement.

II. Édouard VI meurt en 1553; la succession de la reine Marie à la couronne de son frère est contestée un instant par les partisans de lady Jeanne Gray. Le caractère sombre et atrabilaire de Marie Ire n'en reçoit que plus d'empire sur les affaires religieuses; et le 4 novembre 1554, la reine Marie avec Philippe (II), déjà son époux, et les deux chambres du Parlement, reçoivent, à genoux, l'absolution du légat du pape, le cardinal Polus. Cranmer est déposé; il est bientôt condamné au feu comme hérétique. Le Parlement avait mis quelques conditions à son retour à l'Église romaine; elles sont inexécutées; le catholicisme triomphe, et Marie élève les bûchers de l'hérésie contre les réformés de toute nuance. Elle meurt en 1558; Élisabeth monte sur le trône, chargée de terminer cette seconde réaction, et de concilier les lois et la justice avec les doctrines religieuses et toujours sanguinaires du temps. Pouvait-on espérer de la prudence de cette princesse, de son excellent esprit, des persécutions qu'elle avait souffertes comme réformée, de porter dans les matières religieuses quelque tolérance? C'aurait été vainement, le seizième siècle n'était point encore mûr à la raison.

Les catholiques ont toujours distingué la tolérance religieuse de la tolérance civile; ils refusaient l'une et accordaient l'autre; ils en trouvaient la doctrine dans l'Évangile, et les exemples, dans les premiers siècles de l'Église, dans la conduite qu'on avait tenue avec les Donatistes et autres séparatistes de l'église catholique, et dans l'esprit de charité, de tempérance et d'indulgence qui doit animer ses premiers pasteurs. Mais les catholiques anglais, comme les réformés et les anglicans, en avaient perdu le souvenir; une intolérance fougueuse dominait toutes les passions.

Marie obtenait avec beaucoup de peine, de son frère Édouard VI, et par la seule protection de Charles-Quint, de faire dire la messe dans sa chapelle; et, reine, elle forçait sa sœur à assister aux cérémonies du culte catholique. Les réformés et les anglicans, sous le règne de la catholique Marie, comptèrent environ trois cents martyrs livrés aux bûchers, sans ceux qui avaient été condamnés à la prison, au pilori, à des amendes et à l'exil. La vierge Élisabeth, à son tour, et Jacques Ier, depuis la conspiration des poudres, ont envoyé un grand nombre de catholiques au gibet ou en prison; et des amendes arbitraires et très fortes ont été levées sur eux, plus que sur les réfractaires aux divers statuts promulgués en faveur de l'église nationale. Partout, en Europe, les clameurs à l'*hérétique* ou à l'*idolâtre* retentissaient habituellement, et chez les catholiques, et chez les protestants. Si Henri II, en France, et François II, condamnaient au feu le diacre Anne du Bourg, conseiller au Parlement de Paris; si François Ier avait donné à sa cour le passe-temps de voir infliger l'estrapade à des huguenots; s'il en avait fait griller à Meaux; si Philippe II tenait continuellement allumés les bûchers de Séville et y envoyait le confesseur de Charles-Quint, le vertueux Constance Ponze, les princes protestants, en conformité de leur fameuse déclaration de Spire, en 1529, se refusaient à permettre la célébration de la messe, et condamnaient au fouet, à la prison, à la potence, ceux de leurs sujets qui y avaient assisté. La tolérance ne respirait que dans quelques âmes élevées, celles des chanceliers de L'Hôpital et Thomas Morus et autres assez nombreuses heureusement pour l'honneur de l'humanité.

En 1558, Élisabeth montait sur le trône, incertaine encore du parti qu'elle devait prendre entre deux communions rivales. La conduite de Paul IV, qui la déclara bâtarde, et incapable de porter, sans son aveu, la couronne d'Angleterre, qu'il disait fief de l'église romaine, fixa ses déterminations plus que ses irrésolutions. La nouvelle réaction, qui s'opérait assez naturellement sur le parti catholique, reçut de cette bulle pontificale plus de fougue et d'emportement. Élisabeth ne put pas s'opposer à ce qu'exigeait la dignité nationale blessée par l'imprudent vieillard qui tenait la chaire de saint Pierre; le Parlement de 1559 renouvela donc tous les statuts portés en matière religieuse, sous les règnes de Henri VIII et d'Édouard VI, et annula ceux de la reine Marie.

Élisabeth trouvait qu'on allait trop vite, et lors de la révision des articles de la liturgie, elle ordonna qu'on fît usage de beaucoup de modération et de prudence. Elle voulut de l'ambiguïté dans les termes des *Trente-neuf articles*, afin que la liturgie laissât aux Romains l'espoir et la possibilité d'une réunion, et fût agréable aux partisans de l'ancienne religion comme à ceux de la nouvelle, et elle les mécontenta tous. Pour les catholiques, les articles sur la présence réelle étaient pleinement hérétiques; pour les réformés, ils étaient plus ou moins idolâtriques, suivant qu'ils s'éloignaient davantage des confessions de foi d'Augsbourg, de Zurich ou de Genève. Si, d'un côté, les serments de *suprématie* et d'*uniformité* de dogmes et de cérémonies satisfaisaient les épiscopaux anglicans, le premier aliénait entièrement les catholiques: le second mécontentait les luthériens, les zuingliens et les calvinistes, qui n'admettaient ni surplis, ni bonnets carrés, ni tables d'autels à la romaine, ni inclination au nom de Jésus, ni enfin de signes de croix dans le baptême, etc. On plia cependant sous la volonté de la reine et du Parlement, mais on chercha les moyens d'éviter de prêter l'un ou l'autre de ces serments. Des catholiques s'y refusèrent ouvertement, et quoique la reine, lors des visites des églises par ses vicaires-généraux, chercha, dans sa déclaration de 1560, à affaiblir la portée du serment de suprématie, ils persistèrent dans leur refus.

Jacques Ier, plus théologien que politique, plus pédant, plus enivré de son triomphe sur Bellarmin qu'homme d'État et souverain bienfaisant d'un grand peuple, se proposait cependant de substituer à une partie du serment de suprématie, celui de simple fidélité (*Allégeance*), et quoique des théologiens catholiques trouvassent que celui-ci était licite, des intrigues des jésuites à Rome le firent proscrire. Il en fut de même, vers 1690, où on faisait, dit-on, de ce serment d'*allégeance*, une base des conditions du retour du roi Jacques II; on le condamnait sans miséricorde à la cour de Saint-Germain, et dans les conciliabules du P. Peters et autres jésuites, malgré l'imposante autorité du nom de Bossuet, qui y donnait son approbation.

Ce serment de suprématie importait peu aux luthériens et aux autres communions de la réforme. Quelques uns craignaient cependant qu'il n'entraînât une pernicieuse confusion du spirituel et du temporel; il y avait autant de danger, disaient-ils, qu'un prince réunisse les deux pouvoirs, que le Pape. Les explications données, dans le cours de la visite de 1560 et 1561, les rassurèrent, mais le statut d'*Uniformité* (*Stat.* 1, *Élisabeth*, *chap.* 2), était inconciliable avec deux des grands principes de la réforme; l'indépendance du droit d'examen, en matière religieuse, et la liberté personnelle d'adopter le culte que l'inspiration de l'Écriture-Sainte conseille à l'individu de choisir. « D'ailleurs, pourquoi retenir autant de puérilités romaines dans les cérémonies, le surplis, le bonnet carré, etc.? Ne vaut-il pas mieux rompre tout-à-fait avec la nouvelle Babylone?.... » Tout cela était excès, immodération, ressentiments, vengeances, mais tout cela était dans l'esprit du temps.

L'établissement de la liturgie anglicane exigea trois ou quatre années de soins des visiteurs nommés par la reine. Ils trouvèrent beaucoup d'opposition de la part des évêques persécutés par Marie, qui s'étaient réfugiés en Suisse particulièrement; ils avaient goûté la simplicité du culte des calvinistes, et ils résistèrent à l'exécution de quelques uns des *Trente-neuf articles*, ou du moins ils n'y portèrent pas le zèle que voulait leur imprimer l'ardent Parker, archevêque de Cantorbéry. Ce prélat et quelques autres demandèrent, en 1565, qu'on pressât l'exécution de l'acte d'uniformité. La reine, comme *Gouvernante des choses spirituelles*, c'était le titre qu'elle s'était réservé, rendit quelques ordonnances; des condamnations furent prononcées contre les réfractaires, et le séquestre mis sur leurs biens.

Il y avait donc une double persécution, et contre les catholiques, et contre les réformés, et toujours aigreur et fermentation dans les esprits, jalousie même de ce que le catholique était moins persécuté que le réformé, qui commençait à être désigné sous le nom de *non-Conformiste*. Les non-conformistes se réunirent d'abord clandestinement, ensuite plus ouvertement; dès qu'ils cessaient d'être chargés d'une paroisse, ils n'étaient pas atteints par la loi. Il y avait, dans les deux universités, des colléges de fondation laïque, ou dont les visiteurs étaient de simples laïcs, non-conformistes, quant à l'opinion, et indépendants de la cour et des évêques, quant à la fortune. Ces colléges renfermèrent beaucoup de non-conformistes; ceux-ci étaient d'ailleurs si nombreux, que dans les deux tiers des églises du royaume le service était fait par des laïcs, le clergé anglican ne pouvant pas les pourvoir de pasteurs.

III. Il existait, dans un des colléges de l'Université de Cambridge, un professeur de théologie, savant et vertueux, opiniâtre et bon dialecticien, le célèbre Thomas Cartwright. Il inculquait à ses auditeurs la conviction de l'illégitimité du gouvernement et de la police disciplinaire de l'église anglicane, et de son opposition aux institutions des apôtres qui avaient confié le gouvernement des premières églises aux presbytères, et n'avaient fait des évêques que des surveillants. L'année suivante, en 1571, il écrivit son fameux *Advertisment*, qu'il adressa au parlement, et dans lequel il déploya un esprit d'innovation très hardi, demanda la correction des abus, et développa des plans de gouvernement ecclésiastique et de police des cultes qui faisaient de cette espèce de pétition un ouvrage très remarquable, même sous les rapports constitutionnels anglais.

Accorder, en matière spirituelle, une autorité infaillible, et au moins incontrôlable, au chef de l'État, était augmenter disproportionnellement la prérogative royale; déjà (en 1570), elle pesait beaucoup trop dans la balance des pouvoirs de la constitution anglaise. Mais quoique, sous les Tudors, les institutions politiques eussent été trop souvent abandonnées au profit de la couronne et délaissées à sa merci par la servilité des lords, ces institutions n'étaient point oubliées, n'étaient point latentes, elles n'étaient pour ainsi dire qu'obombrées; elles retrouveraient, lorsque le moment en serait venu, quelque vitalité dans les communes; et, ressort comprimé, l'esprit constutionnel anglais jouerait bien vite de toute son élasticité et de toute sa force. L'éveil était donné; et la publication par Cartwright de son système de *Presbytérianisme* pour le gouvernement de l'église, faisait, même en matière religieuse, un appel à l'indépendance politique. Il fut accueilli, et dès lors le presbytérianisme eut sa chaire religieuse placée et fondée dans les Chambres des communes de tous les Parlements, pendant le règne d'Élisabeth, et ceux de Jacques Ier et de Charles Ier.

Sans doute, sous Élisabeth, ce parti de non-conformistes, qui s'appelaient purs ou *Puritains*, n'admettait pas les principes de Thomas Cartwright dans toutes leurs conséquences rigoureuses; elles auraient reporté l'église d'Angleterre aux temps et aux doctrines de Grégoire VII. Mais le Puritanisme mitigé, très conforme aux principes originels de la réforme, comptait en Angleterre les deux tiers de la population pour disciples, et y formait un troisième parti religieux prêt à devenir parti politique, et à porter une grande force au parti patriotique, qui, plus tard, s'est fondu dans le parti républicain, et est entré, sous Charles II, dans celui des Whigs modernes.

Dès lors commençait à être bien tranchée la séparation des réformés anglais en épiscopaux et en presbytériens. Les épiscopaux faisaient à peine un cinquième de la population, les catholiques un dixième; mais ceux-ci étaient en force dans les comtés du nord et de l'ouest de l'Angleterre. Les épiscopaux persécutaient les presbytériens, c'était affaire de corps; la reine persécutait les catholiques, c'était affaire d'intérêt personnel.

Car il est à remarquer que la position personnelle d'Élisabeth lui faisait porter, dans les persécutions contre les catholiques, beaucoup de motifs politiques; nous les trouvons toujours, dominant les convulsions religieuses de la chrétienté; c'était le soin de sa propre défense, la conservation de sa couronne, qui maîtrisaient cette grande reine.

Jusqu'à la mort de Marie Stuart, la naissance illégitime d'Élisabeth, malgré le testament de Henri VIII, lui a toujours été opposée. Le testament de ce prince n'appelait les Stuarts, par Marie d'Écosse, sa sœur aînée, qu'après les enfants de sa sœur cadette Marie, veuve de Louis XII et duchesse de Brandon. Ainsi, lors même que la reine Élisabeth aurait été sortie de la ligne de Henri VIII, les Stuarts n'auraient pas eu de droits au trône : mais Marie Stuart était catholique ; les catholiques du nord et de l'ouest, parmi lesquels il y avait beaucoup de lords et de gentilshommes riches, auraient porté cette princesse à la couronne. Il fallait donc abattre ce parti et le persécuter, ce qui n'en est pas toujours le moyen. Cette situation critique d'Élisabeth n'a fini que le 28 février 1687, lorsque la tête de Marie Stuart fut tombée sur l'échafaud de Fotheringay. Pour les catholiques, Élisabeth restait toujours une excommuniée par le Pape Pie V, en 1570 ; et l'excommunication avait été renouvelée, aussitôt après le supplice de Marie Stuart, par le Pape Sixte-Quint, qui négociait avec Philippe II pour l'engager à détrôner Élisabeth et à s'emparer de l'Angleterre, sauf à la tenir en foi et hommage du Saint-Siége. Philippe II avait assez de la ligue et trop de son expédition de la *Armada* pour écouter le Saint-Père.

En 1571, la Chambre des Communes s'occupa de la pétition de Thomas Cartwright, et lui fut favorable. La lutte s'ouvrait déjà entre le droit et la liberté d'examen en matière religieuse, et l'infaillibilité ou à peu près des décisions de la reine, *Gouvernante suprême* et sans *contrôle des choses spi-*

rituelles. Les Puritains, et la Chambre des communes avec eux, attaquaient le pouvoir de dispenser, qu'exerçaient la reine et le Primat, à l'instar du pape; pouvoir cependant qu'au même moment le concile de Trente venait sagement de restreindre chez les catholiques. Ils réclamaient avec force contre les exemptions, la pluralité des bénéfices, les tribunaux ecclésiastiques, leur juridiction, l'extension qu'ils lui donnaient, le pouvoir entre autres de prononcer le divorce pour cause d'adultère, la non-résidence des évêques et leur simonie, et l'ignorance du clergé épiscopal. Un bill fut proposé pour détruire ces abus, la reine y refusa sa sanction; mais les Communes obtinrent le *statut* 13. *Élisabeth*, *chap*. 12, qui affaiblit les effets du statut d'*Uniformité*, et délivra les Puritains de quelques persécutions (1).

(1) Ce statut porte que, « chaque prêtre ou ministre doit » souscrire à tous les articles religieux qui concernent *seulement* » la profession de la vraie foi chrétienne, et la doctrine des sa- » crements comprise dans un livre qui a pour titre : *Articles* » *sur lesquels il a été convenu, etc.* » Le mot *seulement* excluait tous les articles de la liturgie nouvelle sur le gouvernement de l'Église, soit par son chef, la reine, *Gouvernante des choses spirituelles*, et le Primat, son véritable chancelier ecclésiastique, soit par les évêques, et sur la police des cultes. C'était bien un acte de tolérance, dont les épiscopaux cherchèrent à détruire l'effet par l'établissement de la Haute Commission.

Nous ferons remarquer que la reine et le Primat puisaient quelque force, quand elle leur devenait nécessaire, dans la convocation du clergé, espèce de Parlement ecclésiastique, presque toujours assemblé en même temps, et composé comme lui de deux Chambres, des évêques ou Chambre Haute, et de cent soixante-six députés du second ordre, ou Chambre Basse, également dévoués à la *Gouvernante* suprême *des choses religieuses*.

C'était dans l'institution de la Haute Commission, décrétée par la reine, sur la demande de la Convocation, que la persécution du clergé épiscopal contre les Puritains trouva sa principale force. La reine était autorisée à former cet établissement par le statut de *Suprématie*. Ce tribunal était composé de quarante-quatre juges, dont douze étaient évêques, le reste conseillers privés, membres du clergé, docteurs en droits civil et canonique, mais non en Loi Commune. Il pouvait prononcer avec trois juges seulement, dont un évêque : merveilleuse disposition du despotisme sacerdotal pour persécuter avec plus de facilité les malheureux Puritains. Cette commission était investie du pouvoir d'enquérir, même sous serment de douze personnes qui paraissaient composer un jury d'accusation, et n'étaient qu'une brigade de délateurs assermentés, et à l'aide de témoins et de tous autres moyens d'information, de tous délits, omissions, négligences et mépris, et malversations faits ou commis en violation des statuts de *Suprématie*, *Uniformité*, et autres, en matières religieuses ; d'enquérir, censurer ou juger et condamner les livres hérétiques, opinions hétérodoxes, ouvrages séditieux, paroles outrageantes ou menaçantes, fausses rumeurs, fausses nouvelles, etc., et ceux qui les auraient faits, imprimés et publiés, ou s'en seraient autrement rendus coupables.

La Haute Commission était un véritable tribunal de l'inquisition. Pour lui mieux ressembler, la Commission obligeait les prévenus à prêter un serment, qu'on appelait *ex officio*, de dire la vérité sur toutes les interrogations qui leur seraient faites, lors même que leur réponse les chargerait.

Des motions et des résolutions de la Chambre des communes pour attaquer les dispositions de ce décret de la *Gouvernante des choses religieuses* furent perdues ; elles ne passèrent pas aux Pairs, ou la reine leur refusa sa sanction.

Un grand nombre de non-Conformistes furent donc traînés devant la Haute Commission, et devinrent les victimes des épiscopaux ; il y eut même des ministres puritains condamnés à mort : presque tous les prévenus le furent à la prison, au fouet, au pilori, à des amendes, à l'exil ou à la déportation. Des conseillers privés, les grands officiers de la couronne, un grand nombre de Pairs, firent des remontrances à la reine sur ces persécutions ; elles n'en continuèrent pas moins, et pendant tout le cours de son règne et sous les suivants. Il semblait qu'on mettait un grand prix à tenir fraîches et vives les haines et les vengeances : et quand le long Parlement fut arrivé, la réaction en fut plus cruelle et plus sanguinaire.

On reprochera sans doute à la mémoire d'Élisabeth d'avoir négligé, refusé même, d'éteindre ces querelles religieuses. La reine fut beaucoup plus occupée de la conservation de son pouvoir que de toute autre chose. Elle fut peut-être sensible avec Seymour, frère du protecteur Sommerset, dans sa jeunesse. Sa coquetterie n'eut plus ensuite d'autre but que de se faire des partisans, ou de leurrer des princes étrangers, qui pouvaient devenir des ennemis, de l'espoir de sa main. Devenue vieille, chagrine, lasse des affaires d'État, elle abandonna au Primat la direction presque entière de l'église anglicane.

Le ministère de la reine se composait de véritables hommes d'État, les Cecil, lord Burleigh, Walsingham. On leur a fait des reproches plus fortement qu'à la reine. Telles ont été ou devaient être leurs réponses et leurs excuses. « Dans l'état incertain de la succession au trône d'Angleterre, qu'Élisabeth se plaisait à prolonger et dont elle ne voulut jamais sortir, les ministres ne croyaient pas qu'il fût de la prudence de véritables hommes d'État, et de l'intérêt même de la Réformation, d'apaiser ces dissidences religieuses. Le successeur au trône le plus connu, puisque Élisabeth n'avait pas voulu reconnaître les descendants de sa tante Marie, duchesse de Brandon, ne pouvait être que Marie Stuart. Elle était catholique; elle était l'unique espoir du parti catholique. Si elle était parvenue à la couronne, on aurait une Marie II semblable à Marie Ire. Les catholiques auraient repris un grand ascendant; et les persécutions contre les protestants seraient cruelles et subites. En n'éteignant pas le feu des discordes religieuses entre les épiscopaux et les Puritains, on trouverait, au moment du besoin, deux armées aguerries qui se réuniraient à l'instant contre l'ennemi commun (ce qui est arrivé, en effet, sous Jacques II). En persécutant les Puritains, on les rendait plus puissants sur l'opinion publique, et leur nombre s'accroissait par la persécution même. » Après la mort de Marie Stuart, les ministres d'Élisabeth ont cherché à modérer l'esprit persécuteur des épiscopaux, et ils n'ont jamais pu l'obtenir de la reine. Les derniers favoris d'Élisabeth tenaient, tous et beaucoup trop, à la haute Église.

Il eût été plus facile, on ne doit pas se le dissimuler, d'empêcher ces discordes religieuses de naître (on le pouvait de 1559 à 1565) que de les apaiser une fois qu'elles avaient commencé.

Rome mit trop de fierté, manqua de souplesse, d'esprit de conciliation, de charité et de tempérance dans sa conduite avec Élisabeth. Cette princesse aurait tenu à sa suprématie, qui pouvait se concilier avec la protection et la tutelle du souverain sur les églises de ses états; elle aurait abandonné tout le reste; on lui aurait reconnu les droits royaux que les libertés anglicanes réservaient aux rois, et augmenté les pouvoirs du Primat. Cependant on se demandera toujours si quelques changements dans des articles disciplinaires auraient contenté la réforme; nous répondrions négativement sous Élisabeth, affirmativement sous Henri VIII.

IV. Le règne de Jacques Ier s'ouvrit, pour les Puritains, sous de funestes auspices. Ce prince reçut mal et outrageusement leur pétition *millénaire*, souscrite par huit cent vingt-cinq ministres, et demandant la correction des abus, et des changements dans les *Trente-neuf articles*. La conférence de Hamptoncourt, entre le roi avec dix-huit évêques ou épiscopaux, et quatre théologiens presbytériens, fut insultante pour ceux-ci, ridicule pour ceux-là, et dérisoire pour l'opinion publique, qui en attendait quelques améliorations dans la liturgie anglicane. Les évêques entrèrent dans tous les systèmes de despotisme politique, que Jacques Ier développait avec tant de pédanterie théologique, cette prérogative, et royale, et ecclésiastique de droit divin, le pouvoir de dispenser de toutes les lois, quelle que soit leur nature, la propriété de tous les biens de ses sujets, l'obéissance passive, etc.; ils les soutinrent avec bien plus de force, d'adresse et surtout de dureté que les juges des Cours de Westminster. Les doctrines politiques de l'église anglicane de Jacques Ier dégradèrent le caractère épiscopal, autant que la cupidité, l'orgueil et l'ambition des prélats.

Les Puritains menaient une vie très exemplaire. Beaucoup plus instruits que les épiscopaux, leur morale était sévère, peut-être y avait-il trop de morosité dans leurs principes. Ils tenaient beaucoup à l'observation du dimanche. On leur en a donné le nom de *Sabbatairiens;* ils le comparaient, pour la sanctification, au sabbat des Juifs. Les épiscopaux permettaient, au contraire, qu'après avoir été aux offices du matin, on employât à des jeux, à des danses très mondaines, à des dissipations peu chrétiennes, le reste du jour. Jacques Ier en fit même une loi, dans une proclamation où il jetait du ridicule sur la piété des Puritains. Des pièces de théâtre, des intermèdes assez grossiers, même pour le temps, étaient représentés dans les églises des épiscopaux. Nous ne serons donc pas étonnés que des historiens postérieurs aient désigné les Puritains sous le nom de Jansénistes de la réforme. Suivant eux, les épiscopaux en étaient les Molinistes. Pour que ces désignations fussent plus exactes, le pédant Jacques Ier alla remuer la matière si ardue, si réfractaire du libre arbitre, de la prédestination et de la grâce, et prit parti dans la querelle théologique des Arminiens et des Gomaristes de Hollande. Il envoya des théologiens épiscopaux au synode de Dordrecht; et à leur retour, blâma le chef de la députation, l'évêque de Salisbury, en plein conseil, et le prélat étant obligé d'être à genoux, parcequ'il avait défendu la doctrine calviniste de l'université d'Oxford sur le péché originel, la prédestination absolue et la grâce efficace. Le roi soutenait l'opinion contraire, celle de l'université de Cambridge, celle du jésuite Molina qui agitait déjà les universités espagnoles et italiennes, et pour la condamnation de laquelle la congrégation *de Auxiliis* avait tenu tant de savantes et d'inutiles assemblées. Jacques imposait cette opinion aux épiscopaux anglais; et tous ceux qui, dans leurs thèses, défendaient le système augustinien de la grâce, étaient sûrs de n'obtenir aucun bénéfice à la nomination de la cour. Les Puritains étaient sous la bannière de saint Augustin. Ils furent donc de nouveau persécutés, emprisonnés, mutilés, déportés, pour le péché originel et le libre arbitre. La Haute Commission préludait, en Angleterre, aux lettres de cachet des pères La Chaise et Le Tellier, en France.

Charles Ier avait hérité de la haine de son père, et contre les Presbytériens d'Écosse, et contre les Puritains d'Angleterre. Les uns et les autres furent persécutés, les derniers avec plus de violence.

Le moment arrivait, prévu par Cecil, lord Burleigh et Walsingham ; la réformation allait être en danger, et la constitution anglaise, compromise.

Jacques Ier avait été en correspondance avec Rome ; ce prince penchait pour le catholicisme, on n'a aucun motif d'en douter. Les négociations si imprudemment conduites en Espagne par Villiers, duc de Buckingham, pour le mariage du prince de Galles avec l'Infante ; le voyage de ce prince à Madrid ; des promesses assez connues, sinon de se faire catholique, du moins de se faire instruire ; des dispenses nombreuses de toutes les lois aux catholiques anglais, et surtout l'ascendant qu'ils acquéraient à la Cour ; le mariage de Charles Ier avec Madame Henriette de France ; la chapelle qu'on avait conservée à cette princesse ; les jésuites dont elle était entourée, nous en fourniraient des preuves, et donnaient la plus grande force à l'opinion générale que le roi Charles était catholique en secret ; ce qui n'était pas, malgré tout ce qu'on a dû dire de la dissimulation de ce prince.

Nous laisserons de côté, et les nouvelles persécutions des Puritains, et cette multitude d'ordonnances et de proclamations en matières ecclésiastiques, politiques, financières, qui portaient la plus grande agitation dans les esprits et faisaient craindre une attaque contre la constitution et les libertés du peuple anglais. Nous ne pouvons pas nous dispenser de parler des négociations des nonces Panzani et Coni avec la cour d'Angleterre ; elles montrent à quel point d'exaltation étaient portées les espérances des catholiques anglais, et quelles étaient leurs imprudences (1).

C'était à la demande des catholiques que le nonce Panzani avait été envoyé en Angleterre. Sa mission était de vérifier quel était le nombre, le crédit et l'influence des catholiques, ainsi que l'esprit qui dirigeait leur conduite. Il constata qu'ils n'étaient pas plus de cent cinquante mille, à la vérité, des premières classes de la société; qu'ils avaient gagné de l'ascendant sur la nouvelle cour; que la prudence ne réglait pas plus leurs espérances que leurs actions; qu'on ne pouvait réellement traiter qu'avec les prélats de l'église anglicane; que ceux-ci paraissaient disposés à une réunion avec les catholiques; mais qu'on devait craindre de prendre de vagues désirs, d'impuissantes velléités pour des décisions fermement arrêtées. Il recevait donc, avec quelque réserve, des ouvertures, des propositions d'un prélat anglican, l'évêque Montaigu, d'un caractère vif et léger, et dès lors plus propre à soulever des défiances dans un négociateur Italien. Montaigu prétendait traiter au nom du Primat Laud et de vingt de ses frères, sur vingt-six. Montaigu était très ouvert, Panzani très reserré. On partait, dans les conférences, d'un point à peu

(1) Les notions acquises sur ce point d'histoire nous viennent des *Mémoires* ou *Correspondance* de Panzani, publiés en 1794; — de *State's Papers*, du comte de Clarendon; — d'un petit traité imprimé à Venise en 1643, *Il Noncio del Papa;* — de la défense de Laud; *State Trials* et *Life of Laud*, — Des Mémoires de madame de Motteville; et enfin des Lettres et de la vie de Strafford.

près convenu, qu'il faut un juge des controverses, lequel ne peut être que l'Église universelle ; que le lien de l'unité catholique faisait la force de l'Église, et que ce lien ne pouvait exister, dès que l'Église serait sans chef ; que ce chef ne se rencontrerait que dans la chaire de saint Pierre, dans la personne des souverains pontifes ; que le Pape était déjà reconnu par les anglicans comme Patriarche de l'Occident ; qu'il n'y avait pas entre le Pape et un Patriarche de l'Occident une différence si forte que le besoin et la religion de l'unité ne pussent lever. Ils en venaient à reconnaître la suprématie d'honneur et de juridiction du siége de Rome. Mais avant d'en faire un acte formel, les épiscopaux anglais exigeaient certaines conditions auxquelles Panzani ne voulait pas consentir, assurant qu'elles ne seraient pas difficiles à obtenir de Rome, la réunion étant opérée. Laud s'aperçut bientôt que le nonce, en Italien très adroit, demandait beaucoup et n'accordait rien ; et que Montaigu était dupe, parcequ'il avait été étourdi et imprudent. Les négociations se ralentirent. Panzani partit pour Rome, et là finissent ses lettres au cardinal Barberini, neveu du Pape régnant, Urbain VIII. Coni vint le remplacer. On traita avec lui, mais sans lui montrer autant de confiance et d'espoir. La reine Henriette était l'âme de toutes ces négociations. Elles devinrent bientôt avouées. L'exaspération fut au comble dans le parti patriote. Enfin, les besoins des finances engagèrent Charles Ier à assembler, en 1640, le long Parlement. La conduite de ce Parlement fut, dans la première année, aussi prudente qu'énergique ;

mais bientôt on eut la guerre civile; favorable d'abord à la couronne, elle aurait pu se terminer par des concessions du parti royal.

Nous nous dispensons de retracer le rôle que jouèrent les Puritains dans ce grand bouleversement politique, et l'influence qu'y acquirent les moins modérés d'entre eux, les *Indépendants*, devenus de véritables niveleurs. La république entraîna non seulement une réaction politique, mais la plus sanguinaire des réactions religieuses; les épiscopaux, à leur tour, furent persécutés avec acharnement; les prélats furent exilés et mis en fuite, et les biens de leurs églises séquestrés.

Les Presbytériens ou Puritains modérés formaient, dans les dernières années du Protectorat, la majorité de la nation; ils étaient devenus, à la mort de Cromwell, un tiers-parti politique qui acquit beaucoup de force, et qui, en se réunissant à celui des royalistes, était supérieur à celui des républicains; mais entre ceux-ci, l'armée et le cauteleux et dissimulé Monck, ils ne pouvaient pas prendre de supériorité, obtenir même que la restauration fût faite sous quelques conditions politiques plutôt que religieuses, non pas pour eux, mais pour la famille des Stuarts, et pour leur assurer le trône, qu'ils perdirent par tant de fautes, trente ans plus tard. Monck, seul, acquit des titres, de l'argent, quelque influence, dans le Conseil de Charles II; et la restauration s'effectua sans qu'aucun des partis eût obtenu des sûretés. Nous l'avons vu dans l'esquisse du règne de Charles II (page 146 de ce volume).

V. Charles II, en arrivant en Angleterre, avait à compléter l'épiscopat de vingt-six archevêques ou évêques réduit à 9, aucun ministre presbytérien n'eut de nomination royale. On espérait de l'intérêt du roi, de la sagesse de Clarendon et des malheurs des épiscopaux, que des moyens seraient pris pour faire cesser les discordes, la division capitale qui affligeaient si scandaleusement l'église anglicane. La conférence du palais de Savoie n'eut pas plus de succès que celle d'Hamptoncourt, soixante ans avant; quelques vaines réformes furent faites dans la liturgie.

On ordonna, par un nouveau statut d'*Uniformité*, (*Stat.* 13 et 14, *Charles II*, *chap.* 4), que chaque prêtre ou ministre serait tenu de se conformer à une nouvelle édition de la liturgie et du livre des *Communes prières;* et des persécutions recommencèrent contre les Presbytériens et les non-Conformistes. L'acte des *Corporations* (*Stat.* 13, *Charles II*, *Stat.* 2, *chap.* 1), celui contre les *Conventicules* (*Stat.* 22, *Charles II*, *chap.* 1), et enfin l'acte du *Test* (*Stat.* 25, *Charles II*, *chap.* 2), paraissaient n'être dirigés que contre les catholiques, mais ils frappaient également les Presbytériens et les autres non-Conformistes laïques. Un bill avait été proposé et adopté, dans la Chambre des communes, pour les en dispenser ; la Chambre des pairs l'avait accueilli ; mais une prorogation soudaine du Parlement, à laquelle la haute église ne paraissait pas étrangère, vint arrêter l'effet de cette résolution.

La prospérité a toujours aveuglé: la haute église oublia qu'elle devait à la modération des

Presbytériens, à la sagesse de l'esprit public de la nation, son retour dans ses biens, ses dignités ecclésiastiques et ses siéges à la Chambre des pairs; et nous la retrouvons ingrate et dépourvue de patriotisme, dans les ornières de la prérogative abusive de Charles II et Jacques II, qu'avaient creusées ses devanciers, sous Jacques Ier.

A l'attaque de Charles II et de son ministre contre les chartes d'incorporation de Londres et des autres grandes communes du royaume, qui fut suivie de la dépression des Whigs et de la conspiration de *Rye-House*, de 1679 à 1683, le haut clergé s'efforça de donner des preuves de son dévouement à la monarchie absolue. D'abord une proclamation fut ordonnée; elle devait être lue dans toutes les églises; des prières spéciales devaient être faites; des actions de grâces, publiquement rendues, pour remercier le ciel de la découverte du complot qui avait été tramé à *Rye-House*. La proclamation contenait des insinuations perfides contre les non-Conformistes, et cherchait à enflammer les passions et la haine de la multitude contre ceux des réformés qui ne tenaient pas à l'église dominante; elle jetait ensuite de la défaveur sur les principes constitutionnels que professaient les Russel et les Algernon Sydney. Le haut clergé, après une semblable proclamation, se trouvait nécessairement porté à soutenir les doctrines de l'*Obéissance passive*, de *la non-Résistance absolue*; il les trouvait escortées déjà d'une multitude de canons, d'homélies, de décisions de cas de conscience, de décrets des universités du royaume. Il ajoutait encore, par de nouveaux actes manés du pouvoir ecclésiastique, à l'autorité qu'obtenait sur les âmes simples, ignorantes et timorées une telle série d'injonctions, de conseils, l'opinions, de doctrines. Les Prélats y étaient l'autant plus irrésistiblement entraînés, que les atholiques, leurs adversaires, soutenaient, les ns, que le Pape avait le droit de déposer les rois, t de donner leur couronne à qui bon lui semlait; les autres, tels que Mariana, et les docteurs e l'école jésuitique, reconnaissaient dans le peule le droit de se défaire de leurs souverains, *omme il le pourrait*, et celui d'établir des gouverements populaires. D'ailleurs, depuis Henri VIII, ous les règnes de ses enfants, et sous ceux des rois rois de la maison de Stuart, les épiscopaux vaient publié un si grand nombre d'ouvrages de oute nature proclamant l'origine *divine* de la préogative, l'*Obéissance passive*, la *non-Résistance à l'oppression*; ils avaient tellement cherché à inculquer u peuple que ses droits n'étaient que des priviléges révocables, accordés par les souverains; ue ses propriétés dérivaient du prince et lui appartenaient au même titre; que les souverains ouvaient, dans les nécessités de l'État, dont ils taient les seuls juges, les retirer pour les appliuer suivant leur volonté, à d'autres services, qu'il 'était donc plus possible que les évêques revinsent en arrière.

Sans doute les Presbytériens avaient foudroyé de elles doctrines; une guerre de plumes, une polémique vigoureuse s'étaient établies; mais quels ouvaient en être les résultats, avec des universités qui condamnaient les livres dans leurs décrets (1), et excluaient les auteurs des colléges et de l'enseignement; et surtout avec des juges prévaricateurs, qui leur appliquaient les lois pénales du libelle dans toutes leurs rigueurs? Les procès de Prynn et du docteur Alexandre Leighton (2) n'étaient pas assez vieux pour être oubliés. Une fermentation vive et âcre agitait tous les esprits.

Tel était l'état où la découverte de la vraie ou fausse conspiration de *Rye-House* avait laissé l'Angleterre, et plaçait, et les épiscopaux, et les Presbytériens, et le parti national.

La conspiration papiste y avait préparé les voies; et elle avait mis en scène les catholiques soutenus par Charles II et le duc d'York, avec les épiscopaux et les Presbytériens, et ouvert une lutte qui ne devait se terminer que par la chute de la maison de Stuart, où la perte de toutes les libertés.

Sous Jacques II, les persécutions contre les *non-Conformistes* furent renouvelées, mais pour un seul instant, par la cour. L'intérêt qu'elle avait à s'acquérir les dissidents et à faire adopter sa loi de tolérance civile ne permettait pas que les persécutions fussent générales. Jefferies, à la tête de la Haute Commission ecclésiastique, que Jacques II venait de rétablir contre les épiscopaux, empêcha celle-ci de se livrer à toutes les vexations dont

---

(1) Voir à la page 151, du règne de Charles II, les décrets de l'Université d'Oxford.

(2) Voir à la page 86, le procès, devant la Chambre étoilée, du docteur Leigton.

elle avait l'habitude. Cet illégal rétablissement de la Haute Commission n'eut pour résultats que de réunir épiscopaux et Presbytériens, contre la cour et les catholiques. Le procès des sept évêques vint seulement acquérir, à cette confédération, la sanction de l'opinion publique. Elle lui était tellement acquise, que, dans tous les actes publics faits depuis le débarquement du prince d'Orange à Torbay, pour conjurer ou modifier la révolution imminente de 1688, la question religieuse paraissait être une des premières.

Les officiers de l'armée royale préviennent Jacques II, par lord Fervésham leur général, qu'ils ne combattront pas contre le prince d'Orange, qui ne demande que d'assurer la religion protestante et les libertés de la nation, etc.

Dans la lettre de lord Churchill au roi, qu'il abandonnait, « ce sont les mouvements insurmontables » de ma conscience.... (et on sait ce qu'ils valaient » dans cet homme rapace, ambitieux et intrigant, » qui ne fut qu'un grand général....) et l'intérêt que » je prends à ma religion, auxquels aucun honnête » homme ne doit s'opposer, et avec lesquels rien ne » peut entrer en concurrence. Dieu sait.... etc. »

La princesse Anne, dans sa lettre à la reine, écrite au moment où elle quittait sa cour et le roi son père, assigne, aussi bien que Churchill, dans lequel elle avait placé plus de confiance que dans le prince George son époux, « la défection de la » noblesse qui proteste...à son but... de délivrer la » religion du danger imminent où l'ont mise les prê» tres... etc. »

Dans l'avis des seigneurs au roi, dans les négociations qu'ils ouvrent par son ordre avec le prince d'Orange, un des articles principaux est toujours d'éloigner les catholiques des places et du gouvernement, et de maintenir la religion protestante.

C'est le but de l'entreprise du prince d'Orange, c'est la base de ses manifestes.

Ainsi cette question religieuse, que les souverains des dynasties des Tudors et des Stuarts ont imprudemment mêlée à la question politique; cette jalousie des sectes et des partis religieux dont ils se sont fait forts et tenus habiles de profiter pour accroître leur autorité, et arriver au pouvoir arbitraire, enlèvent au dernier des Stuarts son trône et l'estime de la postérité.

VI. Le roi Guillaume avait dans le caractère des principes de tolérance qui l'auraient rendu, plus que tout autre prince, capable d'opérer une réforme religieuse en Angleterre et de corriger les vices de cette fausse politique des Tudors et des Stuarts, qui se servaient des jalousies des sectes de religion pour gouverner arbitrairement leurs sujets. Guillaume III était digne de cette honorable et philosophique entreprise; mais il n'était légitime qu'aux yeux d'un parti, le plus nombreux à la vérité. Il n'était pas le roi des Torys, ainsi que le lui disait, dans une conversation très spirituelle et très animée, le duc de Shrewsbury. Ce prince ne put cependant remplir que la moité d'un semblable dessein; il n'y eut de tolérance que pour les Presbytériens et autres réformés et les autres

DE LA JURIDICTION

DU PARLEMENT (1).

I. De la juridiction des Lords. — II. Contestations des deux Chambres sur la juridiction évocative, *proprio motu*, des Lords (*Original jurisdiction*). — III. De la juridiction des Communes. — IV. Affaire de Skinner et de sir Samuel Barnardiston. — V. Affaire de Jacques Boucher. — VI. Procès de l'évêque de Worcester, pour violation des priviléges de la Chambre des Communes.

I. On ne peut se refuser à reconnaître que la Constitution anglaise, et sous l'heptarchie et sous les rois normands, est éminemment aristocratique. Les Grands du royaume, les Lords spirituels et temporels, les Evêques et les Prélats, les Princes, sous les Anglo-Saxons, et les Comtes, depuis la conquête, formaient le conseil naturel et néces-

(1) Cette dissertation, ou traité de jurisprudence, qui est le développement de l'article VII, ch. III, et de l'article IV du chap. VII du Ier volume, entrait dans le dernier morceau du 3e volume de cet ouvrage, l'*application de la jurisprudence anglaise, etc.*, *à nos lois criminelles politiques*. Nous avons cru qu'il trouverait mieux sa place ici. Il forme la transition de la jurisprudence criminelle et des procès politiques antérieurs à la révolution, à la régularité et à la sévérité de la procédure criminelle, depuis le règne de la reine Anne. Cependant, cette princesse, comme Guillaume III, a été dominée par les agitations des partis et tourmentée de leur incandescence. Le procès de Fenwick était un appel des chefs des Whigs, alors dans le ministère, aux Whigs de la Chambre des communes. Il se ressent de cet état des esprits ; il n'est qu'une injustice commise

saire des rois, dans les *Witena-Gemote*, les Placites et les Parlements. Ils étaient sommés d'y paraître, *ad defendendum, ... consulendum et tractandum nobiscum de majoribus negotiis*.... Ils recevaient des rois, à l'investiture de leur dignité, l'épée, pour défendre l'État et la toge d'écarlate doublée d'hermine des magistrats suprêmes. Réunis avec les grands-officiers de l'État et les juges, ils composaient le grand Conseil du roi, la Haute Cour suprême de l'État (*Aula magna regis et regni, Curia Parliamenti*), mais seulement pendant le temps des sessions du *Witena-gemote*, du Placite ou du Parlement. Pendant leurs séances, ils reçurent longtemps, seuls, les pétitions du pays, jusqu'au moment où les chevaliers des comtés, venant les porter eux-mêmes, furent admis, vers le milieu du XIIIe siècle, à en débattre les divers objets et à présenter les moyens de redressement des griefs nombreux dont le déplorable gouvernement de Henri III les avait remplies.

On a vu que la division successive de la Cour

---

par la vengeance des ministres. On a vu que l'*Attainder* ne passa, dans la chambre des Lords, qu'à une faible majorité. Le procès des cinq Lords est une réaction des Torys, qui n'eut pas de succès. Ce qui s'y trouve de plus marquant, est l'adresse sévère de la Chambre des Pairs au roi. Sacheverel, dans ses sermons, faisait la guerre à la révolution; les Whigs prirent feu trop promptement et donnèrent en plein dans le piége qui leur était tendu; ils perdirent le ministère. Il y avait quelque ridicule aux Whigs de faire un procès d'État d'une affaire de principes, et de l'impudence d'un prestolet; mais ces excès les amenaient à la raison et à la modération. Ce n'est guère que vers 1720 que les oppositions des partis reprirent un cours régulier et ordinaire.

du Grand-Justicier en quatre sections, et le resserrement du conseil privé du roi en une *Junte* de peu de personnes, s'étaient joints à l'entrée des Communes au Parlement, pour opérer l'extinction de l'*Aula magna regis et regni*. Les Pairs conservèrent toutes ses attributions, ainsi que la juridiction de ce grand conseil, comme *Curia Parliamenti*. Par la suite des temps, on a été amené à reconnaître huit espèces différentes de juridictions, dans celles qui sont exercées par les Lords ou Seigneurs ou Pairs du royaume, et qui les constituent pouvoir judiciaire suprême.

Il fallait bien en effet que ce pouvoir suprême existât quelque part.

Il ne pouvait être dans les juges, séparés en quatre sections, surchargés d'affaires, et qui n'ayant laissé aux tribunaux des comtés que de très faibles attributions, puisqu'ils avaient usurpé la connaissance des causes de propriété, sous des motifs de féodalité (toutes les terres, comme *Freeholds*, relevant de la couronne), ne devenaient plus que des tribunaux de première instance, et que ces sections ou Cours de loi ayant toujours soigneusement conservé, sur le reste, les limites de la compétence, telles qu'elles étaient fixées sous les rois saxons, à deux livres sterling, ils les attiraient toutes aux cours de Westminster.

Le remède des erreurs de la loi ou des juges ne pouvait être demandé au Chancelier, le dernier des Grands-Officiers de la couronne et le dernier des trois Grands-Officiers dans l'ordre judiciaire; le Haut Justicier, le Président du Conseil privé et lui. Il avait la connaissance, comme juge d'équité, de toutes les causes qui ne pouvaient pas être jugées d'après la Loi Commune. Avec le maître des rôles, et quelquefois des vice-chanceliers, sa Cour d'équité jugeait et instruisait, et ces causes, et celles qui formaient les attributions de la Cour des gardes et de celle des requêtes, depuis leur suppression, et en première et seule instance.

Ce ne pouvait pas être le Conseil privé: il a été long-temps sans avoir de juridiction; les juges et le chancelier en faisaient partie et y auraient eu, sans doute, une grande influence; c'aurait donc été porter tous les pouvoirs à la couronne, que les excès du gouvernement arbitraire des rois normands, renouvelés par Édouard II, par Richard II et par la maison d'York, prescrivaient de tenir en bride. Postérieurement, et sous Henri VII, Henri VIII et Charles Ier, on a vu combien l'institution de la Chambre étoilée, véritable cour du conseil privé, depuis le statut de Henri VIII, avait amené d'iniquités de tout ordre.

La Chambre des lords, seule partie vitale du Parlement, était donc seule appelée à remplacer l'*Aula magna regis* dans les parties de compétence judiciaire qui n'étaient pas dévolues de droit aux Lords.

1° On reconnaît donc, dans la Chambre des lords, la Haute Cour du Parlement pour le jugement des procès politiques. Ils lui sont déférés, depuis 1388, par la Chambre des communes, qui accuse (*Impeachment*), et de tous les temps, par le Procureur-Général, sur un *Indictment* d'un grand jury, ou par suite d'*informations ex officio*, prises et présentées par lui; ce magistrat ainsi que les Communes, accusant pour crime de haute trahison, comme pour le plus simple *Misdemeanor:* le procès de Sacheverel nous en offre une preuve.

2° C'était parmi les Lords qu'était prise la commission formant la Cour du Grand-Sénéchal. Par le statut de la septième année de Guillaume III, ils y sont tous appelés; ils jugent, dans cette Cour, les procès des Pairs et des Pairesses pour crime de trahison et de félonie.

3° Ils ont une juridiction, mais comme une des Chambres législatives, dans les procès terminés par des bills d'*Attainder.*

4° Ils ont également une juridiction suprême, dans les bills de *Pains and Penalties.* Ces deux juridictions, ils les ont en commun avec l'autre Chambre; dans l'un et l'autre cas, ce n'est pas simplement une résolution législative qu'ils prennent, c'est une sentence qu'ils rendent. Ils entendent les prévenus et leurs conseils; ils examinent les témoins; il y a des débats judiciaires. A la différence des procès portés devant la Haute Cour du Parlement et devant celle du Grand-Sénéchal, il y a discussion dans chacune des Chambres, aux trois lectures de la résolution, et après sa rédaction. S'ils veulent éclaircir un fait, ils appellent un des témoins déjà précédemment entendus; s'ils veulent établir le point de droit, ils demandent une décision des douze juges, et tout cela en l'absence de l'accusé et de ses conseils, à la différence encore des procès devant la Haute Cour et devant le

Grand-Sénéchal, dans lesquels ce serait une nullité qui pourrait être relevée dans un Writ d'erreur, spécialement délivré, en conseil privé, et déféré à la Cour du Banc du roi.

5° Lorsqu'ils jugent une question de privilége, et elles sont nombreuses pour la Chambre des pairs, ils forment encore une juridiction suprême et sans appel, sans même craindre l'extrême remède contre leurs jugements, des Writs d'erreur; ils mandent à leur barre ceux qui sont coupables de leur violation; s'il est nécessaire, ils leur permettent des conseils, ils entendent des témoins. Dans les procès sur des droits de succession à une pairie, ils reçoivent les pièces et les productions des parties; leurs avocats plaident à sa barre; ils commettent des enquêtes au loin, en Écosse et en Irlande, quand ils ne peuvent pas les faire par eux-mêmes ou par des comités.

6° Les lois n'ont pas prévu tous les cas possibles de lésion des droits d'un tiers, de rescision des obligations et des contrats, etc. En Angleterre, la Loi Commune est insuffisante dans une multitude de circonstances; au criminel, il y a des actions, des attentats qu'elle n'a pas prévus. Le parricide n'est qu'un meurtre; et si l'empoisonnement est une félonie du premier degré, il n'y a été classé que par un statut déclaratif. La Loi Commune est d'une sévérité excessive contre le vol, et le punit de mort; et l'adultère n'est pas un crime, et ne donne ouverture qu'à des dommages-intérêts, tandis que, débaucher un serviteur à son maître, séduire la sœur de sa femme, sont des félonies.

Les actions judiciaires ont un ordre invariable de procédés; lorsqu'il a été épuisé, tout est fini; et cependant il est des circonstances où la révision d'un procès serait due à titre de justice. Les délais ont été sagement fixés; ils sont écoulés. Les juges sont hommes; ils commettent des erreurs; il en est même dont il serait d'une souveraine injustice de les rendre responsables. La Loi Commune gardait le silence sur le cas du procès qui leur a été soumis. Il n'y avait aucun précédent; ils ont jugé par analogie, mais l'analogie est nécessairement arbitraire et basée sur un raisonnement qui peut être faux et reproché par le plaignant.

Il est cependant nécessaire qu'il y ait un remède à ces erreurs de la loi et à son silence, à ces erreurs des hommes et à l'impossibilité de leur réparation. C'est la Chambre des Lords, en sa qualité de *Curia Parliamenti*, qui le fournit. Elle reçoit les pourvois en rescision de jugements des Cours de loi de Westminster, sur la présentation d'un Writ d'erreur, délivré à la chancellerie; elle casse le jugement, et juge au fond.

Cette juridiction des Lords a été contestée longtemps par les Cours de loi. Ils l'ont d'abord considérée comme une délégation de la couronne. Assez naturellement extenseurs de la prérogative royale, ils ont voulu ne voir qu'elle, et une de ses concessions dans cette attribution de la Chambre des lords. Elle est du moins très ancienne. Les Lords ont jugé de ces sortes de procès, sous Henri IV, sous Henri VI, sous Édouard IV. On conçoit très bien que ces exemples ne soient pas fréquents, que ces causes aient été rares : 1° parceque les Parlements, depuis la fin du règne d'Édouard III, ont été assemblés très rarement; 2° parceque ces procès, portés aux Lords, sont très coûteux; 3° parceque les journaux et les rôles du Parlement ont été adirés pendant les guerres des deux Roses, et ils devaient contenir des décisions des Lords dans des procès de ce genre; 4° enfin parceque Henri VII et Henri VIII, instituteurs de la Chambre Étoilée, y évoquaient beaucoup de causes qui auraient été portées, par des Writs d'erreur, à la Chambre des lords. Le chancelier refusait, par ordre de Henri VIII surtout, de les délivrer. Ce n'est que sous le règne de ses enfants, qu'un Statut a reconnu ces Writs comme des Writs de droit qui ne pouvaient pas être refusés en acquittant les droits de chancellerie. Élisabeth enfin, en établissant la Cour de la Chambre de l'Échiquier, a reconnu la compétence des Lords; et depuis 1580, ils n'ont pas cessé d'exercer cette juridiction.

7° Après que le chancelier Bacon eut chargé sa mémoire et sa Cour d'Équité d'une masse révoltante d'iniquités, il était naturel que des plaideurs, lésés en chancellerie, présentassent des pétitions, des plaintes à la Chambre des lords; elle y fit droit, et cassa, sur simple appel, les jugements de la Cour de la chancellerie; elle s'est maintenue constamment dans l'exercice de ce droit; il n'a pas même été contesté par les Cours de lois. Sous Charles Ier, Buckingham favorisait la Chambre des lords. A la restauration, les Pairs, humiliés et persécutés sous la république, profitèrent de cette réaction pour exercer tous leurs droits; et ils le firent avec succès. Les juges de Jacques II étaient trop sous la verge de l'opinion publique, et, à la révolution, sous celle du Parlement, pour élever des doutes sur l'exercice d'un droit si nécessaire. Le procès du chancelier, comte de Macclesfield, sous George Ier, avilit encore et la chancellerie et la Cour d'Équité. La compétence des Lords pour juger, sur appel, les causes d'équité est donc restée incontestable; elle s'exerce également dans les causes testamentaires et matrimoniales jugées par les Cours ecclésiastiques.

8° Enfin, la Chambre des lords, en vertu de ses droits de Cour suprême du royaume, exerce une juridiction de première instance par des évocations, soit: 1° sur des pétitions des parties; soit, 2° *proprio motu*. On appelle l'une et l'autre, en anglais, *Original Jurisdiction*. Elle lui a été contestée par les Communes, pendant soixante années. Cette contestation a produit la dispute des deux Chambres sur la juridiction. Les faits les plus marquants sont, dans l'origine de cette dispute, celui de Skinner, en 1668, et celui de Jacques Boucher, en 1702.

II. Il est bien difficile d'abord d'interdire à une Cour suprême, formée du premier pouvoir d'une monarchie limitée, le droit d'évoquer des causes, qui, après avoir parcouru l'échelle des juridictions, lui arriveraient, en cassation ou en appel. La loi s'est tue, la loi est insuffisante dans les causes qui lui seront portées, dans ces cas qui ne peuvent être décidés que par le suprême législateur, aussi bien en première instance qu'en seconde et sur l'appel ou cassation. Ce suprême législateur serait sans doute le Parlement : de ses trois pouvoirs, l'un consent, le roi; l'autre est en possession, la Chambre des lords ; l'autre qui conteste, la Chambre des communes, manque des facultés qui seraient nécessaires à l'exercice de ce droit ; celle de recevoir des dépositions sous serment, et celle d'ordonner d'autre punition que la prison, limitée au temps assez court de la session ; il est également bien reconnu qu'elle ne peut infliger d'amende, et encore moins que la Chambre des lords ordonner des dommages-intérêts.

Les Lords, saisis aujourd'hui de l'exercice de la juridiction évocative, ont été de tout temps regardés comme les grands procureurs-généraux de la nation, comme les suprêmes redresseurs des griefs qu'elle éprouve, dans les individus, et dans leurs agrégations individualisées et incorporées, les cités, villes et bourgs, et leurs corporations, les comtés, etc., et seulement dans leur intérêt privé. Avant que les Communes siégeassent avec eux, les Lords recevaient les pétitions de tout le royaume, les jugeaient et y faisaient droit. Il y a eu, de tout temps, dans leur Chambre, un comité de *Receveurs*, *Trieurs* et *Auditeurs* des pétitions. Il n'a été supprimé qu'en 1742.

Dès 1641, après le procès de Strafford, les Communes firent exécuter, par elles-mêmes, les restitutions de biens et des sommes extorquées par la couronne, sur des jugements de la Chambre étoilée, le paiement des indemnités, et les autres redressements de griefs. Les Lords en ordonnèrent moins, et les firent également exécuter, et réprirent leurs principes de juridiction, développés dans l'affaire de Mompesson, et à l'occasion des énormités des procès de Bacon et de Middlesex. Mais sous la république, ils étaient proscrits par les Communes.

Il y eut, à la restauration, absence de pouvoir exécutif et de toute haute administration. Pendant quelque temps, et jusqu'à l'ouverture du premier Parlement de Charles II, Monck n'était que le commandant en chef des forces. La Chambre des Lords se ressouvint qu'elle était l'*Aula magna... regni*, et exerça le pouvoir exécutif et administratif. Elle était le premier des États de la Convention de 1689. Avant et depuis sa convocation, elle usa quelquefois de la faculté de gouverner. Elle confirmait ainsi sa possession des juridictions.

Les contestations des deux Chambres étaient moins vives sur les évocations ordonnées par la Chambre des lords, sur requête des parties; mais pour celles qu'ordonnaient les Lords, *proprio motu*, les Communes les considéraient comme des actes d'administration, comme des actes de surveillance en faveur des intérêts généraux et de ceux de l'État; et elles prétendaient qu'un pareil pouvoir n'existait que dans le Parlement; qu'étant une des branches de la législature, il leur appartenait comme aux Pairs, et que, dans beaucoup de cas particuliers, elles pouvaient également l'exercer seules. Le fait de Jacques Boucher s'applique davantage à cette prétention, comme celui de Skinner est plutôt relatif à la juridiction évocative sur pétition des parties, qu'à celle de *proprio motu*. Nous développerons sous les n°s IV et V tous les faits de cette lutte. Ici, nous avons exposé les principes et les raisons qui militent en faveur de la Chambre des pairs.

III. En assignant les espèces de la juridiction des Lords, nous nous trouvons avoir annoncé celles qu'ont les Communes et celles qu'elles n'ont pas.

1° Comme Chambre législative, elles ont leur juridiction politique suprême dans les procès d'*Attainder* et de *Pains and Penalties*. On leur a vu l'exercer, la première, dans le procès de sir John Fenwick, et la seconde, dans celui du comte de Clarendon, qui, par la suite de la procédure, d'abord pour crime de haute trahison, se termina en un bill de *Pains and Penalties*, commencé dans la Chambre des lords. Nous donnerons un autre procès de ce genre dans celui du docteur Atterbury, évêque de Rochester. Les formes sont les mêmes dans l'une et dans l'autre Chambre; nous n'y reviendrons pas.

2° Les procès devant la Cour du Grand-Sénéchal ne regardent que les Pairs et les grands-officiers. Les représentants des communes du royaume ne sont que de simples citoyens. Ils n'ont aucun privilége de pure dignité, ils en ont de fonctions. Il leur faut, et ils y ont droit, la liberté du vote, la liberté du séjour, de l'aller et du retourner, quarante jours avant et après la session. Ils ne peuvent être arrêtés qu'en flagrant délit, ou pour félonie et violation de la paix publique, et d'après l'avis de la Chambre : et ces priviléges leur sont personnels aujourd'hui.

3° Comme Chambre du Parlement, les Communes ont des priviléges étendus. Elles ont réellement une juridiction, pour tout fait, ou acte en matière électorale, et elle est suprême et incontrôlable par qui que ce soit. La Chambre cite à sa barre, examine des témoins, mais non pas sous serment; elle casse des élections faites, en ordonne d'autres, punit de la prison, *de son déplaisir*, d'une déclaration d'incapacité pour toute place de confiance et d'emploi public, mais non de l'amende. Elle est sévère et prompte dans ses punitions, et nous pourrions dire, dans ses vengeances; et le procès de l'évêque de Worcester, dont nous donnons une notice au n° VI de cette dissertation, en offrira la preuve.

Il est resté à la Chambre des Communes, de ses contestations avec les Pairs sur le droit d'*Original Juridiction*, la reconnaissance de son devoir et de son privilége sacrés de contrôler et de surveiller toutes les parties de l'administration publique, soit exécutive, soit judiciaire. Mais ils sont limités à la pure instruction. Le droit d'enquête qui en résulte est aussi libre, aussi étendu, aussi pourvu de moyens pour l'exercer, que les Communes peuvent le désirer; les priviléges et les obligations de la Chambre ne s'étendent pas plus loin. Elle peut à volonté adresser des messages au roi pour demander une rrection d'abus, un redressement de griefs. Elle sera écoutée. Elle peut réclamer, et elle l'a fait; le concours des Lords, elle l'a obtenu. Elle peut ordonner au procureur-général de poursuivre les coupables, et elle est obéie avec fidélité et soumission. Elle peut enfin accuser elle-même devant la Haute Cour du Parlement, justice lui est faite, jugement lui est rendu. Mais là, elle s'arrête; là finissent des droits augustes et vénérables; là commencent des prétentions, que l'aigreur, que la force feront valoir, mais qui, dans des moments de calme, s'évanouiront devant la justice et la raison.

4° C'est donc dans l'exercice de son droit d'accuser, d'*Impeachment*, que la Chambre des Communes a mis, depuis la révolution et le règne de la reine Anne, plus de sagesse, de prudence, et une certaine solennité de formes requises et par la dignité de la Chambre et par sa justice.

Il y a lieu à dénoncer un crime ou une malversation; celui de ses membres qui s'en est chargé demande un jour à la Chambre pour lui soumettre ses informations; habituellement c'est un comité des comptes; il lui est accordé ou refusé, après débats. Les circonstances exigent souvent que ce soit en comité secret, c'est-à-dire en grand comité de la Chambre. L'orateur ne le préside pas. Un *Chairman* du comité, un président, lui est nommé par le grand comité lui-même. Celui qui dénonce est entendu plusieurs fois (procès de Waren-Hastings et du vicomte Melville); la dénonciation est prise en considération; le grand comité redevient Chambre législative. Le président du grand comité fait le rapport de ses séances et de sa décision finale. Elle est mise aux voix après débats; elle passe, et elle est renvoyée à un comité nommé par ballottage. Il instruit sur la dénonciation, propose l'accusation pure et simple de telle espèce de crime ou de délit, à la barre de la Chambre des Pairs. Son rapport se termine par proposer une résolution de la Chambre, qui est débattue à la première, à la seconde et à la troisième lecture, et une quatrième fois, lorsqu'elle a été rédigée en due forme. Elle est approuvée et portée à la Haute Cour. Dans l'intervalle des lectures et rédactions, le prévenu a pu demander d'être admis à donner des éclaircissements, des preuves de son innocence; M. Hastings et le vicomte Melville ont été entendus.

La Chambre, après qu'elle a fait son accusation, ordonne souvent de mettre le prévenu en la garde de son sergent d'armes, ou demande à la Haute Cour de le mettre en prison à la Tour.

Le comité qui a instruit sur la dénonciation, dresse les charges de l'accusation. Elles sont discutées à la Chambre, et y subissent, ou en masse ou séparément, les lectures ordinaires, qui souvent sont très rapprochées. Elles sont portées aux Pairs, ensemble ou successivement. La Chambre alors nomme un certain nombre de ses membres pour soutenir l'accusation (*Managers*); elle leur adjoint quelquefois des jurisconsultes, qui sont conseils de l'accusation. Le procès s'ouvre à la Haute Cour; les directeurs de l'accusation ont les ordres de la Chambre. Ils ajoutent, ou ils délaissent certaines charges de l'accusation, redemandent des ordres, soutiennent l'accusation, produisent ses témoins, examinent ceux de la défense, répondent à ses plaidoyers, à ses répliques, et ont toujours la parole finale.

La Haute Cour, ainsi que nous l'avons dit en plusieurs endroits de cet ouvrage, est toujours maîtresse et régulatrice de la procédure. Après avoir émis son vote de censure, elle prévient les

Communes accusatrices qu'elle est prête à donner jugement, si elles viennent le demander; et elles y vont en corps ou le requièrent par l'organe de ses Commissaires, les directeurs de l'accusation. Ses fonctions sont terminées, l'exécution du jugement appartient à la Haute Cour.

Telle est la marche légale de la Chambre des communes, depuis le commencement du 18e siècle. On est étonné, sans doute, de ne trouver, en plus d'un siècle, depuis 1725 jusqu'au moment présent, que trois accusations des Communes. Nous essaierons d'en assigner les causes, en rendant compte des changements qui se sont opérés dans la constitution de l'Angleterre, depuis l'avènement de la maison de Brunswick-Hanovre. L'examen de ces modifications politiques clora notre troisième volume.

IV. L'affaire de Skinner a montré l'effervescence des deux Chambres et leur pertinacité dans ce qu'elles croyaient leur droit. On jugera, comme nous et comme l'estimait alors l'opinion publique, que les Communes avaient tort.

La jalousie et l'aigreur, que montrèrent les deux Chambres dans cette affaire, remontaient jusqu'à la restauration. Les Pairs avaient profité de la réaction qu'elle opérait en leur faveur, pour usurper des droits qu'ils n'avaient pas, tels que celui d'être exempts d'ouvrir leurs maisons, et d'y subir la recherche des livres imprimés sans permission, qu'un statut de 1661 ordonnait de faire à tout domicile; tels aussi que celui d'asseoir eux-mêmes sur leurs biens les contributions directes. Ils avaient même,

S. M. le roi Guillaume avait pour but d'établir qu'il n'était pas venu en Angleterre pour conquérir le royaume ; son manifeste demandait un Parlement libre. Il annonçait qu'il n'amenait que des forces insuffisantes pour une conquête, mais nécessaires pour le défendre des attentats de pernicieux conseillers : on ne lui a pas résisté.

Lorsque lui, Sacheverel, a attaqué ceux qui disent que la révolution est le triomphe du droit de résistance à l'oppression, le docteur n'a voulu parler, et livrer à l'indignation générale comme des pestes publiques, que ceux qui prétendent qu'il y a un contrat entre les peuples et les rois ; que les peuples ont le droit de l'annuler, lorsque les rois en violent les pactes, n'en remplissent pas les conditions.

Qu'en recherchant, dans ses sermons, quels sont ses principes, l'accusation n'y trouvera que celui-ci : qu'il est illicite de résister au pouvoir supérieur, pour quelque cause que ce soit; maxime en faveur de laquelle il a l'autorité de l'église anglicane, dans les homélies (prônes) qu'elle ordonne de lire aux fidèles ; et il en cite des autorités tirées du premier livre des Homélies, publié sous Édouard VI, expliquant l'Épître de saint Paul aux Romains ; que ce livre des Homélies est assigné dans les *Trente-neuf articles* de religion comme un de ceux qui contiennent la doctrine de l'église d'Angleterre sur l'*obéissance qui est due au souverain ;* que, par le statut 13 d'Élisabeth, le clergé est tenu de souscrire les *Trente-neuf articles;* qu'il n'a donc suivi que la doctrine de l'église d'Angleterre, en prêchant, dans ses sermons, l'illégalité de toute résistance aux puissances supérieures établies de Dieu, sous quelque prétexte que ce soit; et qu'il l'a fait surtout le 5 novembre, jour anniversaire de la grande rébellion des papistes, lors de la conspiration des poudres, et avec d'autant plus d'énergie, que le droit de résistance était une doctrine papiste.

Au deuxième article de l'accusation, le docteur répond qu'il ne connaît point de loi de tolérance proprement dite, mais un statut de la première année de Guillaume et de Marie, qui exempte de certaines incapacités légales ceux qui en invoquent le bénéfice; que, dans ses sermons, il a reconnu que ces exceptions étaient bienfaisantes; mais il a éprouvé et manifesté de l'indignation contre ceux qui, à tout moment, à tort et à travers, prêchent en faveur d'une tolérance générale de toutes les religions et de la liberté de conscience; et il a dû penser qu'ils sont des *faux-frères*, s'ils sont membres d'une Église qui n'admet pas la liberté de conscience, telle qu'est la nôtre.

Il a dû s'emporter contre la perfidie de Grindal, auquel la bonne et vertueuse Élisabeth avait retiré sa confiance et donné l'ordre de ne pas paraître à sa cour, ordre qu'elle ne leva jamais.

Il a la pieuse et consolante idée que les anathèmes des premiers Pasteurs sont ratifiés dans le ciel; il a donc pu dire que leurs condamnations étaient à l'abri, en toute sécurité, des attaques et des entreprises des puissances séculières et des autorités du monde.

Au troisième article, le docteur répond qu'il n'a

jamais pensé que l'Église de ce pays fût menacée de périr sous le gouvernement de S. M. et par les résultats de son administration; mais qu'il avait dû craindre que les péchés des hommes et leur dépravation ne fussent, dans ces derniers temps, portés au comble; il cite en preuves le préambule et les motifs d'un statut des 9e et 10e années de Guillaume III, contre les blasphèmes; ce que ne démentent pas les résolutions des deux Chambres en 1705; et il a dû redouter que la colère du ciel ne se manifestât sur ces pécheurs par l'anéantissement graduel de son Église.

Qu'il avait comparé le vote de l'article de 1640, sur la sécurité de Charles Ier, avec le vote des deux Chambres de 1705, sur la sécurité de l'Église d'Angleterre; mais comme, lors de ce vote solennel du long Parlement, quelques méchants conspiraient la mort du roi, de même, à côté du vote respectable et honorable des deux Chambres de 1705, au sujet de l'Église de ce pays, il voit quelques méchants, des pécheurs endurcis, des *faux-frères*, qui conspirent la perte de l'Église.

Au quatrième article, il répond qu'il honore et qu'il aime le gouvernement de S. M.; qu'il prie le ciel de lui continuer ses bénédictions; et il cite à cet effet plusieurs passages de ses sermons.

Il n'a point parlé de personnes élevées en dignité dans l'Église qui affaibliraient son autorité, mais de *faux-frères* de tous les rangs, et plutôt des classes inférieures de la société que de l'Église.

Il est bien loin de fomenter les divisions parmi les sujets de S. M.; il ne prêche que l'union, la paix et la réconciliation. Il cite un morceau de ses sermons où il adjure les séparatistes de l'Église anglicane de revenir à elle. Il s'est emporté d'une sainte indignation contre ces distinctions de haut et de bas Clergé; et il cite encore un morceau de son sermon aux assises de Derby.

Enfin il nie qu'il ait détourné de leur véritable sens les passages des Saintes Écritures qu'il a cités.

Le lord-chancelier, président de la Haute Cour du Parlement, après avoir fait donner lecture de l'accusation de la Chambre des communes, de la réponse du docteur Sacheverel, et de la courte réplique des Communes, donna la parole à l'accusation, qui fut développée, au nom des Communes, par le procureur-général de la couronne (1).

IX. On voit, par les articles de l'accusation, que le docteur Sacheverel était chargé du *High-Misdemeanor*, d'avoir publié par la voie de l'impression deux libelles scandaleux et séditieux, plutôt que d'avoir prêché deux sermons du même caractère, aux assises de Derby et à Saint-Paul. Les deux libelles étaient bien réellement scandaleux et séditieux : 1° par les opinions du docteur sur la tolé-

---

(1) Nous supprimons de ce procès quelques parties qui sont de pure forme. Bien que la Chambre des lords tînt ses séances dans la salle de Westminster, il y eut moins d'appareil que dans les Cours du Grand-Sénéchal ou dans celles du Parlement, lorsqu'il est question d'un *Impeachment* des Communes contre un grand-officier, un pair ou un ministre.

rance, et par ses invectives contre elle, contre la liberté de conscience et contre les lois qui établissaient l'une et l'autre pleinement pour les réformés séparatistes de l'église épiscopale, et pour tous les chrétiens, à l'exclusion des catholiques; et 2° par ses doctrines sur l'*Obéissance passive*, *absolue*, et sans *restriction*, et sur l'illégalité de toute *résistance à l'oppression.*

La révolution n'avait été opérée que par une résistance armée, et en vertu de ce *Droit de résistance à l'oppression*, imprescriptible pour tous les hommes. Dans ses sermons prêchés ou imprimés, Sacheverel en était venu jusqu'à dire qu'il n'y avait point eu de résistance à la révolution; et cependant il avait relevé, attaqué et inculpé les moyens odieux et illégaux dont on s'était servi pour la faire, ou plutôt pour en opérer les résultats et en continuer les développements. Là, il y avait scandale et sédition, surtout par ses excitations à la révolte, à la division des partis, et au mépris des personnes qui avaient fait la révolution, et des actes, lois et autres grandes transactions politiques qui en étaient les conséquences immédiates. Il y avait bien également scandale et sédition, en ce que la publication de ces trois doctrines, de l'*Obéissance passive*, de l'illégalité de toute *résistance à l'oppression*, et de la non-existence *du Contrat entre les peuples et les rois*, avait été faite, dans des églises, par un prédicateur, et dans l'acte même de l'enseignement des vérités religieuses.

Pour l'instruction de ce procès, et aux débats, des témoins n'étaient pas nécessaires. Le docteur

Sacheverel avouait d'avoir prêché les sermons et de les avoir fait imprimer. Deux exemplaires en étaient déposés sur le bureau de la Haute Cour, et il les avait reconnus. Aucun autre fait n'avait été avancé par lui ou contre lui ; tout était dans les deux sermons et dans ses réponses aux charges de l'accusation.

L'accusation devenait tout orale, et les débats n'étaient qu'entre l'accusation et la défense, les membres distingués de la Chambre des communes directeurs de l'accusation, et les trois ou quatre avocats renommés qui avaient été accordés pour conseils à Sacheverel ; nous nous bornerons donc à donner les extraits, les sommités seules des débats(1).

Relativement à la *tolérance*, la défense se bornait à soutenir, comme l'avait fait la réponse de Sacheverel aux articles de l'*Impeachment*, qu'il n'y avait pas de *lois de tolérance*, mais des exemptions des lois et des incapacités que celles-ci avaient prononcées contre les séparatistes de l'église anglicane, pour certains de ces séparatistes, et à de certaines conditions. On fit justice de cette chicane. La tolérance qu'avait voulu accorder le roi Guillaume a été aussi étendue qu'il pouvait l'obtenir. Les catholiques en étaient exclus. Une loi générale ne pouvait donc pas être faite ; mais les lois en faveur du culte national, de l'église épiscopale, étaient générales, et comprenaient tous les séparatistes ; on

(1) Les débats de ce procès durèrent dix jours, depuis le 27 février jusqu'au 25 mars, et leur procès-verbal contient 190 pages grand in-folio, vol. V, *State Trials*, pag. 641.

en exemptait quelques uns. Il fallait donc simplement un statut spécial qui consacrât ces exceptions : la loi ne devait pas être autre.

Le docteur expliqua et excusa ses invectives avec plus d'adresse que de succès et de vérité.

La question de l'*Obéissance passive* et absolue gisait encore dans les opinions ; le docteur pouvait être excusable ou moins attaquable ; et ses défenseurs se contentèrent de prouver que c'était une doctrine de l'église anglicane. Ils citèrent et les homélies imprimées composées en faveur de cette doctrine, et les ordonnances des évêques, et les *Trente-neuf articles de religion*, devenus lois de l'État par les statuts du Parlement sous le règne d'Élisabeth, qui ordonnaient de les lire, de les prêcher à certains jours, de les inculquer aux fidèles.

L'accusation répondait : Nous nous occupons peu de ce qu'a ordonné l'église dans un temps, mais de ce qu'elle ordonne aujourd'hui, mais de la contradiction qu'il y a entre ses doctrines passées et les faits actuels. Il est vrai que l'Évangile ordonne d'obéir aux puissances établies, mais en tout ce qui n'est pas contraire à la loi de Dieu. L'obéissance passive n'est donc pas absolue ; elle admet des exceptions. La loi de Dieu ne tolère pas les oppressions, la tyrannie, le mépris des droits les plus sacrés ; et ce qui prouve que l'église et toutes les églises l'ont entendu ainsi, c'est qu'il n'est aucune révolution des gouvernements dans laquelle les évêques, les chefs de l'église, n'aient joué le principal rôle, souvent le plus honorable. Le droit prétendu des Papes de déposer les souverains n'a pas d'autre fondement, etc. Chez nous, c'est à l'archevêque Étienne de Langton, de Cantorbéry, que nous devons la grande Charte; nos évêques ont concouru depuis, avec zèle et patriotisme, à toutes les révolutions qui ont replacé nos lois, nos libertés, nos droits, notre constitution, en exercice et en honneur. Les Lords spirituels qui ont coopéré avec nous aux actes de la révolution pensaient donc que l'obéissance devait être raisonnée, qu'elle ne pouvait être *passive, absolue*, et sans aucune restriction.

La défense objectait que le docteur Sacheverel n'avait voulu donner que la loi générale de l'obéissance et sans ses exceptions; qu'il y avait de ces exceptions qui, dans l'usage, devaient être reconnues; qu'en Angleterre, par la constitution, l'autorité du gouvernement est commise à trois pouvoirs différents auxquels, réunis, une obéissance passive et absolue était due; et que dans nos révolutions, et dans la dernière surtout, deux de ces pouvoirs étaient opposés au troisième, et que ces deux pouvoirs avaient le droit de raisonner leur obéissance et d'en consacrer les exceptions; que les évêques, dans la dernière révolution, qui d'ailleurs n'avait pas élevé de résistance, avaient raisonné la leur, et avaient contribué à l'opérer.

L'accusation lui répondait : Dans notre heureuse constitution, le roi en est la clef, la sommité, le pouvoir visible. Il est, par sa prérogative royale, investi de toute l'autorité exécutive. Les évêques ne sont rien qu'en Parlement. Ils étaient donc tenus, par les doctrines que vous prétendez être celles de votre église, à obéir passivement aux ordres du roi, aux lois dont *le prince d'au-delà de la mer* (le roi Jacques) réclamait l'exécution. Ils ne l'ont pas fait, c'est donc que l'obéissance au gouvernement établi n'est point passive, absolue, sans limitations ni restrictions.

Les évêques, dans la convention, n'ont point agi comme Lords du Parlement, mais comme un des grands corps du royaume, comme représentant un de ses trois États : votre distinction est donc nulle et futile.

Si on n'était pas tenu à une obéissance passive, on avait donc le droit de résister à l'oppression, disaient les conseils de l'accusation et les membres des Communes, en répondant, dans les différentes séances, aux défenseurs de Sacheverel.

Sir Joseph Jékil, un des Whigs les plus distingués de cette époque, disait : « Si nous devons abandonner les droits que nous avons à nos libertés et à » nos lois, ou si la jouissance que nous en avons est » précaire, ce qui est la même chose, et si nous » ne la retenons que sous le bon plaisir de ceux » qui voudraient nous en priver, ce qui arriverait » si la doctrine de la *non-Résistance* prévalait, c'en » est fait de nous, c'en est fait de l'État d'Angle» terre, c'en est fait même de la couronne de ce » royaume... Cette doctrine (de la non-résistance) » est incompatible avec la loi de raison... avec la loi » de nature, avec la pratique de tous les âges... Il » n'est pas de nation dont l'existence en corps de » nation ne soit liée, ou à l'exercice de ce droit de » résistance, qui l'aura enlevée à un gouvernement

» oppresseur, ou à un contrat avec un gouvernement » bienfaisant : contrat de fait ou de droit, contrat » avoué ou tacite.... peu nous importe.... Dès l'in- » stant qu'il y a un contrat, que ce principe de l'as- » sociation politique est admis, il est pareillement » admis que les conditions, ou écrites, ou consignées » dans les lois fondamentales, doivent en être exé- » cutées ; il l'est également qu'il en naît un droit » d'en réclamer, d'en obliger l'exécution ; et, si elle » ne se fait pas, d'user du droit de résistance. Vous » désobéirez peut-être aux lois municipales de ce » pays ; mais vous aurez obéi aux lois de la nature » et de la raison. Les codes de lois d'une nation ne » doivent pas déroger à la fin et au but de toutes » les lois ; ce qui arriverait, si cette nation se sou- » mettait honteusement à la violation de toutes les » lois divines et humaines. »

« Il existe un contrat tacite ou formel entre les peuples et leur souverain. En Angleterre, il est formel. Quoique le droit de la nature nous eût donné, comme à tous les peuples, la liberté, la propriété, nous les avons acquises ou rachetées par un grand nombre de contrats partiels et singuliers, déposés dans des Chartes, dans des Statuts, dans les coutumes qui constituent notre Loi Commune et toutes nos franchises ; nous les avons rédimées à prix d'argent, des Plantagenets, ou retenues des Lancastres et des Tudors, en leur donnant la couronne, à laquelle ils n'avaient pas droit ; et chaque achat à prix d'argent est enregistré contractuellement dans la grande Charte et ses confirmations ; et chaque reconnaissance des droits du Parlement, par les

Lancastres et les Tudors, est contenue dans des Statuts. »

Quant à la prétention du docteur Sacheverel, qu'il n'y avait pas eu de résistance à la révolution de 1688, il en fut fait très lestement justice; on armait dans les comtés d'York, de Chester, de Nottingham; l'armée du roi refusait de prendre les armes pour sa défense, et les tournait contre lui en faveur du prince qui venait renverser son trône: il y eut donc une résistance aux volontés du roi Jacques; et, à coup sûr, si le prince d'Orange n'avait pas eu de succès, les pairs qui l'avaient appelé, ceux qui s'étaient confédérés en sa faveur, les particuliers les plus obscurs auraient été jugés criminels de haute trahison; et Jefferies aurait recommencé les boucheries de la rébellion de Monmouth.

X. Ce procès avait produit, dans la Chambre des lords, la même chaleur, le même emportement entre les partis. La cause que soutenait Sacheverel y trouva plus de protecteurs que dans les Communes; car la majorité ne fut jamais de plus d'un sixième des lords présents (1).

Le 11 mars, le comte de Nottingham demanda qu'il fût proposé aux juges la question suivante: « Si, dans les *Indictments* ou les procès sur informa- » tions *ex officio*, la Loi Commune n'exige pas que

(1) Il y a eu à chaque résolution des lords des protestations motivées d'un grand nombre de Pairs, jusqu'à 31. Les évêques y ont toujours fourni quatre prélats protestants; et sept évêques, et parmi eux, l'archevêque d'York, ont déclaré Sacheverel non coupable.

» les mots, les expressions, les phrases inculpés » soient insérés textuellement ? » Les juges, à l'exception de sir John Trevor, lord Chef-justice d'Angleterre, furent pour l'affirmative.

Le 14 mars, la question fut débattue, et il fut décidé, à la majorité d'environ un sixième des voix, que la loi et la coutume du Parlement ne l'exigeaient pas dans tous les procès qui étaient portés devant lui, et plus expressément encore dans ceux par *Impeachment* de la Chambre des communes.

Le 20 mars, le jugement de censure du docteur Sacheverel eut lieu à la Haute Cour du Parlement. Le chancelier, après les proclamations ordinaires, mit aux voix la censure du docteur Sacheverel, dans la forme suivante : « Le docteur Henri Sacheverel, accusé de *High crime and Misdemeanors*, par » la Chambre des communes, est-il coupable ? » Il commença par lord Pelham, le plus jeune des lords, et successivement, du plus jeune baron, jusqu'à l'archevêque d'York ; et il annonça le résultat : « Vous êtes, mylords, cent vingt-un pairs présents ; » soixante-neuf l'ont déclaré coupable, cinquante- » deux non coupable. »

Le docteur Sacheverel fut amené à la barre, et là, étant à genoux, le jugement de censure lui fut lu par le chancelier, qui lui demanda ce qu'il avait à opposer à ce que la Haute Cour procédât à sa condamnation. Il répondit qu'il avait deux motifs à opposer.

Le premier fondé, « Sur ce que les mots *expres-* » *sions et phrases coupables* n'étaient par portés » dans l'*Impeachment* des Communes ; »

Le second, « Sur ce que l'*Impeachment* était fait

» au nom des chevaliers, citoyens et bourgeois » et commissaires des comtés et bourgs de la Grande-» Bretagne, assemblés en Parlement et représentant les communes de la Grande-Bretagne, cette » forme n'avait pas été observée dans les articles de » charge délivrés postérieurement; il n'y avait que » les *chevaliers, citoyens et bourgeois de la Grande-» Bretagne*, etc. »

La Haute Cour s'ajourna à sa chambre.

La délibération, dans la Chambre des lords, rejeta les exceptions du docteur Sacheverel; et il fut ordonné que la Haute Cour procéderait le lendemain au jugement, si la Chambre des communes venait le demander à la barre.

Le 23, les Communes parurent à la barre, et demandèrent le jugement.

Le docteur Henri Sacheverel fut amené à la barre, à genoux, et le chancelier président lui dit: « Les Lords vous ayant trouvé coupable..... Vous » avez opposé deux exceptions à ce qu'il fût rendu » jugement contre vous. La première..... la se-» conde, etc. Les Lords les ont prises en considé-» ration, et ne les ont pas admises: la première, » par la résolution des Lords du 20 mars, qui re-» connaît que le Parlement juge d'après ses lois et » les usages du Parlement, qui n'exigent pas la men-» tion, dans les *Impeachments*, des mots, expres-» sions, etc., contrairement aux raisons apportées » en la décision des juges mentionnée plus haut; » la seconde, parceque l'acte d'union de l'Écosse » avec l'Angleterre donne ces titres de l'une et l'au-

»tre manière, et ne détermine pas l'un plutôt »que l'autre. »

« Je suis donc obligé de prononcer un jugement »contre vous, dans lequel vous observerez que les »Lords ont eu égard à votre caractère, comme »ministre de l'Église d'Angleterre.

»La Cour adjuge donc ainsi qu'il suit :

» Qu'à vous, Henri Sacheverel, docteur en théo»logie, il vous sera enjoint, et il vous l'est par le »présent jugement, de ne pas prêcher durant le »terme de trois années consécutives, à partir de »ce jour ;

» Que vos deux sermons imprimés, rapportés »dans l'accusation de la Chambre des communes, »seront brûlés devant la Bourse, demain 24 mars, »entre une et deux heures après-midi, par la main »du bourreau, en présence du Lord-Maire de Lon»dres, et des deux Shérifs de Londres et de Mid»dlesex. »

La minute du jugement porte cette suscription : »*Au Lord-Maire et aux Shérifs de Londres et de* »*Middlesex.* »

X. La Chambre s'ajourna, mais *en robe de pairs*, c'est-à-dire en continuant de former la Haute Cour, et rendit le jugement suivant :

« La Chambre, prenant en considération un juge»ment et un décret rendus par l'Université d'Ox»ford, dans son assemblée générale du 21 juil»let 1683, produit comme autorité par le docteur »Henri Sacheverel, dans son procès sur l'accusa»tion de la Chambre des communes, et réimprimés »dernièrement à cet effet : il a été résolu par les

» Lords spirituels et temporels assemblés en Parlement, que ce jugement contient diverses dispositions contraires à la constitution de ce royaume, » et destructives de la succession protestante, telle » qu'elle est établie par les lois. . . . .

» Il est donc ordonné par les Lords spirituels » et temporels, assemblés en Parlement, que lesdits jugement et décret, dernièrement imprimés » et publiés en une brochure ou pamphlet, sous ce » titre : *Entière Réfutation de l'ouvrage de M. Hoadley*, de l'origine des gouvernements, *tirée de la* » *Gazette de Londres*, *publiée à Londres*, et réimprimée à Londres dans l'*année* 1710, seront brûlés par la main du bourreau, en présence des » Shérifs de Londres et de Middlesex, le même jour » et au même lieu que les sermons du docteur Henri » Sacheverel. »

La minute porte également : « *Aux Shérifs de Londres et de Middlesex.* »

La Chambre des pairs défendit à toute personne d'imprimer le procès du docteur Sacheverel, en commit le soin au lord grand-chancelier, et ordonna que sa résolution relative au décret d'Oxford serait imprimée à la suite du jugement de Sacheverel.

Dans le procès de cet impudent et malintentionné prédicateur, les partis politiques et religieux furent amenés au dernier point de la haine et de l'effervescence. Les Torys et les *non-Jureurs* l'avaient excité, voulant créer au nouveau ministère whig, de 1708, une difficulté dont il lui fût impossible de se tirer. Les Whigs engagèrent le combat, et le gagnèrent, aux dépens toutefois du cabinet, qui fut changé. Les partis connurent leurs forces respectives; les uns en acquirent de l'assurance, les autres de la timidité; et tous, pendant quelque temps, se calmèrent. Les changements dans le ministère y contribuèrent; ils rétablirent la balance entre les partis; le nouveau ministère, Torys de composition, mit un grand intérêt à adoucir cette exaspération; c'était celui de Harley, comte d'Oxford.

DE LA JURIDICTION

DU PARLEMENT (1).

I. De la juridiction des Lords. — II. Contestations des deux Chambres sur la juridiction évocative, *proprio motu*, des Lords (*Original jurisdiction*). — III. De la juridiction des Communes. — IV. Affaire de Skinner et de sir Samuel Barnardiston. — V. Affaire de Jacques Boucher. — VI. Procès de l'évêque de Worcester, pour violation des priviléges de la Chambre des Communes.

I. On ne peut se refuser à reconnaître que la Constitution anglaise, et sous l'heptarchie et sous les rois normands, est éminemment aristocratique. Les Grands du royaume, les Lords spirituels et temporels, les Évêques et les Prélats, les Princes, sous les Anglo-Saxons, et les Comtes, depuis la conquête, formaient le conseil naturel et néces-

(1) Cette dissertation, ou traité de jurisprudence, qui est le développement de l'article VII, ch. III, et de l'article IV du chap. VII du Ier volume, entrait dans le dernier morceau du 3e volume de cet ouvrage, l'*application de la jurisprudence anglaise, etc., à nos lois criminelles politiques*. Nous avons cru qu'il trouverait mieux sa place ici. Il forme la transition de la jurisprudence criminelle et des procès politiques antérieurs à la révolution, à la régularité et à la sévérité de la procédure criminelle, depuis le règne de la reine Anne. Cependant, cette princesse, comme Guillaume III, a été dominée par les agitations des partis et tourmentée de leur incandescence. Le procès de Fenwick était un appel des chefs des Whigs, alors dans le ministère, aux Whigs de la Chambre des communes. Il se ressent de cet état des esprits; il n'est qu'une injustice commise

saire des rois, dans les *Witena-Gemote*, les Placites et les Parlements. Ils étaient sommés d'y paraître, *ad defendendum, ... consulendum et tractandum nobiscum de majoribus negotiis....* Ils recevaient des rois, à l'investiture de leur dignité, l'épée, pour défendre l'État et la toge d'écarlate doublée d'hermine des magistrats suprêmes. Réunis avec les grands-officiers de l'État et les juges, ils composaient le grand Conseil du roi, la Haute Cour suprême de l'État (*Aula magna regis et regni*, *Curia Parliamenti*), mais seulement pendant le temps des sessions du *Witena-gemote*, du Placite ou du Parlement. Pendant leurs séances, ils reçurent longtemps, seuls, les pétitions du pays, jusqu'au moment où les chevaliers des comtés, venant les porter eux-mêmes, furent admis, vers le milieu du XIIIe siècle, à en débattre les divers objets et à présenter les moyens de redressement des griefs nombreux dont le déplorable gouvernement de Henri III les avait remplies.

On a vu que la division successive de la Cour

---

par la vengeance des ministres. On a vu que l'*Attainder* ne passa, dans la chambre des Lords, qu'à une faible majorité. Le procès des cinq Lords est une réaction des Torys, qui n'eut pas de succès. Ce qui s'y trouve de plus marquant, est l'adresse sévère de la Chambre des Pairs au roi. Sacheverel, dans ses sermons, faisait la guerre à la révolution; les Whigs prirent feu trop promptement et donnèrent en plein dans le piége qui leur était tendu; ils perdirent le ministère. Il y avait quelque ridicule aux Whigs de faire un procès d'État d'une affaire de principes, et de l'impudence d'un prestolet; mais ces excès les amenaient à la raison et à la modération. Ce n'est guère que vers 1720 que les oppositions des partis reprirent un cours régulier et ordinaire.

du Grand-Justicier en quatre sections, et le resserrement du conseil privé du roi en une *Junte* de peu de personnes, s'étaient joints à l'entrée des Communes au Parlement, pour opérer l'extinction de l'*Aula magna regis et regni.* Les Pairs conservèrent toutes ses attributions, ainsi que la juridiction de ce grand conseil, comme *Curia Parliamenti.* Par la suite des temps, on a été amené à reconnaître huit espèces différentes de juridictions, dans celles qui sont exercées par les Lords ou Seigneurs ou Pairs du royaume, et qui les constituent pouvoir judiciaire suprême.

Il fallait bien en effet que ce pouvoir suprême existât quelque part.

Il ne pouvait être dans les juges, séparés en quatre sections, surchargés d'affaires, et qui n'ayant laissé aux tribunaux des comtés que de très faibles attributions, puisqu'ils avaient usurpé la connaissance des causes de propriété, sous des motifs de féodalité (toutes les terres, comme *Freeholds*, relevant de la couronne), ne devenaient plus que des tribunaux de première instance, et que ces sections ou Cours de loi ayant toujours soigneusement conservé, sur le reste, les limites de la compétence, telles qu'elles étaient fixées sous les rois saxons, à deux livres sterling, ils les attiraient toutes aux cours de Westminster.

Le remède des erreurs de la loi ou des juges ne pouvait être demandé au Chancelier, le dernier des Grands-Officiers de la couronne et le dernier des trois Grands-Officiers dans l'ordre judiciaire; le Haut Justicier, le Président du Conseil privé et lui. Il avait la connaissance, comme juge d'équité, de toutes les causes qui ne pouvaient pas être jugées d'après la Loi Commune. Avec le maître des rôles, et quelquefois des vice-chanceliers, sa Cour d'équité jugeait et instruisait, et ces causes, et celles qui formaient les attributions de la Cour des gardes et de celle des requêtes, depuis leur suppression, et en première et seule instance.

Ce ne pouvait pas être le Conseil privé: il a été long-temps sans avoir de juridiction; les juges et le chancelier en faisaient partie et y auraient eu, sans doute, une grande influence; c'aurait donc été porter tous les pouvoirs à la couronne, que les excès du gouvernement arbitraire des rois normands, renouvelés par Édouard II, par Richard II et par la maison d'York, prescrivaient de tenir en bride. Postérieurement, et sous Henri VII, Henri VIII et Charles Ier, on a vu combien l'institution de la Chambre étoilée, véritable cour du conseil privé, depuis le statut de Henri VIII, avait amené d'iniquités de tout ordre.

La Chambre des lords, seule partie vitale du Parlement, était donc seule appelée à remplacer l'*Aula magna regis* dans les parties de compétence judiciaire qui n'étaient pas dévolues de droit aux Lords.

1° On reconnaît donc, dans la Chambre des lords, la Haute Cour du Parlement pour le jugement des procès politiques. Ils lui sont déférés, depuis 1388, par la Chambre des communes, qui accuse (*Impeachment*), et de tous les temps, par le Procureur-Général, sur un *Indictment* d'un grand jury, ou par suite d'*informations ex officio*, prises et présentées par lui; ce magistrat ainsi que les Communes, accusant pour crime de haute trahison, comme pour le plus simple *Misdemeanor*: le procès de Sacheverel nous en offre une preuve.

2° C'était parmi les Lords qu'était prise la commission formant la Cour du Grand-Sénéchal. Par le statut de la septième année de Guillaume III, ils y sont tous appelés; ils jugent, dans cette Cour, les procès des Pairs et des Pairesses pour crime de trahison et de félonie.

3° Ils ont une juridiction, mais comme une des Chambres législatives, dans les procès terminés par des bills d'*Attainder*.

4° Ils ont également une juridiction suprême, dans les bills de *Pains and Penalties*. Ces deux juridictions, ils les ont en commun avec l'autre Chambre; dans l'un et l'autre cas, ce n'est pas simplement une résolution législative qu'ils prennent, c'est une sentence qu'ils rendent. Ils entendent les prévenus et leurs conseils; ils examinent les témoins; il y a des débats judiciaires. A la différence des procès portés devant la Haute Cour du Parlement et devant celle du Grand-Sénéchal, il y a discussion dans chacune des Chambres, aux trois lectures de la résolution, et après sa rédaction. S'ils veulent éclaircir un fait, ils appellent un des témoins déjà précédemment entendus; s'ils veulent établir le point de droit, ils demandent une décision des douze juges, et tout cela en l'absence de l'accusé et de ses conseils, à la différence encore des procès devant la Haute Cour et devant le

Grand-Sénéchal, dans lesquels ce serait une nullité qui pourrait être relevée dans un Writ d'erreur, spécialement délivré, en conseil privé, et déféré à la Cour du Banc du roi.

5° Lorsqu'ils jugent une question de privilége, et elles sont nombreuses pour la Chambre des pairs, ils forment encore une juridiction suprême et sans appel, sans même craindre l'extrême remède contre leurs jugements, des Writs d'erreur; ils mandent à leur barre ceux qui sont coupables de leur violation; s'il est nécessaire, ils leur permettent des conseils, ils entendent des témoins. Dans les procès sur des droits de succession à une pairie, ils reçoivent les pièces et les productions des parties; leurs avocats plaident à sa barre; ils commettent des enquêtes au loin, en Écosse et en Irlande, quand ils ne peuvent pas les faire par eux-mêmes ou par des comités.

6° Les lois n'ont pas prévu tous les cas possibles de lésion des droits d'un tiers, de rescision des obligations et des contrats, etc. En Angleterre, la Loi Commune est insuffisante dans une multitude de circonstances; au criminel, il y a des actions, des attentats qu'elle n'a pas prévus. Le parricide n'est qu'un meurtre; et si l'empoisonnement est une félonie du premier degré, il n'y a été classé que par un statut déclaratif. La Loi Commune est d'une sévérité excessive contre le vol, et le punit de mort; et l'adultère n'est pas un crime, et ne donne ouverture qu'à des dommages-intérêts, tandis que, débaucher un serviteur à son maître, séduire la sœur de sa femme, sont des félonies.

Les actions judiciaires ont un ordre invariable de procédés; lorsqu'il a été épuisé, tout est fini; et cependant il est des circonstances où la révision d'un procès serait due à titre de justice. Les délais ont été sagement fixés; ils sont écoulés. Les juges sont hommes; ils commettent des erreurs; il en est même dont il serait d'une souveraine injustice de les rendre responsables. La Loi Commune gardait le silence sur le cas du procès qui leur a été soumis. Il n'y avait aucun précédent; ils ont jugé par analogie, mais l'analogie est nécessairement arbitraire et basée sur un raisonnement qui peut être faux et reproché par le plaignant.

Il est cependant nécessaire qu'il y ait un remède à ces erreurs de la loi et à son silence, à ces erreurs des hommes et à l'impossibilité de leur réparation. C'est la Chambre des Lords, en sa qualité de *Curia Parliamenti*, qui le fournit. Elle reçoit les pourvois en rescision de jugements des Cours de loi de Westminster, sur la présentation d'un Writ d'erreur, délivré à la chancellerie; elle casse le jugement, et juge au fond.

Cette juridiction des Lords a été contestée longtemps par les Cours de loi. Ils l'ont d'abord considérée comme une délégation de la couronne. Assez naturellement extenseurs de la prérogative royale, ils ont voulu ne voir qu'elle, et une de ses concessions dans cette attribution de la Chambre des lords. Elle est du moins très ancienne. Les Lords ont jugé de ces sortes de procès, sous Henri IV, sous Henri VI, sous Édouard IV. On conçoit très bien que ces exemples ne soient pas fréquents, que ces causes aient été rares : 1° parceque les Parlements, depuis la fin du règne d'Édouard III, ont été assemblés très rarement; 2° parceque ces procès, portés aux Lords, sont très coûteux; 3° parceque les journaux et les rôles du Parlement ont été adirés pendant les guerres des deux Roses, et ils devaient contenir des décisions des Lords dans des procès de ce genre; 4° enfin parceque Henri VII et Henri VIII, instituteurs de la Chambre Étoilée, y évoquaient beaucoup de causes qui auraient été portées, par des Writs d'erreur, à la Chambre des lords. Le chancelier refusait, par ordre de Henri VIII surtout, de les délivrer. Ce n'est que sous le règne de ses enfants, qu'un Statut a reconnu ces Writs comme des Writs de droit qui ne pouvaient pas être refusés en acquittant les droits de chancellerie. Élisabeth enfin, en établissant la Cour de la Chambre de l'Échiquier, a reconnu la compétence des Lords; et depuis 1580, ils n'ont pas cessé d'exercer cette juridiction.

7° Après que le chancelier Bacon eut chargé sa mémoire et sa Cour d'Équité d'une masse révoltante d'iniquités, il était naturel que des plaideurs, lésés en chancellerie, présentassent des pétitions, des plaintes à la Chambre des lords; elle y fit droit, et cassa, sur simple appel, les jugements de la Cour de la chancellerie; elle s'est maintenue constamment dans l'exercice de ce droit; il n'a pas même été contesté par les Cours de lois. Sous Charles Ier, Buckingham favorisait la Chambre des lords. A la restauration, les Pairs, humiliés et persécutés sous la république, profitèrent de cette réaction pour exercer tous leurs droits; et ils le firent avec succès. Les juges de Jacques II étaient trop sous la verge de l'opinion publique, et, à la révolution, sous celle du Parlement, pour élever des doutes sur l'exercice d'un droit si nécessaire. Le procès du chancelier, comte de Macclesfield, sous George Ier, avilit encore et la chancellerie et la Cour d'Équité. La compétence des Lords pour juger, sur appel, les causes d'équité est donc restée incontestable; elle s'exerce également dans les causes testamentaires et matrimoniales jugées par les Cours ecclésiastiques.

8° Enfin, la Chambre des lords, en vertu de ses droits de Cour suprême du royaume, exerce une juridiction de première instance par des évocations, soit: 1° sur des pétitions des parties; soit, 2° *proprio motu*. On appelle l'une et l'autre, en anglais, ***Original Jurisdiction.*** Elle lui a été contestée par les Communes, pendant soixante années. Cette contestation a produit la dispute des deux Chambres sur la juridiction. Les faits les plus marquants sont, dans l'origine de cette dispute, celui de Skinner, en 1668, et celui de Jacques Boucher, en 1702.

II. Il est bien difficile d'abord d'interdire à une Cour suprême, formée du premier pouvoir d'une monarchie limitée, le droit d'évoquer des causes, qui, après avoir parcouru l'échelle des juridictions, lui arriveraient, en cassation ou en appel. La loi s'est tue, la loi est insuffisante dans les causes qui lui seront portées, dans ces cas qui ne peuvent être décidés que par le suprême législateur, aussi bien en première instance qu'en seconde et sur l'appel ou cassation. Ce suprême législateur serait sans doute le Parlement : de ses trois pouvoirs, l'un consent, le roi; l'autre est en possession, la Chambre des lords; l'autre qui conteste, la Chambre des communes, manque des facultés qui seraient nécessaires à l'exercice de ce droit; celle de recevoir des dépositions sous serment, et celle d'ordonner d'autre punition que la prison, limitée au temps assez court de la session; il est également bien reconnu qu'elle ne peut infliger d'amende, et encore moins que la Chambre des lords ordonner des dommages-intérêts.

Les Lords, saisis aujourd'hui de l'exercice de la juridiction évocative, ont été de tout temps regardés comme les grands procureurs-généraux de la nation, comme les suprêmes redresseurs des griefs qu'elle éprouve, dans les individus, et dans leurs agrégations individualisées et incorporées, les cités, villes et bourgs, et leurs corporations, les comtés, etc., et seulement dans leur intérêt privé. Avant que les Communes siégeassent avec eux, les Lords recevaient les pétitions de tout le royaume, les jugeaient et y faisaient droit. Il y a eu, de tout temps, dans leur Chambre, un comité de *Receveurs*, *Trieurs* et *Auditeurs* des pétitions. Il n'a été supprimé qu'en 1742.

Dès 1641, après le procès de Strafford, les Communes firent exécuter, par elles-mêmes, les restitutions de biens et des sommes extorquées par la couronne, sur des jugements de la Chambre étoilée, le paiement des indemnités, et les autres redressements de griefs. Les Lords en ordonnèrent moins, et les firent également exécuter, et reprirent leurs principes de juridiction, développés dans l'affaire de Mompesson, et à l'occasion des énormités des procès de Bacon et de Middlesex. Mais sous la république, ils étaient proscrits par les Communes.

Il y eut, à la restauration, absence de pouvoir exécutif et de toute haute administration. Pendant quelque temps, et jusqu'à l'ouverture du premier Parlement de Charles II, Monck n'était que le commandant en chef des forces. La Chambre des Lords se ressouvint qu'elle était l'*Aula magna... regni*, et exerça le pouvoir exécutif et administratif. Elle était le premier des États de la Convention de 1689. Avant et depuis sa convocation, elle usa quelquefois de la faculté de gouverner. Elle confirmait ainsi sa possession des juridictions.

Les contestations des deux Chambres étaient moins vives sur les évocations ordonnées par la Chambre des lords, sur requête des parties; mais pour celles qu'ordonnaient les Lords, *proprio motu*, les Communes les considéraient comme des actes d'administration, comme des actes de surveillance en faveur des intérêts généraux et de ceux de l'État; et elles prétendaient qu'un pareil pouvoir n'existait que dans le Parlement; qu'étant une des branches de la législature, il leur appartenait comme aux Pairs, et que, dans beaucoup de cas particuliers, elles pouvaient également l'exercer seules. Le fait de Jacques Boucher s'applique davantage à cette prétention, comme celui de Skinner est plutôt relatif à la juridiction évocative sur pétition des parties, qu'à celle de *proprio motu*. Nous développerons sous les nos IV et V tous les faits de cette lutte. Ici, nous avons exposé les principes et les raisons qui militent en faveur de la Chambre des pairs.

III. En assignant les espèces de la juridiction des Lords, nous nous trouvons avoir annoncé celles qu'ont les Communes et celles qu'elles n'ont pas.

1° Comme Chambre législative, elles ont leur juridiction politique suprême dans les procès d'*Attainder* et de *Pains and Penalties.* On leur a vu l'exercer, la première, dans le procès de sir John Fenwick, et la seconde, dans celui du comte de Clarendon, qui, par la suite de la procédure, d'abord pour crime de haute trahison, se termina en un bill de *Pains and Penalties*, commencé dans la Chambre des lords. Nous donnerons un autre procès de ce genre dans celui du docteur Atterbury, évêque de Rochester. Les formes sont les mêmes dans l'une et dans l'autre Chambre; nous n'y reviendrons pas.

2° Les procès devant la Cour du Grand-Sénéchal ne regardent que les Pairs et les grands-officiers. Les représentants des communes du royaume ne sont que de simples citoyens. Ils n'ont aucun privilége de pure dignité, ils en ont de fonctions. Il leur faut, et ils y ont droit, la liberté du vote, la liberté du séjour, de l'aller et du retourner, quarante jours avant et après la session. Ils ne peuvent être arrêtés qu'en flagrant délit, ou pour félonie et violation de la paix publique, et d'après l'avis de la Chambre: et ces priviléges leur sont personnels aujourd'hui.

3° Comme Chambre du Parlement, les Communes ont des priviléges étendus. Elles ont réellement une juridiction, pour tout fait, ou acte en matière électorale, et elle est suprême et incontrôlable par qui que ce soit. La Chambre cite à sa barre, examine des témoins, mais non pas sous serment; elle casse des élections faites, en ordonne d'autres, punit de la prison, *de son déplaisir*, d'une déclaration d'incapacité pour toute place de confiance et d'emploi public, mais non de l'amende. Elle est sévère et prompte dans ses punitions, et nous pourrions dire, dans ses vengeances; et le procès de l'évêque de Worcester, dont nous donnons une notice au n° VI de cette dissertation, en offrira la preuve.

Il est resté à la Chambre des Communes, de ses contestations avec les Pairs sur le droit d'*Original Juridiction*, la reconnaissance de son devoir et de son privilége sacrés de contrôler et de surveiller toutes les parties de l'administration publique, soit exécutive, soit judiciaire. Mais ils sont limités à la pure instruction. Le droit d'enquête qui en résulte est aussi libre, aussi étendu, aussi pourvu de moyens pour l'exercer, que les Communes peuvent le désirer; les priviléges et les obligations de la Chambre ne s'étendent pas plus loin. Elle peut à volonté adresser des messages au roi pour demander une rrection d'abus, un redressement de griefs. Elle sera écoutée. Elle peut réclamer, et elle l'a fait; le concours des Lords, elle l'a obtenu. Elle peut ordonner au procureur-général de poursuivre les coupables, et elle est obéie avec fidélité et soumission. Elle peut enfin accuser elle-même devant la Haute Cour du Parlement, justice lui est faite, jugement lui est rendu. Mais là, elle s'arrête; là finissent des droits augustes et vénérables; là commencent des prétentions, que l'aigreur, que la force feront valoir, mais qui, dans des moments de calme, s'évanouiront devant la justice et la raison.

4° C'est donc dans l'exercice de son droit d'accuser, d'*Impeachment*, que la Chambre des Communes a mis, depuis la révolution et le règne de la reine Anne, plus de sagesse, de prudence, et une certaine solennité de formes requises et par la dignité de la Chambre et par sa justice.

Il y a lieu à dénoncer un crime ou une malversation; celui de ses membres qui s'en est chargé demande un jour à la Chambre pour lui soumettre ses informations; habituellement c'est un comité des comptes; il lui est accordé ou refusé, après débats. Les circonstances exigent souvent que ce soit en comité secret, c'est-à-dire en grand comité de la Chambre. L'orateur ne le préside pas. Un *Chairman* du comité, un président, lui est nommé par le grand comité lui-même. Celui qui dénonce est entendu plusieurs fois (procès de Waren-Hastings et du vicomte Melville); la dénonciation est prise en considération; le grand comité redevient Chambre législative. Le président du grand comité fait le rapport de ses séances et de sa décision finale. Elle est mise aux voix après débats; elle passe, et elle est renvoyée à un comité nommé par ballottage. Il instruit sur la dénonciation, propose l'accusation pure et simple de telle espèce de crime ou de délit, à la barre de la Chambre des Pairs. Son rapport se termine par proposer une résolution de la Chambre, qui est débattue à la première, à la seconde et à la troisième lecture, et une quatrième fois, lorsqu'elle a été rédigée en due forme. Elle est approuvée et portée à la Haute Cour. Dans l'intervalle des lectures et rédactions, le prévenu a pu demander d'être admis à donner des éclaircissements, des preuves de son innocence; M. Hastings et le vicomte Melville ont été entendus.

La Chambre, après qu'elle a fait son accusation, ordonne souvent de mettre le prévenu en la garde de son sergent d'armes, ou demande à la Haute Cour de le mettre en prison à la Tour.

Le comité qui a instruit sur la dénonciation, dresse les charges de l'accusation. Elles sont discutées à la Chambre, et y subissent, ou en masse ou séparément, les lectures ordinaires, qui souvent sont très rapprochées. Elles sont portées aux Pairs, ensemble ou successivement. La Chambre alors nomme un certain nombre de ses membres pour soutenir l'accusation (*Managers*); elle leur adjoint quelquefois des jurisconsultes, qui sont conseils de l'accusation. Le procès s'ouvre à la Haute Cour; les directeurs de l'accusation ont les ordres de la Chambre. Ils ajoutent, ou ils délaissent certaines charges de l'accusation, redemandent des ordres, soutiennent l'accusation, produisent ses témoins, examinent ceux de la défense, répondent à ses plaidoyers, à ses répliques, et ont toujours la parole finale.

La Haute Cour, ainsi que nous l'avons dit en plusieurs endroits de cet ouvrage, est toujours maîtresse et régulatrice de la procédure. Après avoir émis son vote de censure, elle prévient les

Communes accusatrices qu'elle est prête à donner jugement, si elles viennent le demander; et elles y vont en corps ou le requièrent par l'organe de ses Commissaires, les directeurs de l'accusation. Ses fonctions sont terminées, l'exécution du jugement appartient à la Haute Cour.

Telle est la marche légale de la Chambre des communes, depuis le commencement du 18e siècle. On est étonné, sans doute, de ne trouver, en plus d'un siècle, depuis 1725 jusqu'au moment présent, que trois accusations des Communes. Nous essaierons d'en assigner les causes, en rendant compte des changements qui se sont opérés dans la constitution de l'Angleterre, depuis l'avènement de la maison de Brunswick-Hanovre. L'examen de ces modifications politiques clora notre troisième volume.

IV. L'affaire de Skinner a montré l'effervescence des deux Chambres et leur pertinacité dans ce qu'elles croyaient leur droit. On jugera, comme nous et comme l'estimait alors l'opinion publique, que les Communes avaient tort.

La jalousie et l'aigreur, que montrèrent les deux Chambres dans cette affaire, remontaient jusqu'à la restauration. Les Pairs avaient profité de la réaction qu'elle opérait en leur faveur, pour usurper des droits qu'ils n'avaient pas, tels que celui d'être exempts d'ouvrir leurs maisons, et d'y subir la recherche des livres imprimés sans permission, qu'un statut de 1661 ordonnait de faire à tout domicile; tels aussi que celui d'asseoir eux-mêmes sur leurs biens les contributions directes. Ils avaient même, lors de la peste de Londres, refusé d'adopter un bill qui prescrivait des mesures sanitaires du plus haut intérêt pour arrêter la contagion, à moins que leurs maisons n'en fussent exemptes.

En 1660, Thomas Skinner, dépouillé injustement par la compagnie des Indes, en Asie, de ses marchandises et de la propriété d'une île qu'il avait achetée des Indiens, n'espérant pas de réparations des dommages qui lui avaient été causés, des Cours de loi de Westminster, qui auraient été sans autorité pour former un jury qui arbitra ces dommages, s'adressa au roi et au conseil privé. Un comité de ce conseil n'ayant pu réussir à amener les parties à une conciliation, le roi renvoya les pièces à la Chambre des lords, en l'engageant à faire justice au pétitionnaire. Les Lords appelèrent la compagnie des Indes à leur barre, pour qu'elle répondît sur la demande de Skinner. La compagnie y parut, mais pour plaider l'incompétence de la Chambre des lords, ce que la Chambre rejeta. Elle ordonna de plaider au fond. Les Lords accordèrent à la compagnie, sur sa demande, un délai, pour se procurer des pièces dont elle disait avoir besoin pour sa défense au fond. La session finit ; à la suivante, la compagnie des Indes soutint encore que la Chambre des lords était incompétente. La Chambre décida cette question préjudicielle et retint la cause. La compagnie des Indes ne voulut plus plaider au fond ; et les Lords finirent par la condamner à payer à Skinner la somme de 5,000 livres sterling, à laquelle ils arbitraient les dommages dus par elle.

La compagnie des Indes avait beaucoup de ses actionnaires dans les Communes; elle se plaignit à cette Chambre de la conduite et du jugement des Lords. Sa pétition fut renvoyée à un comité secret; dans son rapport, il proposa que la Chambre prît la résolution suivante: « Que les Lords, en prenant » connaissance d'une plainte en 1re instance dont » l'objet devait être réclamé des Cours de loi ordi- » naires, ont agi illégalement et de manière à enle- » ver au sujet le bénéfice de la loi. »

Les Lords retournèrent presque aussitôt la résolution suivante: « Que la Chambre des com- » munes, en recevant et donnant cours à la scanda- » leuse pétition de la compagnie des Indes contre » la Chambre des lords et ses procédures, informa- » tions et votes en cette affaire, commet une vio- » lation des priviléges de la Chambre des pairs, en » opposition à la bonne harmonie qui doit exister » entre les deux Chambres du Parlement, et sans » exemple dans les anciens temps;

» Que la Chambre des pairs en prenant connais- » sance de la cause de Thomas Skinner, négociant, » injustement et gravement opprimé, dans les In- » des orientales, par le gouverneur et la compa- » gnie des marchands qui y trafiquent, et en reje- » tant la question d'incompétence, élevée par ladite » compagnie, et la condamnant à 5,000 livres » sterling au profit dudit Skinner, s'est conformée » à la loi de la terre, s'est fondée sur la *Loi et les* » *usages du Parlement* et est justifiée par un grand » nombre de précédents anciens et modernes. »

Les Chambres eurent, à l'ordinaire, deux conférences de commissaires à la chambre peinte, pour une conciliation. Les Communes appuyaient le principal argument de leur opposition aux Lords, sur l'illégalité de leur arbitration des dommages; elle ne pouvait être faite que par un jury. C'était le principe le plus sacré de la législation anglaise; c'était la loi de la terre, reconnue par la grande Charte. Les Lords répondaient que ce pouvait être vrai, mais que les cours de loi n'avaient pas de suffisantes facultés pour accorder au plaignant une réparation des dommages qu'il avait éprouvés; et il fallait qu'il en trouvât une quelque part; ils apportaient en preuve une décision que venaient de rendre les douze juges, consultés par les Lords avant de procéder au jugement. Il fallait un remède à l'insuffisance de la loi, un redressement du tort qu'elle ne pouvait pas donner; et ce remède ne pouvait être réclamé, ce redressement ne pouvait être attendu que d'eux. Les Communes n'admirent pas les arguments des Lords, et on se sépara moins conciliés que jamais.

La Chambre des communes envoya Skinner en prison, pour avoir attaqué et violé les priviléges de la Chambre, et résolut que « quiconque ferait » exécuter le jugement des Lords serait tenu » pour traître aux libertés des communes de l'Angle» terre, et violateur des priviléges de la Chambre. »

De leur côté, les Lords envoyèrent à la Tour sir Samuel Barnardiston, président de la compagnie des Indes et membre de la Chambre des communes, et le condamnèrent à une amende de 500 livres sterling; ce qui était une violation grave des priviléges de la Chambre des communes.

Il fallut que le roi mît un terme à cette querelle par un ajournement qui dura quinze mois à l'aide de plusieurs prorogations successives. Ces moyens ne parvinrent point à éteindre les contestations; elles reprirent, avec plus de vivacité, en octobre 1669. Skinner était sorti de la Tour, le jour de l'ajournement. Le chevalier Barnardiston avait eu la liberté, le même jour, sans payer l'amende de 500 livres sterling; le roi l'avait acquittée pour lui; du moins les registres de l'Echiquier en portaient l'encaissement. Cet arrangement ne faisait triompher aucune des Chambres. Les Communes prirent avantage de la fraude qui avait été commise.

Les Lords proposèrent un bill pour régler les priviléges et la juridiction du Parlement. Les Communes le rejetèrent à la seconde lecture. En retour, elles en passèrent un autre pour annuler toutes les procédures contre sir Samuel Barnardiston. Les Lords, comme on le conçoit aisément, ne l'accueillirent pas.

Le roi proposa aux deux Chambres de terminer cette querelle par une radiation mutuelle sur leur journal, de toutes les résolutions qu'elles avaient prises dans cette affaire. Les Chambres y consentirent. Depuis ce temps, les Lords ont renoncé à leur privilége d'évoquer à leur juridiction et de juger en première instance les procès civils. Ils ne l'exercent que dans les procès criminels.

Il y eut encore des contestations entre les deux Chambres pour trois faits de juridiction des Lords. Les Communes prétendaient qu'il y avait eu violation des priviléges de leur Chambre; c'était dans ceux du docteur Shirley, d'Ashby et White, et de Pemberton. Quelque intérêt qu'ils puissent présenter, leur développement serait d'une trop grande étendue, et ne dirait rien de plus que le fait de Skinner.

V. Les rivalités des deux Chambres sur la juridiction n'avaient pas cessé d'exister, quoique moins vives. C'était encore un feu sous la cendre. Il venait d'être allumé, en 1702, par l'affaire de l'évêque de Worcester, dont nous rendrons compte après celle-ci. L'affaire de Jacques Boucher produisit de nouveaux ferments de discorde et d'aigreur entre les Lords et les Communes.

Le 14 décembre 1703, la Chambre des Lords apprit que les douaniers de la côte de Sussex avaient arrêté divers étrangers qui venaient des ports de France. Parmi eux était un officier, Jacques Boucher, écuyer et aide-de-camp du duc de Berwick. Elle fut informée en même temps que les douaniers mettaient beaucoup de négligence à s'assurer des personnes suspectes et à garder leurs prisonniers. Elle demanda des renseigments au ministère Tory de la reine. Le secrétaire d'État Nottingham satisfit peu les Lords. Il annonça qu'on les amenait à Londres, mais que parmi eux il n'en était aucun qui eût le nom de Jacques Boucher. La Chambre crut, à tort ou à raison, qu'on lui en imposait, et que cet officier étant attaché à la personne du fils du roi Jacques, les Torys voulaient le sauver. On lui suggéra, en même temps, que Boucher se trouvant coupable de haute trahison, d'après le statut de la neuvième année de Guillaume III, qui déclarait coupable de ce crime tout Anglais sorti sans permission, ou émigré depuis 1691, le désir de sauver sa vie le porterait à des révélations utiles. Elle prit donc une résolution, « que ces personnes arrêtées seraient mises au secret le plus rigoureux ; » et, le 14, les Lords donnèrent ordre à l'huissier de la baguette noire de prendre à sa garde Jacques Boucher, et toujours au secret, aussitôt qu'il serait arrivé. Ils nommèrent un comité de cinq Pairs pour l'interroger.

Le 15, la Chambre avait été également informée qu'un nommé Ogilvy, émigré rentré, avait été arrêté; elle le demanda au secrétaire d'État, qui annonça qu'il était prêt de le faire remettre à l'huissier de la baguette noire; mais qu'ayant été interrogé, et fournissant des ouvertures d'un grand intérêt, le Conseil privé désirait de les suivre et de continuer les interrogatoires ; les Lords se défendirent de vouloir intervertir en rien les mesures du Conseil; et ils se désistèrent de leur demande.

Les Pairs nommés pour interroger Jacques Boucher le firent d'abord mettre à la Tour. Le 21, ils présentèrent leurs rapports, firent part de plusieurs informations qui résultaient des réponses de Boucher, et conclurent à son transfert à la prison de New-Gate, et à le mettre à la disposition du procureur-général, ce que les Lords ordonnèrent, ainsi que l'envoi des pièces à l'appui. Telle fut la conduite des Lords à l'égard d'Ogilvy et de Boucher, tous deux émigrés, punissables du supplice des traîtres, après que leur identité aurait été reconnue.

Il paraît qu'il y avait de récentes machinations de l'étranger et des Jacobites contre la personne et le gouvernement de la reine; du moins des alarmes furent répandues, et l'opinion publique en fut saisie.

Le 17 décembre, la reine était venue au Parlement. Elle parla de menaces d'insurrections et de menées, en Écosse, pratiquées par des émissaires de la France, et de viles machinations et d'odieuses intrigues, dans son royaume. Elle remercia les Communes des subsides dont elles avaient voté une partie, et leur fit observer qu'en complétant leurs votes, elle serait plus en état de déjouer les secrètes manœuvres de l'ennemi. »

Cette communication du trône produisit beaucoup d'effet et de vives discussions dans la Chambre des communes. Cette Chambre se hâta de terminer le vote des subsides. Déjà les Communes étaient informées que les Lords avaient fait arrêter *quelques personnes*, et les avaient interrogées. L'esprit de parti allait plus loin ; il les accusait « de les avoir » enlevées aux officiers de la reine, etc., et dans de » mauvais desseins... et par une usurpation de la pré» rogative royale. »

Le 23 décembre, les Communes votèrent une adresse à la reine « pour relever la libéralité spon» tanée de leurs votes de finances et la remercier, de » ce que S. M. avait daigné n'en pas douter un seul » instant... » Elles ajoutaient que : « Les Communes » sont étonnées que diverses personnes étant sus» pectes de machinations de haute trahison et étant » entre les mains des messagers d'État, afin d'être » traduites à leurs interrogatoires, les Lords, en vio-

» lation directe des lois de la terre, les aient enlevées » de leurs mains, et sans la permission de Votre Ma- » jesté; et, de la manière la plus extraordinaire, aient » pris sur eux de procéder à ces interrogatoires, » d'où il peut résulter que d'odieuses machinations » et d'atroces desseins contre la personne et le » gouvernement de Votre Majesté soient soustraits » à sa connaissance.

» Le zèle de vos fidèles Communes est sans bornes; » et elles sont prêtes à offrir à Votre Majesté tout » leur pouvoir pour défendre contre toute invasion » les prérogatives de Votre Majesté, et avec elles, » les droits et les libertés du peuple, dont elles sont » le rempart le plus assuré. »

La réponse de la reine aux Communes fut très gracieuse. « Elles pouvaient se reposer sur elle » des soins d'empêcher toute invasion de sa préro- » gative, et toute usurpation des droits et des li- » bertés du peuple. »

Le 17 janvier, les Lords firent, à leur tour, une adresse à la reine, et exposèrent, et les faits que nous venons de rapporter, et les principes d'après lesquels ils avaient agi, et les droits sur lesquels ils avaient été établis. Ils se plaignirent des démarches des Communes dans toute cette affaire; ils rappelèrent la conduite de cette Chambre à l'égard de l'évêque de Worcester, qu'elle avait condamné sans l'entendre, seul grief que les Lords trouvaient dans ce jugement; et ils remontèrent ainsi successivement aux grandes causes des dissentiments qui existaient entre les deux Chambres. Ils firent sentir à la reine que si les Communes s'étaient conformées aux usages établis, pour conserver une bonne harmonie avec les Lords, elles auraient demandé une conférence de leurs commissaires dans la Chambre peinte. Cette adresse apologétique est fort longue.

La reine y répondit : « J'ai été très fâchée des » mésintelligences qui sont survenues entre les » deux Chambres du Parlement, mésintelligences » si dangereuses au bien-public, et si pénibles » pour moi, que c'est avec une grande satisfac- » tion que je reçois de vous l'assurance que vous » chercherez avec le plus grand soin d'en éviter » toute occasion. »

Cette guerre de plume ne finit pas, et les esprits furent continuellement agités pendant la session. Le 22 janvier, les Communes ordonnèrent un comité et la recherche des précédents sur le journal des Lords. Le 22, elles présentèrent une adresse apologétique à la reine, en opposition à celle des Pairs. La reine, en la recevant, le 3 mars, ne se servit que d'expressions modérées. Le 31 mars, une adresse ou réplique apologétique des Pairs fut mieux reçue par la reine ; elle pulvérisait les arguments des Communes et citait les précédents des Lords. Ils remontaient à la conspiration papiste de 1678, et à l'assassinat de sir Edmundsbury Godfrey (p. 165 de ce volume) ; et à cette époque, les Lords n'avaient fait usage de leur pouvoir qu'à la demande de Charles II. Les Communes avaient de semblables précédents qui prouvaient que, dans les occasions importantes où la couronne avait eu besoin du concours des grands pouvoirs de la monarchie pour conjurer des dangers ou les affronter, la Chambre des communes s'y était dévouée avec autant d'énergie que celle des Pairs. Mais les précédents des Communes ne vont que jusqu'à la conspiration papiste.

Lors de la fin de la session, les dissensions des deux Chambres n'étaient pas terminées. La reine, dans son discours de clôture, le 3 avril 1704, le laisse percer dans ces phrases : « ..... J'ai eu le plus vif » désir, dès le commencement de la session, de vous » voir ensemble en parfaite union...... et quoique ce » désir n'ait pas été accompli avec le succès dont je » m'étais flattée, que j'avais même droit d'attendre » de vous..... J'espère que vous retournerez dans » vos comtés respectifs, aussi disposés à la modéra» tion et à l'union qu'il convient à ceux qui sont » associés dans la même religion et par le même » intérêt. »

Depuis les premières sessions du Parlement de 1713, où les Whigs se trouvaient en plus grande majorité qu'ils ne l'avaient jamais été, les mésintelligences cessèrent entre les deux Chambres. On a remarqué que c'était presque toujours les Torys qui les faisaient naître et les entretenaient.

La Chambre des lords conserva sa juridiction évocative, *proprio motu*, en matière criminelle, de haute police et d'administration. Lors de la régence, à la mort de la reine Anne, elle évoqua à elle la connaissance de quelques faits, de quelques affaires d'administration que la régence n'osait pas prendre sur elle de décider.

Le procès de haute trahison de Jacques Boucher

se réduisait à son émigration d'Angleterre depuis 1691. A *Old-Bailey*, il plaida donc *coupable;* et après une allocution du lord chef-justice de la Cour du Banc du roi, pour prouver la nécessité où se trouvait le roi Guillaume de continuer, après la paix de Riswick, cette application d'un ancien statut, il fut condamné au supplice des traîtres. La reine lui fit entièrement grâce. Il avait rendu beaucoup de services aux officiers anglais prisonniers de guerre.

VI. Le procès de l'évêque de Worcester nous montre quelle est l'étendue des priviléges de la Chambre des communes, en matière électorale, et jusqu'où peut se porter son autorité en fait d'élection. Il est antérieur dans l'ordre chronologique à l'affaire de Jacques Boucher et à son procès, mais dans une dissertation sur la juridiction du Parlement, il passera toujours le dernier.

Le 2 novembre 1702, sir John Pakington, membre du Parlement pour le comté de Worcester, fit des plaintes à la Chambre des communes sur la manière dont s'était conduit l'évêque, à son égard, aux dernières élections du présent Parlement, convoqué au mois d'août de cette année.

Il accusa ensuite de violation des priviléges des Communes l'évêque de Worcester et son fils M. Loyd, en ces termes :

« 1° Peu après la fin du dernier Parlement, l'évêque m'invita à me désister de ma poursuite de la députation du comté, en me menaçant que, si je ne le faisais pas, il serait obligé de parler à son clergé pour qu'il s'opposât à ma nomination.

» 2° Il a écrit et fait écrire, par son secrétaire, à divers recteurs et autres membres de son clergé d'employer tout leur intérêt contre moi; qu'ils devaient engager les francs-tenanciers qui ne voudraient pas voter en faveur de ceux qui étaient portés sur la liste de l'évêque de s'abstenir de venir aux élections. »

» 3° Il a, dans ses visites, et en venant donner la confirmation, répandu parmi son clergé les idées les plus injurieuses de ma personne, les diffamations les plus malicieuses de mon caractère et de celui de mes ancêtres. »

» 4° Il en a agi de même avec les laïques et avec ses fermiers et tenanciers et gens d'affaires de l'évêché, les menaçant, s'ils votaient pour moi, de ne pas renouveler leurs baux, continuer leurs tenures à leurs enfants, ou de leur faire perdre leurs places; et il les obligeait à faire les mêmes menaces à ceux qui dépendaient d'eux. »

» 5° Son fils a tenu les mêmes discours à toutes les personnes qui avaient des relations et des intérêts avec lui et avec le chapitre de la Cathédrale, en m'accusant d'être un émissaire de la France. »

» 6° Le secrétaire de l'évêque a joué le même rôle, et a dit qu'autant vaudrait nommer le *prince de Galles* que moi. Il paraît, par des dépositions, que les amis de l'évêque désignaient sir John Pakington comme l'auteur de divers pamphlets qui déplaisaient beaucoup au clergé, et que tous menaçaient du déplaisir de l'évêque, ou en promettaient la protection, suivant qu'on nommerait à la députation du comté sir John Pakington ou ceux que l'évêque portait sur sa liste. »

Après avoir lu son accusation, déposé des pièces sur le bureau de la Chambre, et indiqué ses témoins, sir John se retira. La Chambre assigna un jour pour entendre les témoins et la lecture des pièces. Quinze témoins furent examinés.

Il était bien certain que l'évêque de Worcester, plus Whig qu'il ne convenait à un prélat de la haute église, sous le règne de la reine Anne, avait intrigué pour éloigner un Tory de la députation; mais le tribunal qui jugeait était Tory, et l'évêque fut condamné dans les formes suivantes :

Une première résolution de la Chambre déclara que : « Sir John Pakington avait prouvé son accu» sation. »

Une seconde résolution déclara : « Qu'il appert » à cette Chambre que les procédés de l'évêque de » Worcester, de son fils et de ses agents, afin d'exer» cer une influence sur l'élection d'un membre de » cette Chambre pour le comté de Worcester, ont » été malicieux, non chrétiens et arbitraires, et en » directe violation des libertés et des priviléges des » Communes d'Angleterre. » Et elle renvoie à quinzaine pour s'occuper ultérieurement de cette affaire.

Une troisième résolution du 20 mars ordonna : » Qu'il serait présenté à Sa Majesté la reine une » humble adresse pour la prier d'éloigner de sa » personne l'évêque de Worcester, et de le pri» ver de la place d'aumônier qu'il occupe auprès » d'elle. »

La reine le renvoya de son service. Les Pairs firent quelques représentations sur la punition d'un prévenu qui n'avait pas été entendu dans sa défense. La reine y répondit que c'était une place qui n'était donnée que d'après le bon plaisir de la reine, et que sa privation ne devait avoir aucune influence sur la réputation de l'évêque. Les lords prirent une résolution que « personne ne pouvait » être dépossédé d'une place, même sous le bon » plaisir, qu'après un jugement. »

La Chambre des communes ordonna l'impression de la procédure, et que le procureur-général poursuivrait M. Loyd, pour violation des priviléges de la Chambre. Elle ne pouvait donc pas juger, par elle-même, une violation de ses priviléges avec autant d'autorité que la Chambre des pairs. Elle se borne à décider qu'il y a eu violation de ses priviléges; elle laisse à d'autres le soin de punir.

Nous n'avons pas parlé de la juridiction des deux Chambres sur leurs membres. La Chambre des lords a privé des pairs du droit de séance dans son sein, d'entrée même dans son enceinte, mais des pairs convaincus de crime. La Chambre des communes a exclu très souvent ceux de ses membres qui avaient encouru son *déplaisir*. Elle le fit, avec beaucoup de chaleur, dans l'affaire de Wilkes, coupable d'avoir publié un libelle contre la Chambre. Il fut réélu, elle déclara son élection nulle; réélu une seconde fois, elle le déclara de nouveau incapable de siéger dans son sein, et lui préféra son compétiteur; mais l'opinion publique prit si hautement les intérêts de Wilkes et des électeurs de Westminster, qui l'avaient nommé, trois fois, pour les représenter, et la Chambre fut si universellement blâmée, qu'il est à croire qu'elle ne recommencera pas cette tentative.

FIN DU DEUXIÈME VOLUME.

TABLE

DU DEUXIÈME VOLUME.

SUITE DE LA SECONDE PARTIE.

PROCÈS POLITIQUES.

PROCÈS POLITIQUES.

SECONDE PÉRIODE.

FIN DE LA TABLE DU DEUXIÈME VOLUME.

www.ingramcontent.com/pod-product-compliance
Ingram Content Group UK Ltd.
Pitfield, Milton Keynes, MK11 3LW, UK
UKHW020301230726
13925UKWH00001B/159